BERLIN-BRANDENBURGISCHE AKADEMIE DER WISSENSCHAFTEN

Berichte und Abhandlungen
Sonderband 9

Berichte und Abhandlungen

Herausgegeben von der
Berlin-Brandenburgischen Akademie der Wissenschaften

Sonderband 9

Die Rolle der Arbeit in verschiedenen Epochen und Kulturen

Herausgegeben von Manfred Bierwisch

Akademie Verlag

Titelbild: El Lissitzky, Umschlagentwurf für die Zeitschrift „MA Aktivista folyóirat", 1922

Redaktion: Sonja Ginnow
unter Mitarbeit von Carola Ehlers

ISBN 3-05-003473-4

Das eingesetzte Papier ist alterungsbeständig nach DIN/ISO 9706.

Einbandgestaltung: Petra Florath, Berlin
Druckvorlage: Kathrin Künzel, BBAW
Druck: Medienhaus Berlin
Bindung: Lüderitz & Bauer

Printed in the Federal Republic of Germany

Inhalt

Manfred Bierwisch

Arbeit in verschiedenen Epochen und Kulturen

Einleitende Bemerkungen

„Arbeit wird Chefsache" – mit diesem Versprechen ist natürlich nicht gemeint, daß nurmehr der Chef arbeiten darf oder muß. Vielmehr artikuliert diese Versicherung des Bundeskanzlers ein dringliches, nach Meinung vieler vielleicht sogar das zentrale Problem der Gesellschaft am Ende des 20. Jahrhunderts, und zugleich ein ziemlich hoffnungsloses Rezept. Denn der Sog der Globalisierung, die Effizienz moderner Technologien, die demographischen Strukturveränderungen wären durch die reine Quantität zusätzlicher Arbeitsplätze, die die Chefsache zu schaffen verspricht, nicht zu beheben. Auch die Entdeckung und beschwörende Aufwertung des Dienstleistungssektors als Ergänzung und Umschichtung traditioneller Arbeitsbereiche löst das Problem nicht ohne eine sehr grundlegende Umbewertung der Faktoren, aus denen das hervorgeht, was technisch als 'strukturelle Arbeitslosigkeit' klassifiziert wird. Um die Aporie dieser Situation, die plausiblen und die illusorischen Erwartungen besser zu verstehen, mag es sinnvoll sein, sich den historischen Wandel dieser Bedingungen und auch ihre Struktur in anderen Kulturen vor Augen zu führen. Die Vernünftigkeit und Relativität der Normen und Werte, aus denen das Urteil über die strukturelle Arbeitslosigkeit hervorgeht, kann dabei sehr wohl in einem ganz anderen Licht erscheinen.

Diese Überlegung liegt einer Reihe von Beiträgen zugrunde, in denen Mitglieder der Geisteswissenschaftlichen und der Sozialwissenschaftlichen Klasse der Berlin-Brandenburgischen Akademie der Wissenschaften sich mit Facetten der Problematik in verschiedenen Perioden und Kulturen befaßt haben. Wiewohl als Wissenschaftler mit den Kulturen und historischen Perioden befaßt, über die sie berichten, sind die Autoren keineswegs systematisch auf das Thema Arbeit in dem jeweiligen Gebiet spezialisiert. Die Absicht der Beiträge und der Diskussion, die sie ausgelöst haben, bestand daher weniger im Aufdecken und Zusammentragen neuer Details oder der Präzisierung vorgegebener Analyseraster als im Versuch des Überblicksverständnisses, das im Vergleich und Kontrast der Zusammenhänge das oft Überraschende der Unterschiede, aber auch der unerwarteten Gemeinsamkeiten greifbar macht. Daß

diese Art von Verständnis der 'Chefsache' hilft, hat natürlich keiner der Beiträger erwartet. Dennoch ist es gewiß keine Prophetie zu sagen, daß die Notwendigkeit, Relativierungen der hier vorgestellten Art zu bedenken, die Industriegesellschaften noch drängend beschäftigen wird.
Es gibt dem Unterfangen ein besonderes Gewicht, daß unser Mitglied Ulrich Haarmann seinen Beitrag als eine seiner letzten Arbeiten in der Voraussicht seines so viel zu frühen Todes durchgesehen und fertiggestellt hat. Seine besondere Kompetenz auf diese Weise in einem gemeinsamen, von ihm mit nachdrücklichem Interesse mitgetragenen Vorhaben zur Geltung kommen zu lassen, ist ein Stück würdiger Erinnerung an einen besonders geschätzten Kollegen.

Wort- und Begriffsgeschichtliches

Wenige Begriffe fassen so vielgestaltige und für die Gesellschaft und ihre Mitglieder zugleich so fundamentale Sachverhalte zusammen wie das mit dem Wort *Arbeit* verbundene Konzept. Was wir heute unter diesem Wort verstehen und angesichts einschneidender Veränderungen ganz neu zu konzipieren versuchen müssen, wird bestimmt – noch immer – durch die Bedingungen, die die industrielle Entwicklung und die Arbeiterbewegung den modernen Gesellschaften aufgeprägt haben. Den allgemeinen Rahmen findet man in nach wie vor gültiger Formulierung bei Karl Marx:

„Die Arbeit ist zunächst ein Prozeß zwischen Mensch und Natur, ein Prozeß, worin der Mensch seinen Stoffwechsel mit der Natur durch seine eigene Tat vermittelt, regelt und kontrolliert. Er tritt dem Naturstoff selbst als eine Naturmacht gegenüber."[1]

Die Naturmacht Mensch tritt dem Naturstoff, wie man weiß, in sehr unterschiedlichen Formen gegenüber und ist auch selbst in vielfältige Verhältnisse eingebunden. Die verschiedenen Gesellschafts- und Wirtschaftstheorien legen diese Differenzierungen in systematischer Weise jeweils unterschiedlich aus. Das in allen Auffächerungen und Auslegungen dennoch gemeinsame und zumindest scheinbar einheitliche Bild enthält freilich sehr unterschiedliche und überraschende Ingredienzien. Ein Blick auf die Geschichte des Wortes und seiner Entsprechungen in einigen anderen Sprachen gibt darüber beinahe befremdliche Auskunft.
In der deutschen Tradition mag einem das Nibelungenlied in Erinnerung kommen, das mit folgenden Zeilen beginnt:

---

1 Marx, Karl: Das Kapital, Band I, 5. Kapitel. In: MEW, Band 23, Berlin: Dietz Verlag, 1971, S. 192.

„Uns ist in alten mæren wunders vil geseit
von helden lobebæren, von grôzer arebeit"
(In alten Berichten wird uns Erstaunliches erzählt
von berühmten Helden, von großer Not und Bedrängnis)[2]

Die *arebeit*, von der die alten Berichte handeln, besteht, wie man weiß, in Kriegen und Metzeleien, in beschwerlichen und tödlichen Ereignissen, um es neutraler zu sagen. Die neuhochdeutsche Version gibt das in Übereinstimmung mit der Erläuterung mittelhochdeutscher Wörterbücher wieder. Lexers Taschenwörterbuch etwa verzeichnet für *arbeit* die Entsprechungen *arbeit, das durch arbeit zustande gebrachte, erworbene; mühe, mühsal, not die man leidet oder freiwillig übernimmt; kampfesnot; strafe, kindesnöte*. Was neuhochdeutsch bei der Bedeutung *zweckgerichtete körperliche und geistige Tätigkeit des Menschen, Produkt dieser Tätigkeit, Werk* (Etymologisches Wörterbuch des Deutschen) ankommt, hat offensichtlich eine sehr viel negativer besetzte Herkunft. Etymologische Wörterbücher bringen das erschlossene germanische Wort **arbejiðiz „Mühsal"* in Verbindung mit dem englischen *orphan* (Waise), dem deutschen *Erbe*, aber auch *arm*, die zurückführen auf ein erschlossenes germanisches Verb **arbejen* mit der Bedeutung *ein verwaistes (und daher aus Not zu harter Arbeit gezwungenes) Kind sein*. Dieses bedrückend realistische Szenario, in dem *Erbe* buchstäblich und etymologisch mit *arm* und keineswegs mit *Reichtum* zusammenhängt, wirkt offenbar lange weiter und ist noch gegenwärtig im Nibelungenlied. Das germanische Verb **arbejen* gehört nach Meinung der Etymologen zu einer indogermanischen Wurzel **orbh-* für *verwaist, elternlos*, die *Erbe* streng wortgeschichtlich mit *arm* zusammenbringt. Zu dieser Wurzel gehört auch das slawische Wort *rab* für *Sklave, Knecht*, also unfrei Tätiger, aus dem in einem Höhenflug, der auch das deutsche Wort *Arbeit* veredelt hat, das russische Wort *rabota* mit der Bedeutung *Arbeit* entstanden ist. Diese lautgesetzlich begründbaren englisch-deutsch-slawischen Zusammenhänge lassen Arbeit vor allem als eine Sache der bedrückenden Verhältnisse zwischen den Menschen erscheinen und als mühevolles Einwirken auf die Natur nur als deren erzwungene Folge.

Das lateinische Wort *labor*, zu dem natürlich das englische *labour* gehört, hat umgekehrt sehr spezielle, physische Bedingungen des Einwirkens auf die Natur zum Ausgangspunkt und kommt erst von da zu den Beziehungen, in denen diese Mühewaltung stattfindet. Die Herkunft von *labor* hängt nämlich zusammen mit der von Wörtern wie *labil, Lappen, schlaff* und sogar *schlafen*. Das Gemeinsame aller dieser Ausprägungen ist eine indogermanische Wurzel **lab-*, die zum Beispiel in *Lapsus* und *(kol)labieren*, aber auch im russischen *slabyj* (schwach) wiederkehrt und *hingleiten, schlapp sein, schwanken* bedeutet. Von dort wird die Verbindung zu *labor*

---

[2] Bartsch, Karl & Helmut de Boor (Hg.): Das Nibelungenlied, Leipzig: F. A. Brockhaus, 1944, S. 3 (Übersetzung von Manfred Bierwisch und Uwe Johnson, Leipzig: Reclam, 1983, S. 5).

über ein Verb *labi* mit der Bedeutung (*unter einer Last*) *hin- und herwanken* hergestellt. Das anstrengende, schwach machende Schwanken beim Lastschleppen ist das Motiv, aus dem diese Traditionslinie sich entfaltet. Noch erheblich drastischer ist der Sinnbezug des französischen *travail* und seiner Verwandten. Das Wort kommt vom mittellateinischen *tripalis*, das auf ein griechisches Wort *tripassalon* für einen als Folterwerkzeug dienenden „Dreipfahl" zurückgeht. Im 12. Jahrhundert meint *travailler* noch *martern, quälen* und führt über die Bedeutungen *belästigen, molestieren, sich abmühen* zum rezenten Sinn *arbeiten.* Auch wenn der Bezug zur Folter keineswegs unerhört ist – Wörter wie *schinden*, was eigentlich *die Haut abziehen* bedeutet, zeigen ähnlich drastische Zusammenhänge –, so ist doch die massiv negative Bewertung der Arbeit, die durch *travail* und sein spanisches Gegenstück *trabajo* signalisiert wird, nicht zu verkennen.

Erstaunlich ist bei dem, was diese Beispiele aus einigen indoeuropäischen Sprachen zeigen, nicht so sehr, daß ein sehr spezifischer Fall, ein ganz konkreter Umstand, hier also ein besonderer Typ von Mühe, Beschwerlichkeit oder Qual, die Basis für meist blassere Verallgemeinerungen bildet. Solche generalisierende Einebnung ist eine ubiquitäre Erscheinung des Bedeutungswandels und damit der Wortgeschichte. Bemerkenswert ist aber der wenig positive Charakter der Herkunftsbereiche der Wörter für Arbeit, der bei aller Variation, die selbst diesen kleinen Ausschnitt prägt, dominant ist. Was Arbeit in diesen Wortgeschichten verbindet, ist die Erfahrung von Last und Mühe, die natürlich zu vermeiden oder mindestens zu verringern ist. Das Schöpferische oder wenigstens das, worin der Mensch seine Identität finden, sich bestätigen kann, kommt da nicht vor.

Viel seltener ist, im Vergleich zu diesem Negativbild, die einigermaßen geradlinige und stabile Verbindung mit der erfolgreichen Einwirkung auf den Naturstoff, die zum Beispiel die Wortfamilie um das englische *work* mit seinen deutschen Verwandten *Werk, wirken* zeigt. Hier liegt eine indogermanische Wurzel **uerg-* zugrunde, die Tätigkeit und ihr Produkt meint und zum Beispiel in griechischen Wörtern wie *ergon* für *Werk, Sache, Kunstwerk* und *energeia* für *wirkende Kraft, Wirksamkeit* auftaucht, aber auch in *organon*, das heißt *Werkzeug*, bis hin zu *orgion* für *heilige Handlung*. (Der *Werktätige* ist demnach ein Pleonasmus wie die *Volksdemokratie.*) Das führt zu der kritischen Frage, wo und wie im Bereich der Arbeit die verschiedenen Momente, die Gesichtspunkte und die Wertungen zusammenkommen, sich mischen und abgrenzen.

Im übrigen zeigen nicht nur Etymologie und Wortgeschichte die Variation und Instabilität des Sach- und Begriffsbereichs Arbeit – auch die Gegenbegriffe legen sehr unterschiedliche Facetten bloß. Als Gegenpol zu Arbeit kann man zum Beispiel an Ruhe, Freizeit, Spiel denken, aber auch an Kontemplation, an Nichts-tun oder aber an Arbeitslosigkeit, für die das Französische mit *chômage* ein eigenes Wort hat. Bestimmend sind hier nicht nur die sprachlichen Verbindungen, die in Komposita wie *Arbeitszeit, Arbeitsverhältnis, Arbeitsplatz, Arbeitskraft, Arbeitnehmer* oder *Wertarbeit, Schwarzarbeit, Nachtarbeit, Schichtarbeit, Teilarbeit* und vielen anderen jeweils verschiedene Dimensionen ins Spiel bringen. Entscheidend sind insbesondere die kulturellen, sozialen, religiösen und anderen gesellschaftlichen Rahmenbedingungen, die der Arbeit ihren Stellenwert geben. Hat Aristoteles nach seinem Verständnis beim Verfassen seines bis heute wirksamen Werkes gearbeitet? Im Gegensatz zur gegenwärtigen Auffassung ganz gewiß nicht. Ist Arbeit vom gottesdienstlichen Bereich ausgeschlossen, wie im Judentum, oder einbezogen, wie im Islam? Unter welchen Bedingungen wird Ausübung von Macht als Arbeit gewertet? Verschafft Arbeit Würde oder entwürdigt sie den Arbeitenden? Wörter und ihre Geschichte können die Bedingungen, die für diese Fragen entscheidend sind, auf sehr tiefliegende, unreflektierte Weise spiegeln; geschaffen und gefestigt werden sie freilich durch die Lebensumstände und Sachbezüge. Die Beiträge dieses Bandes zeigen in einem Gang durch die europäische Geschichte und im Blick auf verschiedene kulturelle Traditionen, wie unterschiedlich Grenzen gezogen, Wertungen zugeordnet, Zusammenhänge hergestellt werden können.

Die hier gemachten Anmerkungen zur Wort- und Begriffsgeschichte müssen bei aller Unvollständigkeit doch wenigstens einen Hinweis darauf enthalten, daß *Arbeit* natürlich auch ein wissenschaftlicher Terminus technicus ist. Die hierher gehörenden differenzierten und zum Teil von verschiedenen Lehrmeinungen bestimmten Festlegungen in den Sozial- und Wirtschaftswissenschaften können allerdings nicht Thema dieser Vorbemerkungen sein. Prägnant und einfach ist dagegen die Begriffsbildung in der klassischen Physik, wo Arbeit als *Produkt von Kraft und Weg* oder etwas anders und noch allgemeiner als *Produkt von Zeit und Leistung* bestimmt wird. Arbeit ist dann meßbar in wohldefinierten Einheiten – vertraut sind uns Kilowattstunden, die auf dem Joule = Wattsekunde als Grundeinheit basieren – und sie ist, dem Energieerhaltungssatz entsprechend in verschiedenen Formen, durch mechanische, elektrische oder thermodynamische Leistung, realisierbar. Diese Präzisierungen gehören zu einer ebenso effizienten wie abstrakten Entwicklung, die viel zu den eingangs angedeuteten Erfordernissen des gesellschaftlichen Umdenkens beigetragen hat. Denn es sind wesentlich die Erfolge der Naturwissenschaften, durch die der Prozeß möglich wurde, der den Stellenwert der menschlichen Arbeit so grundlegend verändert.

Arbeit, Technologie, Arbeitsplatz

Bei aller Variation und scheinbaren Beliebigkeit, mit der die für den Erhalt des Lebens nötige Arbeit in den verschiedenen Gesellschaften und Perioden gewertet und in die Kultur eingebettet wird, gibt es hinter den Brüchen und Disparitäten doch eine durchgängige Entwicklungslinie. Der fundamentale Antrieb dieser Entwicklung liegt in dem etymologisch dingfest gemachten Motiv der Mühe und Last, die es zu meiden oder zu mindern gilt. In bezug auf einen angestrebten Effekt sind demnach, physikalisch gesprochen, die Verausgabung von Kraft – denn Leistung ist verausgabte Kraft – und die Zeit, über die das geschieht, so klein wie möglich zu halten. Entscheidendes Mittel, die Mühe zu verringern, den Erfolg zu beschleunigen, ist der effektivere Gebrauch der von Anfang an zur Arbeit gehörenden Werkzeuge und des ganzen mit den Werkzeugen verbundenen Verfahrens, also der Technologie. Die Herstellung der Werkzeuge, die Verbesserung der Technologie sind natürlich selbst ein Moment des allgemeinen Arbeitsprozesses. Praktische Erfahrung und theoretisches Wissen gehen aus diesem Prozeß nicht nur hervor, sondern wirken als Steigerung des Wirkungsgrades auch auf ihn zurück. Die Arbeit verändert nicht nur den Naturstoff, sondern dabei auch sich selbst. Natürlich geschieht das weder kontinuierlich noch gleichmäßig, aber über Unterbrechungen, Rückfälle und Neuanfänge hinweg im Ganzen doch kumulativ.

Die Unterbrechungen, retardierenden Momente und stagnierenden Phasen dieser zunächst keineswegs einheitlichen und zusammenhängenden Entwicklungen werden entscheidend geprägt durch die Orientierungen und Wertsysteme, in die der Arbeitsprozeß eingebettet ist. Von ihnen hängt ab, ob Schiffe zum Fischfang, zum Handel, zu Eroberungszügen oder gar nicht genutzt werden, ob die Erfindung des Schießpulvers zu festlichem Feuerwerk, zur Kriegführung oder zur Effektivierung des Bergbaus dient. Dennoch gibt es eine eigene Logik der Kumulation und Nutzung von Erfahrung, Wissen und darauf gegründeter Technologie. Vielleicht gibt es Schwellen, deren Überschreitung unumkehrbar ist, und jedenfalls gibt es Technologien, die aufeinander aufbauen und jeweils gegebene Mittel mit neuen Möglichkeiten versehen. Nach dem Gebrauch menschlicher und tierischer Muskelkraft haben – um eine solche Kumulationsfolge anzudeuten – die Nutzung der Energie von Wind und Wasser und dann die Dampfmaschine, der Verbrennungsmotor, die Elektro- und schließlich die Atomenergie jeweils alle anderen Technologien in ihren Einflußbereich gebracht. Die Vielzahl der Überlagerungen und Querverbindungen dieser Art auch nur anzudeuten, kann nicht Sinn dieser Bemerkungen sein.

Ein grundlegender Aspekt der partiell kumulativen Abhängigkeiten zwischen sich entwickelnden Technologien betrifft die Bereiche der Produkte und ihrer Erzeugung. Die Grundschicht bilden Ernährung, also Jagd, Fischfang, Ackerbau, Viehzucht, und dann Sicherung von Territorium und Besitz, also Gewaltausübung einschließlich Kriegführung – die zur *arebeit* noch etymologisch erkennbar rechnet, dann aber allmählich ausscheidet und im 18. Jahrhundert wohl zunächst nicht mehr als Arbeit gilt. Die aus dieser Grundschicht sich zunehmend abhebende Handwerks- und Manufakturarbeit ist ein demgegenüber deutlich sekundärer Bereich. Für die Physiokraten, Wirtschaftstheoretiker der zweiten Hälfte des 18. Jahrhunderts, galt noch die Landwirtschaft als der allein produktive Bereich in einer natürlichen Ordnung der Gesellschaft. In Deutschland, um einen Beispielfall der sogenannten Industrieländer zu nehmen, sind in diesem Bereich um 1900 nur noch etwa 35 % der Erwerbstätigen beschäftigt, um 1950 noch 25 % und am Ende des Jahrhunderts kaum noch 3 %. Das produzierende Gewerbe war demgegenüber um 1900 auf fast 40 % gestiegen und reduziert sich – trotz immens gestiegener Produktpalette – am Ende des Jahrhunderts auf weniger als 35 % – mit rapide fallender Tendenz. Die wachsenden Bereiche sind Handel, Verkehr und Dienstleistung, also Formen der Arbeit, die nicht Güter schafft, sondern deren Nutzung vermittelt. Von 25 % um 1900 ist dieser Bereich in einem Jahrhundert auf über 60 % gewachsen. Eine entscheidende Rolle spielen in dieser Verschiebung die verschiedenen Formen der Informationstechnik, deren enorm gesteigerter Wirkungsgrad alle Gebiete beeinflußt und den Bereich der Güter selbst verändert: Nachrichten werden zum Mittel und zum Zweck der Produktion.

Diese Andeutungen machen ganz klar: die Technologien bauen nicht nur aufeinander auf, sie ändern umgekehrt auch mehr oder weniger fundamental die Beziehungen zwischen den Menschen und den Institutionen, die den Einsatz der Instrumente im Arbeitsvorgang tragen. Ein reitender Bote kann auf sich selbst gestellt vorankommen, ein Flieger braucht eine Crew und schließlich ein ausgebautes Netz von Wartungs- und Kontrolleinrichtungen; ein Schmied braucht seine Werkstatt, allenfalls einen Gesellen, einen Arbeiter am Hochofen kann es nicht geben ohne die gesamte Infrastruktur des Werkes. Ein weitreichendes Beispiel dieser Entwicklung ist das Gesundheitswesen, das vom individuellen Priester und Arzt zu den hochtechnisierten medizinischen Institutionen führt, die ganze Industriezweige im Gefolge haben, wobei zugleich die Lebenserwartung sich mehr als verdoppelt hat. Wiederum gilt, daß der Prozeß, in dem die komplexen Verhältnisse entstehen, viele Windungen und Verwerfungen aufweist. Dennoch folgt er einer massiven Grundrichtung und hat, zusammen mit der angedeuteten Verschiebung der Wirtschaftsbereiche, spätestens mit der europäischen Neuzeit eine eigene Dynamik hervorgebracht, die mit der Kolonialisierung und der damit verbundenen fortschreitenden Ausbreitung der Technologien die Menschheit insgesamt erfaßt. Die Momente, die dabei ineinandergreifen und schließlich das ausmachen, was eher programmatisch als deskriptiv Globalisierung genannt wird, sind weitaus komplexer als die Faktoren, die unter dem Stichwort Arbeit vernünftig zu diskutieren sind. Die Rolle der Informationstechnologie und die vielstufigen Abstraktionsprozesse der Finanzmärkte wären ebenso zu berücksichtigen wie die Ressourcenverteilung, die ökologischen Bedingungen und die Bevölkerungsdynamik, die natürlich wieder abhängig sind von der Effektivität und dem Charakter der technisch genutzten Erfahrung.

Ganz generell zusammengefaßt ist aber festzuhalten, daß der Gesamtprozeß eine fortschreitende Verminderung der Mühe und eine enorme Steigerung der Effizienz der verausgabten Arbeit bei der zielgerichteten Wertschöpfung ermöglicht.

Den einzelnen Menschen in der modernen Gesellschaft betrifft dieser Prozeß nun in einer Form, in der der merkwürdige Zusammenhang von Arbeit und Arbeitsverhältnis oder Arbeitsplatz eine scheinbar schicksalhafte und oft faktisch widersinnige Rolle spielt. Dieser Zusammenhang ist die Grundlage der seltsamen Umwertung, die aus Arbeit als Qual und dringlich zu meidender Mühe – die ja auch in der modernen Arbeit nicht verschwunden ist und unter anderem in vielen Formen von Monotonie wiederkehrt – eine Bedingung zwar keineswegs der Selbstverwirklichung, wohl aber der Identitätsfindung, der Garantie des respektierten Platzes in der Gesellschaft macht. Arbeit als Arbeitsverhältnis, das Rechte und Pflichten festlegt, das Arbeitsplatzbesitzer schafft, ist eine alles andere als selbstverständliche Form der gesellschaftlichen Beziehungen. Durch sie wird eine positive Wertung mit der Arbeit verbunden, ungeachtet der Mühe, die am Arbeitsplatz gegebenenfalls zu verausgaben ist. Erst wenn die Festlegungen erfüllt sind, die das durchaus abstrakte Verhältnis 'Arbeitsplatz' schaffen, ist dann auch Nicht-Arbeit als Freizeit positiv bewertet, während sie ohne dieses Verhältnis als Arbeitslosigkeit zum Negativum, zum gesellschaftlichen Mangelzustand wird.

Die technologischen, sozialen und kulturellen Bedingungen, die in diesem Zusammenhang verquickt sind, können hier nicht einmal hinreichend benannt werden. Es mag aber nützlich sein, sich die im Verhältnis von Arbeit, Arbeitsplatz und Technologie liegende Dynamik an einem typisierten Beispiel vor Augen zu führen. Der konkrete industrielle Arbeitsplatz – nicht das damit verbundene abstrakte Arbeitsverhältnis – ließ sich in der zweiten Hälfte des 19. Jahrhunderts etwa durch Menzels exemplarische Darstellung des Walzwerks anschaulich machen. Sichtbar werden dabei nicht nur die anstrengenden Bedingungen der Arbeit, sondern auch die Vielzahl der Arbeiter, die an der Wertschöpfung beteiligt sind. Eine moderne Montagehalle hat demgegenüber nicht nur alle Zeichen körperlicher Anstrengung verloren, in ihr ist auch die Monotonie des Fließbands, das als Organisationsform die Arbeit zwischenzeitlich effizienter und kontrollierbarer machte, wieder überflüssig geworden, und am Ende sind menschliche Arbeitskräfte überhaupt weitgehend verschwunden. Wenige Wartungskräfte im Laboranzug, die industrielle Roboter kontrollieren, sind nötig, um das – oder mehr – zu produzieren, was zuvor nur ganze Scharen schwitzender Montagearbeiter schaffen konnten. Die Programmierer, die den Herstellungsgang immer wieder neu festlegen, müssen schon gar nicht mehr in der Montagehalle anwesend sein. An diesem vereinfachten Bild einer modernen Industrieanlage lassen sich sechs Punkte bewußt machen.

1. Zur gleichen Wertschöpfung, etwa einer gewissen Menge von Gebrauchsgütern, ist ein abnehmendes Quantum menschlicher Arbeit und also eine kleiner werdende Zahl von menschlichen Arbeitskräften nötig. Auch wenn die Zahl nicht gegen Null geht, handelt es sich nicht um beiläufige Reduzierungen, sondern um grundlegende Strukturänderungen im Einsatz menschlicher Arbeit. Menschen werden durch immer komplexere Werkzeuge und Anlagen zunehmend überflüssig.

2. Die Verminderung menschlicher Mühe, die im mechanisierten und automatisierten Arbeitsprozeß erreicht wird, ist nur möglich durch zunehmend effizientere Technologie, die ihrerseits aus dem Arbeitsprozeß zusammen mit der gezielten Nutzung von praktischer und theoretisch-wissenschaftlicher Erfahrung hervorgeht. Für den Wirkungsgrad der Arbeit heißt das, daß gleiche Wertschöpfung mit immer geringerem menschlichen Arbeitsaufwand erreicht wird.

3. Zugleich werden mit neuen Technologien auch die Bedingungen zur Befriedigung neuer Bedürfnisse geschaffen. Mit anderen Worten, neue Bedürfnisse und die Verfahren zu ihrer Befriedigung entstehen genau dadurch, daß die kumulierte Erfahrung Möglichkeiten zu ihrer Befriedigung schafft. Vermutlich muß man vorsichtiger sagen: es entstehen neue Formen der Befriedigung alter Bedürfnisse, die erst durch neue Technologien realisierbar werden. Fliegen war ein Menschheitstraum, unabhängig von der Flugtechnik des 20. Jahrhunderts, und die Automobilisierung gibt alten Bedürfnissen ein neue Form, die aber ohne den Wunsch der Mobilität gar nicht greifen könnte. Daß diese Formen der Befriedigung alter Bedürfnisse dennoch radikal neue Gegebenheiten und Probleme schaffen, ist offensichtlich.
4. In diesen Folgen, in den Randbedingungen des Gesamtprozesses, aber auch im Strukturwandel der Wertschöpfung selbst, liegen zugleich eingebaute Grenzen. So können keineswegs alle Möglichkeiten der Bedürfnisbefriedigung in gleicher Weise sinnvoll genutzt werden. Das Auto für jedermann etwa, in den automatisierten Werkhallen effizient produzierbar, erzeugt durch die Befriedigung des Mobilitätsbedürfnisses zugleich dessen fortschreitende Behinderung bis hin zum Verkehrsinfarkt; das eigene Flugzeug für jeden würde den Luftverkehr schlicht zusammenbrechen lassen. Und begrenzt ist nicht nur der Raum für Gegenstände und deren mechanische Bewegung: Durch die ununterbrochen dröhnende Informationsflut wird deren Abwesenheit, wird die Stille, wie Enzensberger beobachtet, schließlich zum wahren Luxus. So begründet die Annahme sein dürfte, daß es für den Fortgang der wissenschaftlichen Erkenntnis keine Grenze gibt – die Umsetzung der Erkenntnis in Technologien der Bedürfnisbefriedigung hat Grenzen, die zwar kein Ende der Entwicklung bedeuten, wohl aber vielfach deren Umsteuerung erzwingen.
5. Wenn aus dem Arbeitsprozeß, aus bisheriger technologischer Erfahrung und den Formen der Arbeitsorganisation, die unsere Montagehalle veranschaulicht, Werte hervorgehen, die in neue, noch effizientere Technik reinvestiert werden, so steigert das den Wirkungsgrad der Arbeit, es schafft höhere Produktivität und ermöglicht damit die Befriedigung von mehr Bedürfnissen von mehr Menschen. Es schafft aber keineswegs notwendigerweise entsprechend neuen Bedarf an Erwerbsarbeit, also neue Arbeitsplätze.
6. Die abnehmende Zahl von Arbeitskräften, die für den Produktionsprozeß erforderlich sind, die wenigen Wartungskräfte in unserer gedachten Montagehalle, unterliegen zugleich einem zunehmend strikten Zeitregime und immer präziseren Organisationsbedingungen. Die physische Belastung früherer Fabrikarbeit verschwindet, aber es wächst die Anforderung an streng einzuhaltende Einordnung in rigide, aber hoch spezialisierte Funktionsbedingungen, die die praktischen Verrichtungen in genormte, gleichförmige Abläufe einpassen. Die Rationalisierung komplexer Prozesse greift über auf die Verrichtungen der an ihnen beteiligten Menschen und unterwirft sie neuen Zwängen, die weniger offensichtlich sind als die am Fließband, aber nicht weniger streng.

Dieses letzte Moment wird sinnfällig in der Gegenüberstellung verschiedener Phasen der Industriearbeit, die die vorgestellte Montagehalle andeutet, aber es greift weit darüber hinaus. Überall da, wo physische Anstrengung des Menschen auf Maschinen übertragen wird, vom Handwerk und der Landarbeit bis zum Bergbau oder zum Transport von Lasten, aber auch da, wo es gar nicht um körperliche Anstrengung geht, also in den zahllosen Bereichen von Verwaltung und Dienstleistung, von Ausbildung, Gesundheitswesen, Kulturindustrie oder Management, schafft die Rationalität der modernen Technik kalkulierbare Abläufe, die alsbald ihre eigenen Zwänge entfalten. In dieser von Adorno schon früh diagnostizierten Tendenz zur allgemeinen „Clerkisierung" moderner Gesellschaften, nämlich zur Bestimmung der Personen durch das Anstellungsverhältnis und ihre generelle Verfügbarkeit, wird die Befreiung von ursprünglicher Mühsal und Last erkauft mit dem Streß der Anpassung an die jeweiligen Bedingungen und der latenten Bedrohung durch das Überflüssigwerden immer weiterer Teile menschlicher Arbeit.
Die Effizienz der Technik und die durch sie erzwungene Rationalität auch der persönlichen Verhältnisse ist dann die Grundlage für die Expansion beider Aspekte in dem Prozeß, für den der Titel Globalisierung steht. In ihm wird zunehmend der zugleich zivilisatorische und bedrohliche Charakter der Entwicklung deutlich.
Blickt man auf den dynamischsten, das heißt von den stärksten Veränderungen betroffenen Teil der Industriegesellschaften, etwa die Entwicklung der Informationstechnologie und ihrer Institutionen, dann werden die am Beispiel moderner Industrieproduktion entwickelten Überlegungen noch einmal von Grund auf umzumodeln sein. Die Digitalisierung des Wissens und die Änderung des Gewichtsverhältnisses zwischen Energie und Information bringen Bedingungen mit sich, die auch über die hier gemachten Bemerkungen hinausgehen. Man muß nicht im Ernst die Bibliothek von Alexandria mit dem Internet vergleichen, um sich bewußtzumachen, daß auch die geistige Arbeit, die gar nicht in den von der Etymologie der Arbeitswörter besetzten Bereich – Mühe und Qual – eingeordnet war, längst in den Umschichtungsprozeß einbezogen ist.
Aus dem Grundimpetus der Arbeit, sich als Last und Mühe selbst überflüssig zu machen, müssen demnach angesichts der Bedingungen der Industrie- und Informationsgesellschaft Folgerungen entstehen, die im Definitionszirkel von Arbeit, Arbeitsplatz und Identitätsfindung nicht enthalten sind.

Variation im Überblick

Die Neubestimmung des Verhältnisses von Arbeit und Lebensführung ist kein Programm, das organisiert, geplant und durchgeführt werden kann. Dennoch, oder gerade deswegen, dürfte der Blick auf die Variationen dieses Verhältnisses, den die folgenden Beiträge eröffnen, hilfreich und sinnvoll sein, nicht als nostalgisches oder transkulturelles Ratsuchen – denn die Gegebenheiten der modernen Technik und Zivilisation können nicht zurückgenommen werden –, sondern zur Einsicht in die Spielräume, in denen sich die keineswegs selbstverständlichen Festlegungen bewegt haben und noch immer bewegen.

Christian Meier macht in seiner Untersuchung über „Griechische Arbeitsauffassungen in archaischer und klassischer Zeit“ deutlich, wie wenig sich die griechische Antike in das geläufige Bild vom Ursprung der abendländischen Tradition einfügt: Kaum eine der Rollenzuweisungen, an die wir gewohnt sind, scheint zu passen, wenn man die kargen Auskünfte, die den klassischen Texten zu entnehmen sind, unter dem Blickwinkel „Arbeit“ zusammenstellt und zu interpretieren versucht. Jürgen Kocka zeigt in seinem strategischen Überblick über „Arbeit als Problem der europäischen Geschichte“ wie die Wertsysteme der Antike durch Christentum und Feudalordnung abgelöst werden, die dann über viele Zwischenstufen schließlich zur neuzeitlichen, europäischen Arbeitswelt mit den durch die Industrie geprägten Verhältnissen führen. Der Gang durch die Geschichte endet notwendigerweise mit einem fragenden Blick in die Zukunft dieser Arbeitswelt. Von der besonderen, ideologisch geprägten Form dieser Arbeitswelt im sowjetischen Sozialismus geht Klaus Zernack in seinen Bemerkungen über „Arbeit in Russland“ aus, um deutlich zu machen, wie andersartig hier die Bedingungen sind, denen die Industrialisierung aufgeprägt wurde. Nicht die Stadt, wie im westlichen Europa, sondern das Dorf bestimmt, sehr vereinfacht, das, was unter der modernen Arbeitswelt zum Vorschein kommt. Einen ähnlichen Zugang wählt Rudolf Wagner in seiner schrittweisen Aufdeckung der Schichten, in denen schließlich „Das Konzept der Arbeit in der chinesischen Welt“ entsteht. Auch er geht von der kommunistischen Arbeitsideologie aus, die ihre Begrifflichkeit mit beträchtlicher Anstrengung aus ganz anders geprägten Ordnungsvorstellungen gewinnen muß, Vorstellungen, in denen Subsistenzsicherung und Muße wichtig sind, mit denen sich die forcierten Werte dynamisch organisierter Arbeit nur mühsam vertragen. In Ulrich Haarmanns Versuch über „Arbeit im Islam“ wird erkennbar, wie die Arbeit zusammen mit der ganzen Lebenswelt aus der grundlegenden Bedeutsamkeit der letztlich in der Religion verankerten Gemeinschaft verstanden und bewertet wird: was ihrem Wohl gemäß ist, bildet die Grundlage aller anderen Kriterien. Gegenüber all diesen Formen der gesellschaftlichen Bestimmtheit scheint Georg Elwert in den Beobachtungen zu „Wissen, Freude und Schmerzen – Über Arbeit in einer afrikanischen Gesellschaft“ einen ganz anderen, aus der Erfahrung und dem Lebensrhythmus des einzelnen gewonnenen Rahmen für die Distinktionen und Merkmale von Arbeit identifiziert zu haben. In die Wertungen der Gemeinschaft gehen hier nach Elwerts Einsicht ganz wesentlich die fähigkeitsbedingten und biographischen Momente ein, die dem einzelnen seinen Platz anweisen.

Natürlich geht in die Hervorhebung der charakteristischen Aspekte immer auch die Sichtweise des jeweiligen Autors ein. Die Unterschiedlichkeit der Gegebenheiten jedoch ist mit Gewißheit nicht durch die Blickwinkel der Autoren erzeugt. Und es ist kein Zufall, daß es in den Beiträgen immer wieder und in verschiedener Weise auch um Wortgeschichte, Etymologie, Begriffsklärung und Benennungsvermittlung geht. Unter anderem daran wird deutlich, wie wenig selbstverständlich die Grenzsetzungen sind, die mit der uns geläufigen Begrifflichkeit von Arbeit verbunden sind. Die hier vorgestellten Variationen, bei denen es in keiner Weise um Vollständigkeit gehen konnte, zeigen gleichwohl exemplarisch, wie befremdlich die Grenzziehungen aus anderem Blickwinkel erscheinen, wie mühsam und umwegreich sie sich gebildet haben. Der elementare Grundzug der technologischen Entwicklung, der schließlich in der europäischen Neuzeit ganz direkt dominant geworden ist, wird dabei meist nur indirekt sichtbar, scheint über weite Bereiche und Strecken kaum eine Rolle zu spielen. Das ist gewiß nicht eine Zufälligkeit der Darstellung, sondern entspricht durchaus den sachlichen Verhältnissen. Der technologische Entwicklungsgang, der – wie das Bevölkerungswachstum – zunächst fast unmerklich verläuft, dann aber unübersehbar und dominant wird, muß dennoch immer mitgedacht werden. Er bildet nicht nur den über lange Strecken unsichtbaren Rahmen, in dem fast alle anderen Bedingungen sich entwickeln, sondern er ist auch der Grund, der die Arbeit selbst zum Problem macht.*

* Für Hinweise zu verschiedenen Punkten danke ich Klaus Baumgärtner, Jürgen Kocka, Gerlinde Pfeifer und Günter Spur.

Christian Meier

Griechische Arbeitsauffassungen in archaischer und klassischer Zeit

Praxis. Ideologie. Philosophie. Weiterer Zusammenhang.

In unseren Quellen[1] sind für die Griechen direkt oder indirekt verschiedenste Auffassungen von Arbeit – um es zunächst so allgemein zu formulieren – bezeugt. Daher der Titel im Plural.

***

Die Griechen besaßen zwar ein Wort (ἐργάζεσθαι), mit dem sie verschiedenste Arten des Arbeitens bezeichnen konnten, die dadurch gestiftete Gemeinsamkeit reichte jedoch nicht weit. Es diente nur eben ein und dasselbe Wort dazu, vielerlei recht verschiedene Aktivitäten auszudrücken. Und manches, was wir als Arbeit auffassen, gehörte nicht dazu.

---

1 Seit 1984 habe ich mich verschiedentlich mit dem Thema befaßt. Vgl. Meier, Ch.: Arbeit, Politik, Identität. Neue Fragen im alten Athen. In: Chronik der Ludwig-Maximilians-Universität, München 1983/84, S. 69ff. Unter gleichem Titel mit kleinen Abweichungen in: Schubert, Venanz: Der Mensch und seine Arbeit, St. Ottilien 1986. S. 47ff. In den 90er Jahren verschiedentlich über das Altertum hinausgreifend: Das Problem der Arbeit in seinen Zusammenhängen. In: Merkur 52 (1998), S. 202ff. Zur Krise der Arbeit. Eine anthropologisch-historische Bestandsaufnahme. In: Becker, K. E. & H. P. Schreiner, Geht uns die Arbeit aus? Frankfurt 1998, S. 30ff. Die Erfindung der Arbeit: Vom Wert der Muße zur Arbeitsgesellschaft, der die Arbeit ausgeht. In: Zukunfts- und Kulturwerkstätte, Vita activa 1, Wien 1998, S. 91ff. Am Ende der Arbeitsgesellschaft: In: Wirtschaft und Wissenschaft 1 (1999), S. 38ff. Der vorliegende Aufsatz beruht auf neuerlichem, gründlichem Studium der Materie. Ich bin in manchen (auch zentralen) Punkten zu neuen Ergebnissen gekommen. Einige Quellen werden abgekürzt zitiert: Aristoteles, Politika: Arist.; Oikonomika: Arist. Oik.; Nikomachische Ethik: EN; Demosthenes: Dem.; Herodot: Hdt.; Platon, Politeia: Plat.; Xenophon, Memorabilia: Xen.; Oikonomikos: Xen. Oik. – Für (immer neues) Schreiben, viel Geduld und Mitdenken habe ich Katharina Weikl zu danken.

So konnten die Griechen keinen Arbeitsbegriff bilden, es konnte ihnen auch nicht zu Bewußtsein kommen, daß Arbeit der Hauptproduktionsfaktor sei; sie hatten keinerlei Anlaß, sie als die eigentliche wertschaffende Komponente der Volkswirtschaft zu erkennen, weit wichtiger als die Natur.[2] Wie sie ja auch keine Volkswirtschaft kannten (und keine Wissenschaft davon), innerhalb derer ein solcher Arbeitsbegriff respektive ein solches Arbeitsverständnis hätte bedeutsam sein können.
Wohl kannten sie „Ökonomie", auch als Wissenschaft, aber entsprechend der Bedeutung von οἶκος war das die Hauswirtschaft. Dort gehörte für sie die Arbeit hin, welche diejenigen, die es nötig hatten, tun mußten, bereit- oder widerwillig, wenn nicht achselzuckend. Arbeit war Privatsache dessen, der sie verrichtete (oder verrichten mußte), mehr nicht. Daß dabei in der Summe die wichtigsten Bedürfnisse der Stadt befriedigt wurden, scheint sich von selbst verstanden zu haben.
Wohl wußten die Griechen, daß ihre Poleis eine ganze Reihe von Fachleuten, Handwerkern also, schon zu ihrer bloßen Existenz und weit mehr noch zu deren höheren Formen brauchten (und konnten auch Überlegungen darüber anstellen, wie die Finanzen ihrer Städte zu verbessern waren). Doch hatten sie dabei nicht die Leistungsfähigkeit der Stadtwirtschaft, sondern einfach ihr Leben im Auge, möglichst das Gut-Leben (εὖ ζῆν), dem die Handwerker gleichsam unmittelbar zuarbeiteten respektive für das sie Voraussetzungen schufen. Außer in besonderen Situationen hatten sie nie Mangel an Arbeitskräften.
Entsprechend konnte den Griechen Arbeit nicht der gemeinsame Nenner[3] sein, auf den sie die verschiedensten Tätigkeiten von Hoch und Niedrig hätten bringen, der Begriff, unter dem zugleich manches hätte subsumiert werden können, was bis dahin nicht als Arbeit gelten konnte (weil gesellschaftliche respektive ständische Barrieren es verhinderten, Tätigkeiten der Oberschicht als Arbeit zu verstehen). Im weiteren Zusammenhang damit blieben ihnen übrigens auch vielerlei andere Möglichkeiten der Universalisierung verschlossen.
Im Vordergrund der griechischen Wahrnehmung stand vielmehr die qualitative Besonderheit, die Unterschiedlichkeit, ja Unvergleichlichkeit verschiedener Arten des Arbeitens. Und die war so groß, daß geradezu ein abgrundtiefer Gegensatz empfun-

---

[2] Zum modernen Arbeitsbegriff und seiner Vorgeschichte siehe Conze, Werner: Arbeit. In: Brunner, O., Conze, W. & R. Koselleck, Geschichtliche Grundbegriffe 1 (1972), S. 154ff. Zum Folgenden: In der pseudoaristotelischen Ökonomik II wird auch eine „Ökonomie" des Königs, des Satrapen und der Polis erwähnt. Doch war damit nur die Sorge politischer Instanzen um das Geld, Einnahmen und Ausgaben sowie Ein- und Ausfuhren gemeint (1345b 7ff).

[3] Vernant, Jean-Pierre: Mythe et Pensée chez les Grecs, Paris 1971, S. 2, 13f., 19, 32, 37. Will, Edouard, s. Anm. 70, S. 671ff. Finley, Moses: Die antike Wirtschaft, München [3]1993, S. 91. Keine Vorstellung von Arbeit „als einer anerkannten sozialen Funktion". Aus griechischer Perspektive gesehen: Arendt, Hannah: Vita activa, Stuttgart 1960, S. 116. Dafür, daß normalerweise genügend Arbeitskräfte vorhanden waren: Strasburger, s. Anm. 31, S. 3, 54 mit weiterer Literatur.

den werden konnte zwischen der Arbeit der Bauern und der der Handwerker und außerdem zwischen dem Arbeiten von Bauern und Handwerkern einerseits und dem Nicht-Arbeiten der tonangebenden Schichten, deren Angehörige ihre, wie wir sagen würden, Arbeit nicht als Arbeit verstanden. Die Unterschiede, die zwischen bäuerlicher und handwerklicher Arbeit gesehen wurden, hatten offenbar sehr tiefe Wurzeln in griechischer Mentalität und Gesellschaftsordnung. Und ein weiterer großer Unterschied wurde zwischen der selbständigen und der unselbständigen Arbeit gemacht; kaum hingegen zwischen der Arbeit der Freien und der der Sklaven, die bezeichnenderweise auch nicht unterschiedlich bezahlt wurde.[4] Freilich wird die Vorstellung von Arbeit dadurch infiziert gewesen sein, daß es gerade auch Sklaven waren, welche sie taten. Und auf einem ganz andern Blatt stand die Arbeit, welche die Frauen, auch die der Oberschicht, mit Selbstverständlichkeit zu verrichten hatten. Schließlich gab es die Gruppe der Metöken, der freien Nichtbürger[5], die in den Städten ansässig waren und unter Umständen, wie in Athen, viel Arbeit leisteten, wovon aber wenig die Rede war.

Mit all dem fehlte den Griechen der Horizont, innerhalb dessen der Arbeitsbegriff in der Neuzeit über vielerlei, in vielem noch länger nachwirkende Traditionsbestände weit hinauswachsen konnte: Die Erwartung der Verbesserung der wirtschaftlichen und gesellschaftlichen Verhältnisse (einschließlich künftiger Erleichterung der Arbeit), grob gesagt eines Fortschritts.

Folglich kannten die Griechen auch keine Möglichkeit, Arbeit als Legitimation für das Eigentum oder für die Stellung innerhalb der Gesellschaft (geschweige denn für die Gleichberechtigung auch der untersten Klassen) anzusehen. Wohl konnten sie die Verdienste bestimmter Fachleute für die Polis erkennen und würdigen, doch scheint es, daß sie es nicht fertigbrachten, diesen ein entsprechendes Maß an bürgerlichem Ansehen zuzubilligen – entsprechend der Tatsache, daß sich „bürgerlich" (griechisch „politikos") stets auf die Zugehörigkeit zur Stadt und nicht auf die zu einer Bourgeois-Gesellschaft bezog. Hier gab es Barrieren, die noch näher zu bestimmen, wohl auch zu hinterfragen sind, nicht nur zwischen Hoch und Niedrig, sondern auch zwischen den Erwartungen an den Bürger und den von dorther bestimmten Auffassungen von fachlicher Tätigkeit.

Das heißt zugleich, die Griechen hatten keine Möglichkeit, ihre „Gesellschaft" (auch das ein ihnen unbekannt gebliebener Begriff) als Leistungs-, Erwerbs- oder Arbeitsgesellschaft anzusehen. Arbeit oder „Beruf" konnten ihnen nicht wesentliche Dimensionen persönlicher Identität sein, Wissenschaft nicht „geistige Arbeit". Wie ihnen ja auch der Gedanke, daß Wissenschaft dazu da wäre, die Natur zu besiegen, völlig

---

4 Randall, jr, J. H.: The Erechtheum Workman. In: American Journal of Archaeology 57 (1953), S. 199ff. – Freilich mußten die Sklaven Teile ihres Lohnes an ihre Herren abführen; wenn sie ihn überhaupt direkt ausbezahlt bekamen.

5 Whitehead, David: The Ideology of the Athenian Metic, Cambridge 1977. Aber Metöken gab es auch anderswo.

fremd gewesen wäre. Natur war das Vorgegebene, an dem man Maß zu nehmen, von dem man Gesetze des Lebens abzulesen suchte. Auch Bildung verband sich ihnen nicht mit Arbeit. Folglich kannten sie kein Arbeitsethos. Nietzsche hat ausgehend von griechischen Auffassungen für seine Zeit formuliert: „Die Arbeit bekommt immer mehr alles gute Gewissen auf ihre Seite: Der Hang zur Freude nennt sich bereits 'Bedürfnis der Erholung' und fängt an, sich vor sich selber zu schämen. 'Man ist es seiner Gesundheit schuldig' – so redet man, wenn man auf einer Landpartie ertappt wird".[6]

Da der neuzeitliche Arbeitsbegriff erst und nur seit dem 17. Jahrhundert erarbeitet worden ist, braucht dessen Fehlen bei den Griechen nicht sonderlich hervorgehoben zu werden. Von Interesse ist vielmehr, wodurch sich ihre Auffassungen von Arbeit positiv von anderen vorneuzeitlichen Kulturen unterscheiden. Was zugleich heißt, in welchen Zusammenhängen sie zu verstehen sind. Dies hinwiederum kann befriedigend nur im expliziten Vergleich herausgearbeitet werden, zu dem mir die Möglichkeit fehlt. Da aber Vergleiche zunächst einmal gewisse Kenntnisse über das zu Vergleichende voraussetzen, mag es einen Sinn haben, die Problematik zunächst für die Griechen allein, und zwar für die archaische und klassische Zeit der Polis (8.–4. Jh. v. Chr.) zu behandeln. Dabei stellen sich spezifische Fragen.

1 Zu Fragestellung und Quellenlage

Arbeiten müssen die Menschen, weil die Götter, zumal Zeus in seinem Grimm, ihnen „das Mittel zum Lebensunterhalt verbargen". So steht es schon bei Hesiod[7] (um 700 v. Chr.). Sonst könnte man an einem Tag erarbeiten, was man für das ganze Jahr braucht. Arbeit ist also eine Strafe des Himmels, übrigens dafür, daß Prometheus Zeus hinterging. Später heißt es in Aristophanes' Ploutos, keiner würde arbeiten, wenn ihn nicht die Armut dazu nötigte (509ff.). Etwas Positives also ist die Arbeit für die Griechen nicht, auch wenn sie gelegentlich an ihr wie an ihren Produkten Freude gehabt haben mögen (Arist. EN 1097b25ff.).

Für die unteren Schichten versteht sich die Arbeit jedenfalls von selbst. Gelegentlich wird versucht, sie geradewegs dazu zu nötigen. Perikles wird von Platon und andern vorgeworfen, er habe die Athener faul gemacht (weil er ihnen Diäten für politische Tätigkeit zahlen ließ); das widerspricht offenbar der Ordnung, dergemäß sie zu arbeiten haben. Platon äußert sich abfällig über „Drohnen".[8] Doch wird auch von den Unter- (und wohl auch Mittel-) Schichten behauptet, daß sie lieber arbeite-

6 Fröhliche Wissenschaft, Nr. 329.

7 Erga 42ff.

8 s. Anm. 58 – Plat. Gorgias 515e. – Politeia 564 b.e. (Vgl. 421 d. Drohnen übrigens schon bei Hesiod, Erga 304).

ten als Politik machten, zumal sie dabei reich werden könnten.[9] Einmal hört man sogar von einer Art Workaholic: Es gäbe Menschen, schreibt Antiphon, die sich freuen, zu arbeiten und zu sparen, sich abzumühen und hinzuzuerwerben – und nur sehr ungern etwas davon verbrauchen.[10]

Das Streben nach Mehrung der Vermögen (unter Vernachlässigung der Politik) ist freilich auch unter Reichen verbreitet. Nur gilt das in der Regel nicht als Arbeit, sie lassen höchstens arbeiten. Von Arbeit ist, zum Beispiel bei Aristoteles, stets nur im Zusammenhang mit „Armen" und „Volk" die Rede.[11]

Daß ein guter Teil der Arbeit damals von Sklaven geleistet wird, versteht sich so sehr von selbst, daß davon nicht geredet wird; höchstens das Institut der Sklaverei wird in seiner Berechtigung diskutiert; die sich dann aber gern eben daraus ergibt, daß jemand die Arbeit tun muß.[12]

Sucht man über die griechischen Auffassungen von Arbeit genaueres zu ermitteln, so ist auszugehen von der Frage, was man damals überhaupt unter Arbeit verstehen konnte und warum. Was also macht Arbeit zu Arbeit? Körperliche Anstrengung etwa? Daß man sie nötig hat? Daß man sie um des Erwerbs willen leistet? Daß man sie regelmäßig tut, also nicht gelegentlich respektive nur in Notlagen? Und unselbständig?

Was sodann die Unterscheidung zwischen Arbeiten, etwa der bäuerlichen oder der handwerklichen angeht, so fragt es sich, wieweit die Urteile auf die Art der Arbeit selbst und wieweit sie auf den Status derer zielen, die sie verrichteten.[13]

---

9 Arist. 1308b31. Auch 1318b16. Vgl. 1273b18. 1320a38. b4. Veblen, Thorstein: Theorie der feinen Leute, München 1971, S. 41. Eigenartigerweise sorgt sich Aristoteles auffällig stark um die rechte Befähigung für das Arbeiten in der idealen Stadt (Tapferkeit und Beharrungsvermögen!). 1333a41. 1334a23. 38. Oder ist unter ἀσχολεῖν hier doch eher „Politik" zu verstehen (wie EN 1177b7ff.)?

10 Antiphon, Fragment 53 (Diels, H. & W. Kranz: Fragmente der Vorsokratiker, 1960[10], 2,361). Xen. 2,6,4.

11 Winterling, Alois: „Arme" und „Reiche". Die Struktur der griechischen Polisgesellschaften in Aristoteles' Politik. In: Saeculum 44 (1993), S. 195,85.

12 Was da an Fragen auftaucht, findet sich am eingehendsten bei Aristoteles im vierten und sechsten Kapitel des ersten Buchs der Politika erörtert; seine Antworten freilich können nicht als Allgemeingut für die damalige Zeit angesehen werden. Zur Sache: Finley, Moses: Die antike Wirtschaft, München 1993[3], S. 65ff. mit weiterer Literatur S. 260f. Auch: Himmelmann, Nikolaus: Archäologisches zum Problem der griechischen Sklaverei, Mainz, Wiesbaden 1991.

13 Veyne, Paul in: Meier, Ch. & P. Veyne, Kannten die Griechen die Demokratie? Berlin 1988, S. 42, 51.

Es ist zu differenzieren zwischen pragmatischen und ideologisch respektive mental bestimmten Auffassungen. Die einen richten sich nur danach, ob eine Arbeit getan werden muß, oder im weiteren Sinne, ob sie nützlich ist, um bestimmte Ziele zu erreichen, neben der Sicherung des Lebensunterhalts etwa wirtschaftlichen Aufstieg oder Wiederaufstieg.

Als in Aristophanes' Komödie Ploutos ein Sykophant, also einer der berüchtigten Denunzianten und Ankläger in Athen darauf geprüft werden soll, ob er ein „brauchbarer“ (χρηστός) und die Stadt liebender (φιλόπολις) Mann sei, fragt man ihn zunächst, ob er Bauer, sodann ob er Kaufmann sei, schließlich ob er eine Handwerkskunst ausübe (900ff.): Das galt diesen Leuten also gleichermaßen als Möglichkeit ordentlichen Geldverdienstes. Und ebenso fragt man, welches Handwerk einer gelernt habe und wovon er lebe. Männer, die sich ein Vermögen wiedererworben haben, weisen nüchtern auf die damit verbundene Arbeit hin (im Unterschied zu krummen Touren[14]). Ähnlich empfiehlt Sokrates[15] ganz unkompliziert denen, die es nötig haben, zu arbeiten. Auch bei den Griechen also wird die instrumentelle Funktion der Arbeit unter Umständen ohne jeden negativen Beigeschmack wahrgenommen, auch wenn kein „Ethos“ damit verbunden ist.

Andererseits werden mit Arbeit bestimmte Wertungen verbunden, beginnend damit, daß es sich gar nicht schicke zu arbeiten, und gesteigert bis zu geradenwegs grotesk abschätzigen Auffassungen von den „sogenannten handwerklichen – griechisch: banausischen – Kunstfertigkeiten“. „Denn sie schädigen die Körper derjenigen, die arbeiten und die Aufsicht führen, indem sie sie zwingen, zu sitzen und sich im Schatten aufzuhalten, zum Teil sogar den ganzen Tag am Feuer zuzubringen. Sind aber die Körper erst verweichlicht (wörtlich: verweiblicht), werden auch die Seelen viel schwächer. Auch lassen diese sogenannten Handwerkertätigkeiten am wenigsten Muße, sich um Freunde oder um die Stadt zu kümmern. Daher scheinen solche Leute untauglich zu sein, Freunde zu haben und Verteidiger ihrer Vaterstadt zu sein, und es ist in einigen Städten, besonders in denen, die als kriegstüchtig gelten, keinem Bürger erlaubt, Handwerkertätigkeiten auszuüben“. So Xenophon (Oik. 4,2f.).

Aristoteles urteilt ganz ähnlich, erklärt aber unter anderem Gesichtspunkt neben den Handwerkern auch die Bauern für unfähig, Bürger in einer idealen Stadt zu sein, da es ihnen nämlich dafür an Zeit fehle.

Wie verhalten sich solche Auffassungen zur Demokratie, in der doch gerade auch Handwerker eine bedeutende politische Rolle spielten? Wieviel machte es aus, daß ein Gutteil der Arbeit damals von Sklaven verrichtet wurde? Was bedeutet die Einschätzung der Arbeit im Zusammenhang der griechischen Weise, Bürger zu sein

---

[14] S. u. S. 26.

[15] Xen. 2,7,8. Wie zuverlässig diese Erinnerungen sind, ist freilich ein Problem. Ähnlich nüchtern zeigt sich der xenophontische Sokrates aber auch 1,2,56f. Xen. Oik. 20,29. Vgl. Ehrenberg, Victor: Aristophanes und das Volk von Athen, Zürich, Stuttgart 1968, S. 156f.

und Menschen zu beurteilen? Und wie paßt sie zur Eigenart der Polis? Wenn die Aussagen Xenophons, des Aristoteles, aber auch Platons in mancher Hinsicht geradezu grotesk anmuten, ist zugleich zu fragen, wieweit sie zumindest ansatzweise auch allgemeiner verbreiteten griechischen Anschauungen entsprachen.
Schließlich zur Quellenlage: Wir haben zur Sache einerseits zusammenhängend vorgetragene Urteile über Arbeit, ein frühes im Epos Hesiods und mehrere relativ späte (innerhalb des in Frage stehenden Zeitraums) aus der Feder Platons, des Aristoteles sowie Xenophons. Andererseits können wir aus einer Vielzahl versprengter und zumeist indirekter Zeugnisse in literarischen Quellen (zumal Dichtung, Geschichtsschreibung und Reden, übrigens auch innerhalb des Werks des Aristoteles) sowie aus Inschriften und archäologischen Zeugnissen weitere und vielfach andere Aufschlüsse über griechische Einschätzungen von Arbeit entnehmen respektive erschließen. Fast immer handelt es sich dabei um Äußerungen von Angehörigen der Oberschicht, zumeist richteten sie sich auch an Angehörige dieser Schicht, die ihre Leser waren, nämlich im Fall der Philosophie, wohl auch der Historie. Tragödie, Komödie und Redner aber hatten das breite Publikum zum Adressaten, und die Inschriften und archäologischen Zeugnisse stammten zum Teil sogar von den Handwerkern selbst respektive waren sie von denen in Auftrag gegeben. Die Aussagen sind also sehr sorgfältig nach ihrer Herkunft zu unterscheiden.

2 Terminologie: Arbeiten und Sich-Mühen. Der Wert der Anstrengung

Das griechische Wort[16] für arbeiten: ἐργάζεσθαι, ist bezeugt für die „Arbeit" von Menschen, Tieren (Ochsen, Bienen, Ameisen, Vögeln), von Kapital, das Zinsen trägt, aber auch für die Arbeit der automatisch funktionierenden Blasebälge, welche der Gott Hephaistos, wie es in der Ilias (18,469) heißt, „arbeiten ließ". 'Εργάζεσθαι bezeichnet zum einen das Erwerben von Nahrung oder allgemeiner gesagt: von Lebensunterhalt (etwa der Landwirte, der Handwerker, derer, die „im Bergwerk", oder derer, die „auf dem Markt arbeiten" oder Handel treiben, aber auch der Damen des ältesten Gewerbes der Welt), ja von Reichtum, zum andern die Herstellung von etwas (Statuen etwa, den herrlichen Werken, die Athene zu „arbeiten" lehrte; Pindar wendet das Wort auch auf das Dichten von Hymnen an), schließlich die „Bearbeitung" etwa des Goldes durch den Schmied, des Landes durch den Bauern, des Meeres durch Fischer und Schiffer oder des Bergwerks.

---

[16] Es würde zu weit führen, den Wortgebrauch im einzelnen zu belegen. Er ist aus den einschlägigen Lexika unschwer zu ersehen. Daher werden im folgenden nur, wo es besonders angebracht erscheint, die Quellen genannt.

In der Bedeutung „arbeiten“ kann sich das Wort sowohl auf die körperliche Arbeit (τῷ σώματι ἐργάζεσθαι) wie auf die des Unternehmers beziehen, letzteres freilich im Sinne von „bewirtschaften“ oder „arbeiten lassen“. Übrigens haben wir für den Bergbau einen Beleg dafür, daß auch Unternehmer dort mit Hand anlegen konnten.[17] In einigen unserer Quellen wird der αὐτουργός, der selbst mit seinen Händen arbeitet, mit besonderem Respekt bedacht (s. u. S. 45). Selbst geistiges Arbeiten kann ἐργάζεσθαι heißen, so etwa die Vorträge von Sophisten, mit denen sie eine Menge Geld ἀπὸ σοφίας „erarbeitet“ haben, unter Umständen viel mehr noch als irgendein Handwerker (oder Künstler) es mit welcher Kunst auch immer hätte tun können.[18] Dies freilich war damals eine neumodische Auffassung. Da geschah wohl auch etwas Neues, indem das Lehren zu einer Verdienstquelle gemacht wurde, was Sokrates und Platon aufs schärfste verurteilten. Daß das Halten von Vorträgen durch Sophisten gegen Geld ἐργάζεσθαι genannt wird, ist also nicht dahin zu verallgemeinern, daß das, was wir geistige Arbeit nennen können, bei den Griechen als Arbeit aufgefaßt worden wäre. Vermutlich handelte es sich um eine Ausnahme, die das Gegenteil als Regel bestätigt.

Wir finden in Reden vor Gericht, daß ein Mann aus guter Familie erklärt, da er in Armut geraten sei, habe er seinen Lebensunterhalt (βίος) mit seinem Verstand (γνώμη) und seinen beiden Händen auf rechte Weise „erarbeitet“. Ein anderer beteuert, sein offenbar ansehnliches Vermögen nicht durch Prozessieren, sondern eben durch Arbeit gewonnen zu haben.[19] Daß terminologische Unterschiede zwischen Freien- und Sklavenarbeit gemacht worden wären, läßt sich nicht beobachten.[20]

Zu ἐργάζεσθαι gehören die Substantive ἔργον und ἐργασία. Ἔργον bezeichnet sowohl Arbeit im Sinne von Arbeitsverrichtung wie das Werk, das dabei zustandekommt, wobei zur Arbeit sowohl die auf dem Felde wie die der Frauen (am Webstuhl etwa), die „Werke“ des Handwerks, der Seefahrt und der Liebe zählen können. Als „Werk der Jahre“ können die Zinsen verstanden werden, die ein Kapital trägt. „Arbeit (Ἔργον) war mir nicht lieb“, sagt Odysseus in seiner Rolle als Mann aus Kreta, „auch nicht die Besorgung der häuslichen Angelegenheiten“. Seine Sache war mehr Seeraub und Krieg, womit er dann sein Haus mehrte. Er schließt: „Der

---

17 [Dem.] 42,20. Lauffer, Siegfried: Die Bergwerkssklaven von Laureion, Wiesbaden 1979[2], S. 9ff., ἐργαζόμενος scheint sich mir aber eher auf ein Bewirtschaften, ein Arbeitenlassen zu beziehen.

18 Plat. Hippias maior 282b ff. Sehr bezeichnend, daß diese Art der „Erwerbskunst“ auch als „Zwischenhandel“ charakterisiert wird, Sophisten als Krämer mit Waren, von denen die Seele sich nährt (Plat. Protagoras 313c. Sophistes [nicht selbsterzeugte Waren, sondern fremde Güter] 223c f. 224b. Immerhin sind auch selbstverfertigte darunter: 224d.). Xen. 1,6,13.

19 Andokides 1,144. – Antiphon, Tetralogia 1,2,12. Vgl. Aristophanes, Vögel 1430ff. Dem. 57,32. 36. Xen. Oik. 20,15.

20 Rössler, Detlef: Handwerker. In: Welskopf, E. Ch., Untersuchungen ausgewählter altgriechischer sozialer Typenbegriffe, Berlin 1981, S. 199, 204.

eine freut sich an diesen, der andere an jenen ἔργα" (14,222ff.). Dasselbe Wort dient ihm also dazu, sowohl die Arbeit im Hause wie Seeraub und Krieg zu bezeichnen. Dieser letztere Sinn, in dem das Wort etwa „Taten" bedeutet und sich vorwiegend auf Politisches, Militärisches – aber auch den Sieg im Wettkampf – bezog, war mindestens ebenso verbreitet (während das Verbum ἐργάζεσθαι sich vorwiegend auf Arbeit bezog, obwohl es auch für Kriegführung verwandt werden konnte[21]); später konnte ἔργον auch „Ereignis" meinen.[22] Mit dem von ihm abgeleiteten Adjektiv ἐνεργός konnte man unter anderem „arbeitende", also zinstragende Mittel (im Gegensatz zu arbeitslosen, ἀργά) kennzeichnen.

'Εργασία meinte die „Arbeit" etwa des Handwerkers, das „Erwerben" von Geld, das „Bewerkstelligen" der Seefahrt, auch das Geschäft des Kaufmanns (ἐργασία ἡ κατὰ θάλατταν), das „Betreiben" des Geldwechsels, das Flötenspiel zum Vergnügen anderer, die Lohnarbeit (μισθαρνικὴ ἐργασία), das „Gewerbe" einer Hure und anderes, seltener auch das Verfertigte selbst. Aber auch auf die Werkstatt oder den Betrieb wird das Wort angewandt.

Insgesamt zeigt sich, daß die Griechen mit dieser Wortgruppe die verschiedensten Arbeiten und Tätigkeiten bezeichnen konnten, vornehmlich solche des Erwerbs, wobei es sich primär, aber nicht ausschließlich um manuelle Arbeit handelte. In Platons Gorgias (450a/e) wird einmal versucht, die rhetorische τέχνη („Kunst" würden wir übersetzen) von anderen dadurch zu unterscheiden, daß sie nur mit Worten umgeht, keine manuelle Arbeit einbezieht; Sokrates nennt diese im Unterschied dazu ἐργασία, während Gorgias χειρούργημα sagt. Doch war das ein gelegentlicher Abgrenzungsversuch, aufs Ganze gesehen nicht verbindlich.

Für die Arbeit des Verwalters, des Aufsehers wird gern der Ausdruck ἐπιμέλεια[23] (und ἐπιμελεῖσθαι) gebraucht. Xenophon benutzt ihn ausgiebig in seinem Oikono-

---

21 Z. B. Thukydides 1,3,1. 137,1. 3,39,2 u. ö. Schrift von der Umwelt im Corpus Hippocraticum 16.

22 Immerwahr, Henry R.: Ergon: History as a Monument in Herodotus and Thucydides. In: American Journal of Philology 81 (1960), S. 261ff. Meier, Ch.: Geschichte. In: Geschichtliche Grundbegriffe. s. Anm. 2, 2,597f. – Das weite Bedeutungsspektrum von ἔργον ist ein guter Indikator dafür, wie vieles hier unter dem Gesichtspunkt menschlicher Tätigkeit zusammenrückt. Wo es not tut, werden freilich Unterscheidungen getroffen, besonders anschaulich beim Anonymus Jamblichi 7,4. 5 zwischen ἔργα und πράγματα (Politik) (Fragmente s. Anm. 10, 2,403).

23 Gschnitzer, Fritz: Griechische Sozialgeschichte, Wiesbaden 1981, S. 62. Es ist der zentrale Begriff im Oikonomikos Xenophons. 111 mal soll er, die Varianten mitgerechnet, vorkommen (Vgl. Audring, Gert: Xenophon. Ökonomische Schriften. Griechisch und Deutsch, Berlin 1992, S. 26). Raymond Descats Behauptung, das Wort bezeichne die Tätigkeit des Eigentümers im Gegensatz zu Lohnempfängern und Sklaven (L'Économie Antique et la Cité Grecque. In: Annales 50 (1995), S. 971) mag für die Mehrzahl der Fälle richtig sein. Anders jedoch Arist. 1293a7, außerdem widerspricht dieser Behaup-

mikos, wo freilich zumal vom vornehmen Landwirt gesprochen wird; es sei die angenehmste Form des Arbeitens (ἥδίστη ἐργάζεσθαι), die er zu verrichten habe (15,4). Die möglicherweise zeitraubenden „Geschäfte“, durch die die reichen Leute ihr Vermögen erhalten oder mehren, werden zumal mit χρηματίζεσθαι, in etwa „Geld erwerben“, „sich um das Vermögen kümmern“, bezeichnet; doch dient das Wort auch als Synonym für „arbeiten“, kann auf die bäuerliche Arbeit angewandt werden.[24] Eine klare Grenze dagegen gibt es gegen das Betreiben von Politik, die „geistige Arbeit“ (in der Regel jedenfalls) oder den Sport. Wo zum Lob der früheren Zeit erklärt wird, damals habe ἐργάζεσθαι und φείδεσθαι im Vordergrund gestanden, wird es zumeist von der Menge, nicht von der Oberschicht gesagt, doch wiederum nicht ausschließlich.[25]

„Arbeit“ ist also vornehmlich Sache der kleinen Leute, der Bauern, Handwerker (einschließlich der Bildhauer und Maler), der Tagelöhner sowie derer, die durch Verlust ihres Vermögens in eine ähnliche Lage versetzt worden sind und nun, sei es sich und die Ihren durch Arbeit ernähren, sei es sich wieder ein Vermögen erarbeiten müssen.

Daß Arbeit mehr bewirkt, als Einzelne samt ihren Familien zu ernähren oder vielleicht wohlhabend zu machen, daß sie also etwa verschiedenen Bedürfnissen der Gemeinde dienen könne, hört man nicht.

'Εργάζεσθαι und die damit zusammenhängenden Wörter sind freilich nicht die einzigen, mit denen arbeiten und Arbeit bezeichnet werden können. Die andern haben jedoch – außer μισθαρνεῖν, dem Arbeiten um Lohn – andere Bedeutungsschwerpunkte.

Das wichtigste von ihnen ist πονεῖσθαι/πονεῖν, „Sich-Abmühen“ oder „Sich-Plagen“. Es wurde für verschiedenste Formen großer Anstrengung gebraucht, sowohl für die Arbeit wie für den sportlichen Wettkampf und das Training dazu, für den militärischen Kampf, auch für den großen Kraftaufwand, mit dem die Athener ihr Reich aufgebaut haben. Man konnte es sich sauer werden lassen, indem man sich abmühte (πονεῖσθαι), bei anderen durch Bitten etwas zu erreichen (Homer, Ilias, 10,70).

Mit dem Substantiv πόνος verhält es sich ganz ähnlich. In der Regel meint es Anstrengung, eventuell geradezu Plackerei, mitunter auch mißliche, quälende Umstände, Not, Unglück, Gefahr, zum Beispiel den Sturm, der einen in Bedrängnis

---

tung die Thukydidesstelle (2,40,2), die er selbst zitiert; denn das Subjekt muß in beiden Satzteilen das gleiche sein.

24 Xen., Lakedaimonion Politeia 7,1. Plat. Apologie 36b. Gorgias 478a. (Vgl. auch Politeia 553c. 554a). – Interessant ist, daß Aristarch, der seine Verwandten weben läßt und sich dabei auf die geschäftliche Seite des „Betriebes“ beschränkt, als ἀργός (nichtarbeitend) angesehen wird. Sokrates kommt gar nicht auf die Idee, seine Tätigkeit als Arbeit zu rechtfertigen: Xen. 2,7,12.

25 Eindeutig für πολλοί respektive πένητες: Aristophanes, Ploutos 553. 556. Isokrates, Areopagitikos, 24. – Vermögensbildung eines verarmten Oligarchen: Plat. 553c. 554a. Ohne Spezifizierung: Antiphon, s. Anm. 10.

bringt. Auch die „Mühen" der Politik.[26] Zuweilen kann es aber auch das Ergebnis des Sich-Mühens bezeichnen, so etwa das Werk der Zimmerleute, der Maler, oder den Grabhügel, den die Griechen zu Ehren des Patroklos errichteten, sowie allgemein den Reichtum, den man sich unter Anstrengungen erworben hat. Der Perserkönig Dareios beklagt, als er den Untergang seines Reiches befürchtet, daß, wörtlich übersetzt, „meines Reichtums viele Müh' bedroht" sei. Klytämnestra und Ägisth schwelgen in Agamemnons πόνοι.[27]

Das Sich-Abmühen, die Anstrengung, der Schweiß gehörten für die Griechen zum Leben. Das menschliche Geschlecht ist nach Platon „mühegeplagt", weswegen die Götter für die Menschen die Feste eingerichtet haben als Erholung von den Mühen (ἀνάπαυλαι τῶν πόνων)[28]. Im Unterschied zum ἐργάζεσθαι ist das πονεῖν also Sache aller Menschen. Hesiod führt es auf Pandora und ihre Büchse zurück, aus der vielerlei Übel, Plagen, zum Tode führende Krankheiten entströmten. Zeus hatte sie den Menschen zur Strafe für den Feuerraub durch Prometheus gesandt (Erga 91).

Daß und wie sie es mit diesen Plagen aufnahmen, gehörte zum Stolz der Griechen. Als der Perserkönig Xerxes – nach Herodot 7,102,1 – fragte, wie die wenigen Griechen dazu kämen, seinem riesigen Heer Widerstand zu leisten, erhielt er zur Antwort, in Griechenland sei die Armut (πενίη) von jeher zu Hause, die Mannhaftigkeit (ἀρετή) aber sei anerzogen; durch sie schütze es sich gegen Armut und Knechtschaft. Das bezieht sich sicher auch auf die Arbeit der Griechen, aber sie wird als Teil des „Sich-Anstrengens" und des „Sich-Abmühens" verstanden.[29] Die Armut war die Bedingung dafür, daß man sich nicht der Weichheit und dem Luxus ergab. So konnte man durchaus auch das Positive am Sich-Mühen, ja an der Arbeit erkennen.

Als sich Herakles am Scheidewege gegen das süße Leben für den von der ἀρετή, der „Tugend", vorgezeichneten Weg entschied, tat er es für πόνος καὶ ἱδρώς, für Mühe und Schweiß. Er wollte ein Vollbringer (ἀγαθὸς ἐργάτης) von schönen und erhabenen Taten sein. So soll es jedenfalls der Sophist Prodikos gesagt haben. Demokrit meinte, freiwillige Mühen erleichterten das Ertragen der unfreiwilligen, durch

---

[26] Dem. 18,160.

[27] Aischylos, Perser 751. Choephoren 137. Vgl. Epicharm, Fragment 36: τῶν πόνων πωλοῦσιν ἡμῖν πάντα τἀγαθ' οἱ θεοί.

[28] Nomoi 653d. Genau entsprechend Thukydides 2,38,1. Im Gegensatz dazu die Korinther über die Athener, die die ἀσχολία ἐπίπονος lieben: mühevolle Unrast. Ebenda, 1,70,8. Hier geht es aber um das Politische und Militärische. Zum notwendigen πονεῖσθαι auch Arist. 1335b9, 1334b14ff. Πόνοι ἡδονὰς ἔχοντες kennt Isokrates, Areopagiotikos 43.

[29] Ähnlich Umwelt (s. Anm. 21) 23 ἀπὸ δὲ τῆς ταλαιπωρίης καὶ τῶν πόνων αἱ ἀνδρεῖαι. Vgl. 12. Auch Großmann, Gustav: Politische Schlagwörter aus der Zeit des Peloponnesischen Krieges, Diss., Basel 1950, S. 155f. Für Herodot vgl. im Kontrast zu 7,102,1: 9,122,1ff. 1,155,4.

fortgesetztes Sich-Mühen käme man dazu, sich daran zu gewöhnen.[30] Daher war es auch möglich, die Liebe zu Arbeit und Mühe in Begriffe zu fassen, die vornehmlich auf Krieg und Sport, aber auch auf Weisheit sich beziehende φιλοπονία und die φιλεργία, bei der es eher um Arbeit ging. Sie begegnen freilich selten.
Negativ wird Arbeit durch den Begriff ἀσχολία gemeint, welcher von σχολή ausgeht und den Mangel an Muße und Zeit bezeichnet, der eben durch die Notwendigkeit zu arbeiten, aber auch durch Politik entsteht. Das Verbum ἀσχολεῖσθαι gebraucht Aristoteles in seiner Sentenz, daß wir „mußelos sind", also arbeiten, um der Muße willen: ἀσχολούμεθα ἵνα σχολάζωμεν (EN 1177b4).
Man könnte noch weitere Wörter anführen, etwa ταλαιπωρεῖν und μοχθεῖν, doch würde sich dadurch am Gesamtbild nichts ändern: Keines der zuletzt genannten Wörter hat einen verächtlichen Beigeschmack. Nur liegt der Schwerpunkt ihrer Bedeutungen nicht auf der Arbeit; der Übergang zwischen Arbeiten, Ertragen und Kämpfen ist fließend.

3 Zur Einschätzung von Arbeit in der archaischen Zeit

Wie weit sich die Auffassungen der Griechen von Arbeit im Lauf der Zeit veränderten, wird nicht ganz klar. Wohl ergeben die Quellen der frühen Zeit zum Teil ein anderes Bild als die späteren, doch könnte das durch Zufälle der Überlieferung, nicht zuletzt durch Eigenheiten oder Tendenzen poetischer Ausmalung bedingt sein. Manche Aussage ist auch nicht leicht zu deuten.
In den homerischen Epen[31] erscheint Arbeit in Haus und Obstgarten, auf Weide und Feld durchweg als etwas ganz Selbstverständliches, in keiner Weise negativ Bewertetes. Obschon ein Gutteil davon durch Sklaven sowie Tagelöhner verrichtet wird, verstehen sich auch die homerischen Helden darauf; man kann in ihrem Kreis stolz betonen, daß man gerade Furchen zu ziehen und Getreide zu mähen vermag; wir finden Königssöhne beim Hüten der Herden oder beim Anschirren der Pferde, wenn der Vater ausfahren will. Die Gesänge bieten keinen Anlaß zu der Annahme, daß die großen Herren, anders gesagt: die Adligen nur arbeiteten, wenn es ihnen

---

30 Prodikos Fragment 2 (Vorsokratiker s. Anm. 10) 2,313 = Xen. 2,1,21ff. Πόνος und ἱδρώς schon Ilias 4,26f. verknüpft. Demokrit, Fragment 241 (ebd. 193,12). Vgl. Antiphon Fragment 49 (ebd. 359,2). Ähnlich schon Hesiod, Erga 287ff. Snell, Bruno: Die Entdekkung des Geistes, Göttingen 1975^4, S. 219ff.

31 Zum Folgenden: Strasburger, Hermann: Der soziologische Aspekt der homerischen Epen. In: Studien zur alten Geschichte 1, Hildesheim, New York 1982, S. 491ff. Mele, A.: Società e Lavoro nei Poemi Omerici, Neapel 1968. Himmelmann, Nikolaus: Über bildende Kunst in der homerischen Gesellschaft. Abhandlungen der Akademie Mainz 7, 1969. Finley, Moses: Die Welt des Odysseus, München 1979, S. 50ff. Für eine Einzelheit, die Gleichnisse: Schadewaldt, Wolfgang: Der Aufbau der Ilias, Frankfurt 1975, S. 19.

Vergnügen bereitete oder wenn die Not sie dazu zwang – auch wenn sie sich von vielem entlasten konnten. Wenn Odysseus als der mit einer reichen Frau verheiratete Kreter, der er zu sein vorgibt, meint, daß er lieber auf Raub ausfuhr als zu arbeiten (14,222ff.), so zielte er auf eine persönliche Vorliebe, ja eine Abweichung von der Regel. Das „Mehren des Hauses" durch Arbeit war offenbar auch für reiche Leute üblich; wie auch immer sie dabei Hand anzulegen pflegten. Es diente nicht nur ihrem Wohlstand, sondern auch ihrer Eigenständigkeit, der Unabhängigkeit, auf die sie Wert legten.

Die Helden vermögen auch, Handwerksarbeit zu verrichten. Odysseus hat Schlafzimmer und Ehebett selbst geschreinert (23,178ff.) und kann ein Floß zimmern (5,237ff.). Paris hat beim Bau seines Hauses mitgearbeitet (Ilias 6,314). Seinen Bruder sieht man damit beschäftigt, sich einen Streitwagen anzufertigen (21,37f.). Phereklos, zweifellos kein großer Fürst, aber immerhin ein Teilnehmer am Heroen-Gefecht, hat die Unglücksschiffe gebaut, auf denen Paris Helena entführte (5,62ff.). Auch Epeios, dem das Trojanische Pferd zu verdanken ist (8,493ff.), ist nicht einfach ein Handwerker, sondern ein großer Sportler, wenn auch im Krieg ein Feigling (was die Kehrseite seiner Kunstfertigkeit sein könnte). Ähnlich wie die Könige arbeiten ihre Frauen, wie es übrigens auch Göttinnen tun: Sie spinnen, weben, verfertigen Kleider; ihre Töchter waschen die Wäsche. Doch was immer sie konnten, es gab zugleich professionelle Handwerker. Wo Spezialisten-Können erwünscht war, empfahl es sich, sie heranzuziehen.[32]

Mit großem Lob wird die Kunst der Handwerker vom Sänger bedacht. *Demiurgoi*[33] heißen sie. Sie teilen diesen Namen mit Herolden, Sängern und Ärzten (Odyssee 17,383ff.). Gemeinsam ist der ganzen Gruppe nicht die manuelle Arbeit, sondern die Tatsache, daß sie für andere, insofern, wie das Wort es will, „für das Volk arbeiten" (es begegnet auch als Terminus für oberste Beamte). Hephaistos und Athene haben viele von ihnen gelehrt, „anmutige Werke" zu vollenden (Od. 6,232ff. 23, 161). Entsprechend wird die Kunst des Hephaistos unter den Göttern aufs höchste bewundert; er konnte ja sogar Dreifüße anfertigen, die sich zu bewegen vermochten, und Dienerinnen, die lebenden Jungfern glichen (Ilias 18,369ff. 417ff.). Er selbst freilich erscheint als hinkender, schwitzender, keuchender Gott, mit Haaren auf der Brust (ebd. 410ff.), über den die andern dann auch gelegentlich herzlich lachen (ebd. 1,599f.); der sich freilich rächen kann, wenn er etwa seine Gemahlin

---

32 Vgl. Walcott, B.: The Specialisation of Labour in Early Greek Society. In: Revue des Études Grecques 80 (1967), S. 60ff.

33 Rössler, s. Anm. 20, S. 194ff. Auch: Morpurgo Davies, Anna: Terminology of Power and Terminology of Work in Greek and Linear B. In: Risch, E. & H. Mühlestein, Colloquium Mycenaeum, Neuchâtel, Genf 1978, S. 87ff. Waltz, Pierre: Les Artisans et leur Vie en Grèce des Temps Homériques à l'Époque Classique. In: Revue Historique 117 (1914), S. 150ff.

Aphrodite (!) zusammen mit deren Liebhaber, dem Kriegsgott Ares, in seinem Bett höchst geschickt mit einem unsichtbaren goldenen Netz umfängt, um sie anschließend dem Gespött der anderen Götter preiszugeben (Od. 8,266ff.).[34]
Einzig in der Zeichnung dieser Figur, des Gottes Hephaistos, könnte sich andeuten, daß Handwerker auch damals als klar von den Helden unterschieden angesehen wurden; nicht freilich durch ihre Arbeit verformt, nicht als Personen geringgeschätzt. Dazu bestand wohl auch gar kein Anlaß. Sie lebten ohnehin außerhalb des Kreises derer, die die Gesellschaft damals voll und nahezu einzig berechtigt ausmachten, des Adels also. Die Frage, ob sie Bürger sein konnten und sollten, was sie mithin über ihre Kunst hinaus zu gelten hatten, konnte sich schon deswegen nicht stellen, weil es den Bürgerbegriff noch gar nicht gab; zudem kamen viele von ihnen von auswärts, waren also Fremde (Od. 17,382f.). Da war es wesentlich, was sie konnten, und eher gleichgültig, was sie waren.
Doch enthält das Bild des Feuergottes Hephaistos so viel in jede Richtung Außerordentliches, daß nicht gesagt ist, daß man in ihm gleichsam den irdischen Schmied dargestellt sehen darf. Und Athene, die für die Kunstfertigkeit „zuständig" ist, und keineswegs nur für die der Frauen (deren Arbeit sich von selbst verstehen mochte), stand gewiß nicht hinter den anderen Göttern zurück. Freilich mag es sein, daß die Sänger ihren „Mitdemiurgen" besonders freundlich begegneten, indem sie deren Kunstfertigkeit besonderes Interesse entgegenbrachten.[35]
Einen ausgesprochen schlechten Leumund haben dagegen die Händler, in erster Linie Phönizier – „schiffsberühmte, gierige Männer" –, doch auch Griechen, wenn sie nur an Ladung, Transport und Gewinn denken.[36] Anders verhält es sich, wenn ein König zu Schiff aufbricht, um das notwendige Eisen zu bekommen (im Tausch gegen Kupfer übrigens; Od. 1,182f.). Die Geringschätzung meint offenbar nur diejenigen unter den Kauffahrern, die sich ausschließlich dem Handel verschrieben haben, nicht die, die sich bei Gelegenheit durch Handel mit dem Notwendigen versehen, auch nicht die, die auf See oder von der See aus Raub betreiben (und das Geraubte hinterher verkaufen). Mitführen von Waren zum Verkauf war schon deswegen notwendig, weil man seine Reisen, etwa zu Studienzwecken, anders nicht finanzieren konnte.

---

[34] Walter Burkert (Das Lied von Ares und Aphrodite. In: Rheinisches Museum für klassische Philologie 103 (1960), S. 130ff.) scheint mir nicht genügend zu berücksichtigen, daß der Akzent hier zumindest in gleichem Maße wie auf dem Religiösen auf dem Ethischen, genauer: auf dem Verhältnis zwischen Krieger und Demiurg liegt.

[35] Reinhardt, Karl: Die Ilias und ihr Dichter, Göttingen 1961, S. 102. Burkert, Walter: Griechische Religion der archaischen und klassischen Epoche, Stuttgart u. a. 1977, S. 262. Himmelmann, S. 46f.

[36] Ilias 23,744. Odyssee 15,415ff. 8,161. Vgl. 17,382.

Anders als die homerischen Epen bietet Hesiod[37], der wenig später (wohl um 700 v. Chr.) dichtete, einige direkte Auskünfte über die Einschätzung der Arbeit in seiner Zeit. Ihm ist Arbeit zum Problem geworden. Wie kommt es, daß die Menschen sich so plagen müssen? Was, wie erwähnt, die Strafe des Zeus war, der ihnen den Lebensunterhalt (βίος) verbarg. Früher hatten sie „frei von Mühsal (πόνος)" gelebt (42ff. 90ff.).

Rebus sic stantibus bleibt nichts übrig, als sich mit Arbeit abzuplagen. Vieles drängt dazu. Hesiod preist den Vorzug des „guten Streits", der Eifersucht, also des Wettbewerbs. „Auch einen hilflosen Mann weckt er zur Arbeit". „Den Nachbarn stachelt der Nachbar, wenn er nach Wohlstand strebt". Ähnlich geht es zwischen Töpfern, Zimmerleuten, Bettlern und Sängern zu. Man blickt auf „einen Reichen, der emsig sich rührt beim Pflügen und Pflanzen", und sieht sich gedrängt, es ihm nachzutun (17ff.).

Nicht jeder muß arbeiten, die Lose sind ungleich verteilt. Aber wer arm dran ist, soll sich nicht auf der Agora, dem zentralen Platz, herumtreiben und Händel suchen; dann gehen ihm nämlich rasch die Mittel aus; er soll sich vielmehr um die eigene Wirtschaft kümmern (28ff.). Das kann sich lohnen. Wohl haben die Götter vor den Erfolg den Schweiß gesetzt; es ist ein steiler, steiniger Pfad zu gehen (289ff.); für die kleinen Leute; mutatis mutandis, wie Herakles ihn am Scheideweg für sich wählte. Wem der Sinn nach Reichtum steht, der muß „Arbeit auf Arbeit arbeiten" (ἔργον ἐπ' ἔργῳ ἐργάζεσθαι; 381f.). Aber am Ende winkt nicht nur ein Leben ohne Hunger, sondern möglicherweise Reichtum, Vergrößerung der eigenen Herden, ja des eigenen Gutes (397ff.). Und „dem Reichtum folgt ἀρετή und Ansehen (κῦδος)" (308ff.).

Hesiod spielt mit den verschiedenen Bedeutungen von ἀρετή. Es meint damals ziemlich ungeschieden Mannhaftigkeit, Tüchtigkeit wie den Erfolg, den man ihr verdankt und in dem sie sich ausdrückt.[38] Es ist vor allem die vielseitige „Tugend" der hohen Herren, die sich in Streit und Krieg bewährt. Indem Hesiod den Bauern nun ἀρετή im Schweiße seines Angesichts erwerben läßt, bezeichnet sie (auch) diesen – ganz anderen – Erfolg, und indem sich ἀρετή mit Ruhm (κῦδος) verknüpft, wird der Anschein erweckt, daß es sich um keine andere Tugend handelt als die der Adligen. So kann man denn also, wenn man den nötigen Reichtum erworben hat, aufsteigen – vielleicht nicht gleich in die mächtigsten Kreise und in den großen Städten, doch soll sich der Status erfolgreicher Bauern dem der Angehörigen der

---

[37] Die Erga werden im folgenden ohne nähere Angabe zitiert. Für die Übersetzung habe ich mich weitgehend auf Walter Marg gestützt. Allgemein zu Hesiod: Vernant, s. Anm. 3, S. 2, 5ff., 16ff.

[38] Fränkel, Hermann: Dichtung und Philosophie des frühen Griechentums, München 1962, S. 136. Adkins, Athur W. H.: Merit and Responsibility, Oxford 1960, S. 30ff., 71f.

Oberschicht zumindest annähern.[39] Man wüßte gern, woher Hesiod seine hohen Erwartungen bezogen hat. Waren es poetische Übertreibungen? Wunschdenken? Waren es Gewißheiten, die ihm aus orientalischer Weisheit zukamen? Oder hat er einzelne Erfahrungen verallgemeinert?

Arbeit ist zudem von den Göttern gewollt, und nicht nur von Demeter, der Göttin des Getreideanbaus. Die Götter (und Menschen), heißt es, ließen den, der untätig lebe wie die Drohnen, ihren gerechten Zorn spüren (303f.). Umgekehrt zeigt der Erfolg: „Wer arbeitet, ist den Unsterblichen viel lieber" (309.300). Bei den Erträgen aus der Landwirtschaft handelte es sich vermutlich um den gottgegebenen Reichtum, den ein Jahrhundert später Solon (1,3.9ff. 74ff. D.) deutlich von unrechtmäßig erworbenem Gut, das keine Dauer haben kann, unterscheiden sollte (320ff.).

Doch damit nicht genug, Hesiod versteigt sich geradezu zu der Behauptung: „Arbeit (ἔργον) ist nicht Schande. Nichtarbeit (ἀεργίη) ist Schande" (311). Zweimal fällt das Wort ὄνειδος. Die Frage ist, an wen und vor allem gegen wen sich diese provozierenden Worte wenden; denn Hesiod will hier doch kaum etwas Selbstverständliches feststellen. Zumindest ist der zweite Satzteil alles andere als das. Wenn man ihn auf die Adligen anwenden wollte, deren „Los" besser war als das der Bedürftigen (314), so liefe es auf eine völlige Umorientierung hinaus: Nicht nur die, die es nötig haben (und andern sonst zur Last fallen)[40], sondern alle müßten demnach arbeiten. Das aber kann Hesiod kaum ernsthaft gemeint haben. Es stünde auch im Widerspruch zu allen andern Aussagen seines Lehrgedichts, wonach die Arbeit stets auf ein Ziel gerichtet ist: den Erwerb von Lebensunterhalt oder Reichtum. Von Arbeit um ihrer selbst willen verlautet nichts.[41]

Folglich hat er, was Hesiod hier generell formuliert, nicht alle, sondern nur solche im Auge, die die Arbeit nötig haben und sie trotzdem nicht tun. Das ist in erster Linie sein Bruder Perses, der eigentliche Adressat des ganzen Gedichts, mit dem er im Streit um das Erbe des Vaters lag, der gegen ihn schon prozessiert hatte, mit Erfolg

---

39 Vielleicht werden die Erfolgreichen zunächst mal nur „reiche Arme", um eine Unterscheidung aufzunehmen, die Alois Winterling (s. Anm. 11, S. 188) für Aristoteles herausgearbeitet hat. Vgl. zur Sache Will, Edouard: Aux Origines du Régime Foncier Grec. In: Revue des Études Anciennes 59 (1957), S. 12ff. Hésiode: Crise Agraire? Ou Recul de l'Aristocratie. In: Revue des Études Grecques 78 (1965), S. 542ff. Millett, P.: Hesiod and his World. In: Proceedings of the Cambridge Philological Association. Neue Serie 30 (1984), S. 84ff. Descat, Raymond: L'Acte et l'Effort. Une Idéologie du Travail en Grèce Ancienne. In: Annales Littéraires de l'Université de Besançon 339, Paris 1986.

40 Dazu Nippel, Wilfried: Erwerbsarbeit in der Antike. In: Kocka, J. & C. Offe: Geschichte und Zukunft der Arbeit, Frankfurt, New York 2000, S. 65,43.

41 Thales soll zwar gesagt haben, Arbeitslosigkeit sei beschwerlich und: Sei nicht ohne Arbeit, auch wenn du reich bist (Sprüche der Sieben Weisen 11.15. Snell, Bruno: Leben und Meinungen der Sieben Weisen, München 1938, S. 98f.), doch scheint mir das ein sehr unsicheres Zeugnis zu sein. Vgl. immerhin Sokrates (? Xen. 1,2,56f.).

(weil er, so Hesiod, die Richter bestach), der daher schon mehr als die Hälfte davon besaß und Hesiod noch weiter zuzusetzen drohte. Den wollte der Dichter zur Arbeit anhalten; nicht zuletzt indem er die möglichen Erträge als möglichst groß hinstellte.

Δῖον γένος nennt Hesiod ihn einmal, „erlaucht von Geburt" übersetzt Marg (299). Es ist ein Titel, der allenfalls Helden respektive Adligen zukommt. Gewiß mag der Vater der beiden aus guter Familie gewesen sein. Daß er seine Heimat in Kleinasien wegen Armut verließ und über See Handel trieb, muß nicht dagegen sprechen. Am Ende hatte er ein gar nicht so kleines Gut; er könnte es, wenn er es nicht kaufte, durch Heirat erworben haben.[42] Gleichwohl geht man kaum fehl, wenn man in der Anrede Ironie durchschimmern hört. Jedenfalls meinte Perses offenbar, etwas Besseres zu sein. Und zum Arbeiten war er gar nicht aufgelegt.

Sehr viel aufschlußreicher aber ist die Behauptung, die Hesiod mit dem ersten Satzteil offensichtlich verneinen wollte. Wenn Perses Arbeit nicht nur scheut, lästig oder scheußlich findet, sondern sie gar für eine Schande hält, muß er sich auf das Urteil anderer beziehen, die das ebenfalls tun. Man begegnet hier also erstmals in der griechischen Geschichte einer groben Verachtung der Arbeit, und zwar der landwirtschaftlichen, denn um die dreht sich doch alles. „Die homerischen Helden wären auf diesen Gedanken nicht gekommen", bemerkt Elisabeth Charlotte Welskopf[43] dazu. Aber vielleicht wissen wir nur nicht genügend von ihnen?

Solch eine Arbeitsverachtung ließ sich nicht verallgemeinern. Denn wo käme man hin, wenn keiner arbeitete! Als Schande kann Arbeit also nur für einen bestimmten Personenkreis gegolten haben, es fragt sich, ob für die herrschenden Schichten, also den Adel allgemein oder nur für Teile davon, vielleicht samt andern, die sich an ihnen ein Beispiel nahmen.

Wir finden ein Jahrhundert später in einem Gedicht Solons zwei Zeilen, die eine solche Unterscheidung innerhalb der Oberschicht als sinnvoll erscheinen lassen. „Viele Schlechte sind reich, viele Gute arm", heißt es da (4,9ff.). Und das kann sich nicht auf den Aufstieg kleiner, „schlechter" Leute und den Abstieg von Adligen beziehen, denn Solon fährt fort: „Wir aber werden unsere Tugend (ἀρετή) nicht gegen Reichtum eintauschen". Wenn der Reichtum vieler die Preisgabe von ἀρετή voraussetzt, so müssen sich darunter nicht wenige Adlige befunden haben, die dadurch „schlecht" waren, daß sie sich nicht an die guten Sitten gehalten, sondern sich mit unlauteren Mitteln bereichert haben; und wie das geschehen ist, wird in einem andern Gedicht Solons deutlich: Man hat sich öffentliches und sakrales Gut angeeignet,

---

42 Zum Vater: 633ff. Vgl. Starr, Chester G. in: Cambridge Ancient History III,3, ²1982, S. 432 sowie Seibold, Klaus & Jürgen von Ungern-Sternberg: Amos und Hesiod. Aspekte eines Vergleichs. In: Raaflaub, Kurt, Anfänge politischen Denkens in der Antike, München 1993, S. 219f.

43 Welskopf, Elisabeth Charlotte: Probleme der Muße im alten Hellas, Berlin 1962, S. 311. Anders Finley: Odysseus, s. Anm. 31, S. 72.

Bauern ausgebeutet etc. (3,5ff.). Wer sich dagegen unter Leuten guter Abkunft weigert, ἀρετή zum Tausch zu geben, ist zwar weniger wohlhabend, deswegen jedoch alles andere als arm und kann durchaus von Herkunft dem Adel zugehören.[44]
Die gleiche Unterscheidung scheint aber auch Hesiod im Anschluß an unsere Stelle zu treffen, wenn er feststellt, Güter (χρήματα) sollten nicht geraubt werden (οὐχ ἁρπακτά), viel besser seien göttergeschenkte (320). Er spricht von denen, die sich „mit der Hände Gewalt" großen Reichtum verschafft oder ihn mit Worten (Meineid? Geschickte Überredung?) erbeutet haben, „wie es häufig geschieht", wenn Gewinnsucht den Verstand des Menschen verführt und Unverschämtheit (ἀναιδείη) die Scham (αἰδώς) besiegt. Die Götter, heißt es am Ende, würden ihnen das Haus über kurz oder lang wieder klein machen (325ff.). Hier scheint sich mithin eine Gruppe besonders schamloser Adliger (und vielleicht anderer) nicht durch Arbeit, sondern auf kriminelle Weise zu bereichern. Vielleicht also waren sie es, nach denen sich Perses richten wollte, vielleicht waren ihre Maßstäbe neu? Man kann es nicht ausschließen.
Aber die Wahrscheinlichkeit spricht nicht dafür. Denn in einem kurzen Zwischenstück schiebt Hesiod drei Zeilen über die αἰδώς ein. Dieses Wort, das etwa mit Scham, Scheu, Respekt zu übersetzen ist, gelegentlich auch der Bedeutung Schüchternheit nahekommt, bezeichnet jenes Regulativ, das Menschen daran hindert zu tun, was sich nicht gehört.[45] Αἰδώς, heißt es nun, „ist kein guter Begleiter für den, der von Mangel bedrängt wird" (317). Das könnte eine sprichwörtliche Redensart gewesen sein.[46] Demgemäß gab es eine falsche Scham bei armen Leuten (die sie wahrscheinlich besonders empfanden, sofern sie aus besseren Kreisen stammten, die ihnen gleichwohl nicht anstand).[47] Wenn man sich aber schämt zu arbeiten, so kann sich das kaum aus den Anschauungen besonders skrupelloser Männer ergeben haben. Die konnten vielleicht einschüchtern oder imponieren, aber nicht gerade derart zum Vorbild aufrücken, daß man sich schämen mußte, wenn man es ihnen nicht gleichtat. Daher spricht alles dafür, daß eine adlige Anschauung, wonach „man" nicht arbeitet, schon damals zumindest verbreitet war (was immer von den homerischen Helden in diesem Punkt zu halten ist).

---

44 Daß Solon selbst nur von mittlerem Vermögen gewesen sei (Arist., Athenaion Politeia 5,3. Plutarch, Solon 2), ist vermutlich ein Fehlschluß aufgrund der Gleichsetzung von politisch vermittelnder Haltung und mittlerem Vermögen.

45 Adkins: Moral Values. Political Behaviour in Ancient Greece, London 1972, S. 18, 26.

46 Darauf weist das Vorkommen bei Homer: Odyssee 17,347, 578. – Die Stelle ist nicht leicht, vgl. Adkins 26 sowie den Kommentar von West. Z.318 könnte etwa den Sinn haben: Alles, wo es hingehört. Z.319 könnte eine zynische (vgl. kurz vorher 270ff.) Feststellung sein. Ähnlich, gleich folgend, 324, woran 325 allerdings der Glaube an die gerechte Strafe anschließt. Doch wie immer man es deutet: Die Aussage im Text wird davon nicht berührt.

47 Adkins 9. Vgl. aus späterer Zeit Euripides, Bellerophontes, Fragment 285, 11ff. N.

Wie man sich unter diesen Umständen die adligen Vermögen vorzustellen hat, ist eine andere Frage. Die Kleinheit der Poleis und die Begrenztheit ihres agrarisch nutzbaren Bodens kann es zumindest im Mutterland nicht zugelassen haben, daß führende Geschlechter größere Ländereien besaßen. Auch wenn sie die Böden intensiv nutzten – damals begann man mit der Kultivierung von Ölbäumen – und große Herden unterhielten, können kaum viele davon reich gewesen sein. Immerhin mögen manche von ihnen ihre Mittel zugleich über See (auch als Söldner) verdient haben. Es gibt Berichte über höchst ertragreiche Unternehmungen[48], wir wissen nur nicht, ob sie für die Regel oder für die Ausnahme standen. Jedenfalls hatte damals schon die große Bewegung der griechischen Kolonisation eingesetzt, in der sich Handels- und Raubfahrten stark belebt und außerordentliche Handlungsräume neu erschlossen haben. Daran müssen manche Männer sehr verdient haben, selbst wenn sie, was aber keineswegs erwiesen ist, vor allem durch hochverzinsliche, weil riskante „Seedarlehen" beteiligt gewesen sein sollten.

Wenn Hesiod sagt, man solle die Götter respektieren (durch Opfer wie auch dadurch, daß man kein Unrecht tut!), „auf daß du anderer Land dir erwirbst, nicht deines ein anderer" (341), so ist bei ihm ein anderes Thema schon angeschlagen, das in der folgenden Zeit eine große Rolle spielen soll: Χρήματ' ἀνήρ, das Geld macht den Mann, und „Reichtum vermischt die Geschlechter". Die adligen Absteiger beschweren sich über die wirtschaftlich und, wie man sieht, auch gesellschaftlich erfolgreichen Aufsteiger.[49] Diese werden freilich so zahlreich nicht gewesen sein, jedenfalls haben sie nicht vermocht, ihre Weisen von „Arbeit", den Handel etwa, im allgemeinen Urteil aufzuwerten; nur lokal begrenzt und ein Stück weit mag es gelungen sein, in Korinth sogar für das Handwerk (s. u. S. 50f.). Zudem wird manch einer, der sein ererbtes Vermögen verlor, zur Arbeit genötigt worden sein (wenn er nicht kriminelle Weisen der Bereicherung vorzog), doch hören wir nichts davon; jedenfalls hat das auch nicht zu einer Aufwertung der Arbeit geführt.

Vielmehr verstanden sich die griechischen Gemeinwesen, soweit wir sehen können, weiterhin als Landbesitzergesellschaften. Und sie entwickelten möglicherweise schon früh ihre spezifische Weise der Öffentlichkeit.

Diese Öffentlichkeit, die vor allem die der Stadt war (sich freilich zugleich über die Grenzen der Polisgemeinde hinaus erstreckte, ganz sinnfällig in den sportlichen Wettkämpfen, aber auch in vielerlei andern Beziehungen), zentrierte sich auf der

---

48 Hasebroek, Johannes: Griechische Wirtschafts- und Gesellschaftsgeschichte, Tübingen 1931, S. 270. Insgesamt ist heranzuziehen: Stein-Hölkeskamp, Elke: Adelskultur und Polisgesellschaft. Studien zum griechischen Adel in archaischer und klassischer Zeit, Stuttgart 1989, S. 76ff. (mit weiteren Hinweisen). Plutarch, Solon 2,6 meint, daß der Handel damals großes Ansehen gebracht hätte, weil er die Erzeugnisse der Fremde ins Land brachte, Freundschaften mit Königen und reiche Erfahrungen vermittelte. Für die Vermögen in späterer Zeit Casson (s. Anm. 160).

49 Alkaios, Fragment 101 D. Theognis 189 D. Pindar, Isthmien 2,11. Gschnitzer, s. Anm. 23, S. 40, 64.

Agora, wo man sich traf und unterhielt, Neuigkeiten tauschte, Rechtsstreitigkeiten austrug und sich über politische Probleme auseinandersetzte, sich also aufs vielfältigste miteinander beschäftigte; wo die vielen Feste mit Tanz und Chor gefeiert wurden, wo man Sport trieb. Aber sie reichte zugleich in die Symposien hinein. Zu ihr gehörte ein bestimmter – anmutiger – Stil der Bewegung, der Sprache, des Auftretens.[50] Das wollte gelernt, geübt sein, das konnte nicht jeder, zumal es da auch um Feinheiten ging. Vielleicht bildete sich hier eine gewisse Barriere, die die Aufsteiger so leicht, so schnell nicht überwinden konnten.

In dieser Öffentlichkeit mußte man gesehen werden, verweilen; das scheint von Männern, die etwas auf sich hielten, mit Nachdruck erwartet worden zu sein. Sie sollte ein Bereich des Freien und Unbeschwerten sein (zumindest soweit es nicht um Politik ging). Hier wollte man nicht belastet sein von der Notwendigkeit, wie Aristoteles es später formulierte, von der Arbeit. Was man im eigenen Oikos tat, war etwas anderes; wenn man sich nur nicht ganz in ihn zurückzog. Ohne viel Aufhebens konnte man dort vieles wirken. Mußte man auch, denn wenn man seine Verwalter einfach gewähren ließ, war das eigene Vermögen kaum auf der gebührenden Höhe zu halten.[51] Hier brauchte es die vielberufene ἐπιμέλεια des Hausherren. Die Trennung von Haus und Öffentlichkeit hatte wahrscheinlich etwas Künstliches, jedenfalls mit Kunst Aufrechterhaltenes, war aber enorm wirksam (und der Hochschätzung von Arbeit nicht günstig).

Streckenweise müssen weitere Teile des Adels, zumindest an verschiedenen Orten, ziemlich rücksichtslos auf die Mehrung ihres Reichtums hingewirkt haben. Das legte sich schon von daher nahe, daß ihre Ansprüche, angeregt nicht zuletzt von der Begegnung mit den östlichen Hochkulturen, schneller stiegen als die wirtschaftlichen Möglichkeiten, sie zu erfüllen, wiederum: zumindest an verschiedenen Orten.[52]

Da man sich dabei auf die Ausbeutung von Bauern, welche vielfach verschuldet waren, schließlich auf deren Verkauf in die Sklaverei verlegte, gab es vielerorts über kurz oder lang Gegenreaktionen. Mancherlei Unruhen resultierten daraus, weitere Ärgernisse (sowie Ansprüche) kamen hinzu. In der Folge wirkten Tyrannen, die

---

50 Eine zusammenfassende Arbeit über die Öffentlichkeit und ihre Bedeutung fehlt. Einige Hinweise bei Burckhardt, Jacob: Griechische Kulturgeschichte 4, Darmstadt 1957, S. 143ff., 243. u. ö. Wichtig jetzt Hölscher, Tonio: Öffentliche Räume in frühen griechischen Städten, Heidelberg 1998. – Zum Symposion Murray, Oswyn: The Symposium as Social Organization. In: Hägg, R., The Greek Renaissance of the Eighth Century BC, Stockholm 1983, S. 195ff. Murray, O. (Hg.): Sympotica, Oxford 1990. Schmitt Pantel, Pauline: La Cité au Banquet. Rom 1992. Zusammenfassend kurz: Gschnitzer 60. Auch Meier, Ch.: Politik und Anmut, Stuttgart, Leipzig 2000 (überarbeitete Ausgabe).

51 Vgl., freilich aus späterer Zeit, Xen. Oik. 5,4 u. ö. Zum folgenden: Spahn, Oikos, s. Anm. 135.

52 Einzelnes bei Stein-Hölkeskamp, S. 64ff. Ein zusammenhängendes Bild der griechischen Gesellschaft dieser Zeit habe ich im dritten Kapitel von: Athen. Ein Neubeginn der Weltgeschichte, Berlin 1993 u. ö. zu zeichnen versucht.

verschiedenen Wieder-ins-Lot-Bringer, die die vom Bürgerkrieg bedrohten Gemeinden zur Hilfe riefen, auf die Dauer aber auch die Angehörigen breiter Schichten je auf ihre Weisen darauf hin, die adlige Willkür einzuschränken, aber auch die wirtschaftliche Lage zu verbessern.[53]
Wieweit nun aufgrund dieser Politik und wieweit dank anderer Umstände – jedenfalls kam es an verschiedenen Plätzen dazu, daß die wirtschaftliche Situation vieler Bauern sich konsolidierte; bis hin zu einer gewissen Abkömmlichkeit. So gelang es in der zweiten Hälfte des sechsten Jahrhunderts hier und dort auch, die Bauern stärker an der Politik zu beteiligen. Im Athen des Kleisthenes[54] entstand die Isonomie, eine Vorstufe der Demokratie. Erstmals hatte damit die Gruppe derer, die selbst, wenn auch mit Hilfe von Sklaven, arbeiten mußte (folglich ein anderes Verhältnis zur Arbeit hatte als die Adligen) effektive Mitspracherechte im Gemeinwesen. Freilich gibt es keinerlei Anhaltspunkte dafür, daß sich dadurch an der allgemeinen Einschätzung von Arbeit etwas verändert hätte. Es ist nicht mal wahrscheinlich, denn die Bauern müssen sich in der politischen Öffentlichkeit vor allem als Bürger empfunden und gegeben haben. Die Trennung zwischen Haus und Polis, die die aristokratische Öffentlichkeit voraussetzte, bestimmte auch sie. Die adligen Werte wurden insoweit nicht erschüttert – auch wenn die mittleren und unteren Schichten für sich selbst die Arbeit weiterhin pragmatisch genommen haben werden.
Im sechsten Jahrhundert wuchs aber zugleich, zumindest an verschiedenen Orten, die Zahl der seßhaften Handwerker[55] und nicht zuletzt derer unter ihnen, die das Bürgerrecht besaßen. Das Handwerk hatte sich ohnehin beachtlich weiterentwickelt. Die Nachfrage nach seinen Produkten muß stark angestiegen sein, je mehr sich die Techniken verfeinerten, je mehr sich auch die Ansprüche erhöhten; zunehmende Spezialisierung ließ die herkömmliche Handwerksarbeit von Bauern immer weiter hinter sich zurück, wenn sie sie auch nicht erübrigte.[56] Damals konnten sich verschiedene Städte sogar auf die Herstellung bestimmter Produkte spezialisieren.
Es gab innerhalb der Bürgerschaft nicht wenige, die kein oder nicht genügend Land besaßen, um davon zu leben. Das folgte schon aus dem Erbrecht, denn alle Söhne hatten gegebenenfalls Anspruch auf einen Teil des Gutes, so daß die Parzellen sehr klein werden konnten. Zudem mußten manche Höfe wegen Überschuldung und anderer Unglücksfälle aufgegeben werden. Eine gute Weile lang bot die Kolonisation Auffangmöglichkeiten, aber nicht auf Dauer und nicht für alle. Solon hat auch

[53] Berve, Helmut: Die Tyrannis bei den Griechen, München 1967.

[54] Vgl. Meier, Ch.: Die Entstehung des Politischen bei den Griechen, Frankfurt 1980 u. ö., S. 91ff. sowie Meier & Veyne, s. Anm. 13, S. 67ff.

[55] Oertel, Friedrich: Kleine Schriften zur Wirtschafts- und Sozialgeschichte des Altertums, Bonn 1975, S. 164f.

[56] Kluwe, Ernst: Die Rolle des Handwerks in der Polis. In: Herrmann, J. & J. Sellnow, Produktivkräfte und Gesellschaftsformationen in vorkapitalistischer Zeit, Berlin 1982, S. 289ff. Zu den Städten s. Anm. 65.

an dieser Stelle einzugreifen versucht. Eines seiner Gesetze sah vor, daß Eltern, die nicht genügend Land hatten, ihren Söhnen eine Lehre verschaffen mußten.[57] Andernfalls sollten sie keinen Anspruch auf Versorgung im Alter haben. Die Nachricht, er habe den Areopag beauftragt zu überprüfen, woher jeder seinen Lebensunterhalt bezöge, und die Leute ohne Arbeit zu bestrafen, beruht vermutlich auf einem Mißverständnis, doch ist bezeugt, daß damals Tyrannen die arbeitslosen Bürger zur Arbeit anzuhalten versuchten.[58] Das lag offenbar im Zug der Zeit.

Andererseits hat Solon, als er das Bürgerrecht genauer regulierte, auswärtigen Handwerkern die Möglichkeit eingeräumt, Bürger zu werden, und die Nachricht, er habe dem Handwerk Ansehen zu schaffen versucht, ist vermutlich nicht falsch.[59]

Dank der Gunst der Überlieferung sind uns zahlreiche Inschriften von Weihgeschenken[60] erhalten, die im sechsten Jahrhundert von Handwerkern auf der Athener Akropolis aufgestellt worden sind. Es bezeugt sich darin der Stolz auf das, was sie geschafft haben. Aber auch die – vielleicht erkaufte? – Bereitwilligkeit der Priester, ihnen die Genehmigung zu deren Aufstellung in Heiligtümern zu erteilen, ist bemerkenswert. Im sechsten Jahrhundert ist es zudem vielfach vorgekommen, daß Szenen aus dem Handwerk auf Vasen dargestellt wurden, und es spricht nichts dafür, daß deren Arbeit dort verächtlich gemacht worden wäre. Ihre Produkte wurden ohnehin allgemein geschätzt. Wir finden auch, daß Handwerker damals die adligen Sitten der Symposien und des Sports übernahmen; sie deuten es auf ihren Vasen an (s. u. S. 54, 57f.).

Gewiß waren und blieben die Handwerker den Bauern gegenüber benachteiligt, da sie in der Regel kein Land besaßen. Dieser Unterschied war klar, und er bedeutete in jenen agrarisch bestimmten Bürgerschaften nicht wenig. Wohl konnten sie Land kaufen, aber das wird selten gewesen sein. Wenn Aristoteles es uns richtig überliefert, so kamen sie auch erst spät dazu, Ämter bekleiden zu dürfen, falls sie – was aber gewiß vielfach der Fall war – aufgrund ihres Vermögens dazu in der Lage waren.

Wieweit sie jedoch wegen der Art ihrer Arbeit (im Vergleich zur Landarbeit) geringgeschätzt wurden und, falls ja, wie sich das auswirkte, ist damit noch nicht gesagt. Wenn die Adligen es nicht für gut hielten, sich die Finger schmutzig zu machen, so

---

57 Ruschenbusch, Eberhard: ΣΟΛΩΝΟΣ ΝΟΜΟΙ. Die Fragmente des solonischen Gesetzeswerkes mit einer Text- und Überlieferungsgeschichte, Wiesbaden 1966 (Historia Einzelschriften Heft 9), S. 90.

58 Ebd., S. 99f. Zu den νόμοι ἀργίας Hdt. 2,177. Plutarch, Solon 22,3. Diogenes Laertius 1,55. Diodor 1,77. Dem. 57,32. Pollux 8,42. Heuß, Alfred: Propyläen Weltgeschichte 3, Berlin 1962, S. 145. Zur Kritik: Dreizehnter, Alois: ΝΟΜΟΣ ΑΡΓΙΑΣ. Ein Gesetz gegen Müßiggang? In: Acta Antiqua Ungarica 26 (1978), S. 371ff.

59 Plutarch, Solon 22. Vgl. dazu Brook Manville, Philip: The Origins of Citizenship in Ancient Athens, Princeton 1990.

60 Raubitschek, Anton: Dedications from the Athenian Agora, Cambridge/MA 1949, S. 464ff. Zum Folgenden finden sich die Belege in Abschnitt 5.

richtete sich das wie bei Perses genauso gegen die Landarbeit. Die Handwerker können durchaus die Reformen des Kleisthenes mitgetragen, bei Marathon als Hopliten gedient, bei Salamis die Trieren mitgerudert haben (ganz abgesehen davon, welche Rolle sie beim Flottenbau gespielt haben).[61] Insofern gehörten sie zur Bürgerschaft – und blieben doch etwas anderes, eben weil sich zwischen Landbesitzern und Nicht-Landbesitzern selbst oder vielleicht gerade in einer Bürgerschaft, die sich wesentlich politisch verstand, eine gewisse Kluft bewahrte.

* * *

Für die folgende Zeit ab der späten Mitte des fünften Jahrhunderts fließen unsere Quellen etwas reichlicher. Vor allem, aber nicht nur für Athen, und es werden einige Unterschiede zwischen Städten deutlicher. Athen hebt sich aus der Reihe aller anderen heraus; durch das ungewöhnliche Engagement seiner Bürgerschaft in Politik und Krieg, aber auch durch seine Rolle als wichtigster Handelsplatz in der Ägäis sowie durch die große Zahl von Metöken, freien Nichtbürgern aus andern Teilen Griechenlands sowie aus außergriechischen Gebieten, die dort ihren Wohnsitz nahmen, Handwerk und Handel trieben oder als Ruderer auf der Flotte dienten und zum Teil sehr reich wurden.[62] Aber auch die Zahl der Sklaven, unter anderm für die Bergwerke bei Laureion, ist damals vermutlich stark vermehrt worden.

Während Athen im fünften Jahrhundert Krieg führte und seine Flotte ausbaute, fanden sich die meisten seiner Verbündeten im attischen Seebund bereit, ihre Beiträge zu den Kriegen in Geld zu leisten. „Sie wollten ihr Land bestellen und in Muße leben", schreibt Plutarch. So seien aus tüchtigen Kriegern unkriegerische Bauern und Geschäftsleute geworden.[63] Athen kann also nicht einfach als Beispiel dienen, genauso wenig wie Sparta, wo den Vollbürgern sowohl Ackerbau wie die Ausübung von Gewerbe oder Handel verboten war.[64] Andere Unterschiede ergaben sich zwischen den bewegten Städten an der See und solchen im Innern des Landes, um von allen möglichen individuellen Besonderheiten abzusehen.[65] Die Einschät-

---

61 Interessant ist, daß Themistokles den Handwerkern, die er vermutlich anläßlich des eiligen Flottenbaus ins Land rief, nicht das Bürgerrecht in Aussicht stellte (Diodor 11,43,3 Whitehead, s. Anm. 5, S. 148f.). Möglicherweise rechnete er nicht mit längerem Aufenthalt; aber wahrscheinlich war es zu dieser Zeit auch nicht mehr leicht, Fremde ins Bürgerrecht aufzunehmen.

62 Whitehead, s. Anm. 5. Für eine interessante Einzelheit: Rössler, Wolfgang: Typenhäuser bei Aischylos? In: Schuller, W., Hoepfner, W. & E.-L. Schwandner (Hg.), Demokratie und Architektur, München 1989, S. 109ff.

63 Kimon 11. Vgl. Thukydides 1,99f.

64 Busolt, Georg & Heinrich Swoboda: Griechische Staatskunde 2, München 1926, 660,2.

65 Für Korinth s. u. S. 50f. Aber auch Städte wie Milet und Phokaia müssen, wie die Anlage ihrer Kolonien zeigt, viel Wert auf Förderung des Handels gelegt haben, vermutlich auch Chios sowie Ägina. Verschiedene Städte sind für besondere Produkte bekannt, vgl. zum

zungen der Arbeit insgesamt, besonders der bäuerlichen, differierte zwischen den Städten vermutlich kaum, bei den Handwerkern wird es sich anders verhalten haben. Die eigentlich markanten, auffälligen Aussagen darüber bei Xenophon, Platon und Aristoteles ragen jedoch aus dem übrigen Befund heraus. Sie scheinen insbesondere durch die Geschichte Athens bestimmt zu sein.

4 Einschätzung der bäuerlichen Arbeit

Die γεωργία, wörtlich die Bearbeitung des Landes, war eine „natürliche" Form des Erwerbs; Aristoteles faßt sie als „Erwerb von Selbstwachsendem" (αὐτόφυτος ἐργασία) mit Raub (wohl von Vieh), Jagd, Fischfang zusammen (1256 a 40. Vgl. 1258 b 1.20). Zuvor hatte er von den Nomaden gesprochen. Die Früchte all dieser Tätigkeiten wurden unmittelbar der Natur verdankt. Die Erde war eine Gottheit. Sie „bringt alles hervor und nimmt es wieder auf".[66] Damit war ein – unter damaligen Verhältnissen – wesentlicher Unterschied zu allem Herstellen und Vertreiben markiert. In der aristotelischen Ökonomik wird unter den naturgemäßen Erwerbsarten zunächst die Landwirtschaft (neben dem Bergbau) angeführt, und zwar sei sie „die gerechteste von allen" (μάλιστα ὅτι δικαία), weil sie nichts von andern Menschen nimmt, weder mit deren Willen, wie es bei Kaufleuten und Lohnarbeitern geschieht, noch gegen ihren Willen wie beim Krieg. Wie alle Lebewesen von Natur her durch die Mutter genährt werden, so die Menschen durch die Erde (1343 a 26ff.). Durch die Natur waren auch die landwirtschaftlichen Arbeitsabläufe weithin vorgegeben, speziell der Wechsel zwischen Zeiten starker Beanspruchung und längeren Perioden der Ruhe.[67]

Die Arbeit der Bauern war, wie Hesiod (Erga 309f.) sagt, im Sinne der Götter. Xenophon schreibt später, die Erde als eine Göttin lehre diejenigen, die fähig seien zu begreifen, Gerechtigkeit. Denn „denen, die ihr am besten dienen, bringt sie wiederum die meisten Güter".[68] Immer wieder wird die Plackerei geschildert, die mit der Arbeit verbunden ist. Doch hing, was sie erbrachte, sichtlich auch von der Gunst der Götter ab. Jean-Pierre Vernant spricht von einer „participation à une ordre supérieur

Beispiel Hasebroek: Staat und Handel im alten Griechenland, Tübingen 1928, S. 37, 53, 56f., 60f. u. ö. Vgl. Mossé, Claude: Homo Oeconomicus. In: Vernant, Jean-Pierre (Hg.), Der Mensch der griechischen Antike, Frankfurt a. M., New York, Paris 1993, S. 50. Arist. 1291b23ff. Eigentümliches Gegenbeispiel: Thespiai. Arist. Fragment 611, 76R.

66 Euripides Fragment 159 N.

67 Welskopf, s. Anm. 43, S. 49. Humphreys, Sally C.: Anthropology and the Greeks, London u. a. 1978, 302,11 mit weiteren Hinweisen.

68 Oik. 5,12. Zu einer möglichen anderen Wurzel dieses Zusammenhangs: Schaefer, Hans: Probleme der Alten Geschichte, Göttingen 1963, S. 309: „Bewußtsein, daß Recht und Gerechtsame … gewissermaßen im Mutterboden verwurzelt seien".

à l'homme, tout à la fois naturel et divin".[69] Damit war eine andere Nähe der Bauern zu den Göttern vermacht, als sie bei den Handwerkern möglich war, obwohl auch diese ihren Göttern, Hephaistos und Athene, Dank wußten. Das Landeigentum stellte außerdem die stabilste und zugleich wichtigste Form des Eigentums dar. Phokylides' Gnome: „Wenn dich nach Reichtum verlangt, kümmere dich um einen fetten Acker, denn ein Acker, sagt man, ist das Horn der Amaltheia" (7 D.) war vermutlich polemisch gegen andere Auffassungen gerichtet, wird trotzdem die unter den Griechen vorwiegende Ansicht wiedergeben.

Weiterhin sprach für die Bauern, daß sie für sich, nicht für andere arbeiteten, was zugleich hieß, daß sie nicht von andern abhängig waren (was die Handwerker waren, indem sie für ihre Produkte Auftraggeber und Käufer brauchten). Die Bauern waren mehr oder weniger autark. Sie entsprachen damit einem griechischen Ideal.[70] Das ganze Selbstverständnis der Griechen als Bürger, auch die Weise ihrer Mitgliedschaft in den (meisten) Poleis war dadurch zentral bestimmt. Wenn griechische Gemeinwesen, grob gesagt, nicht mehr als die Summe ihrer selbständigen, unabhängigen „Teilhaber" (μετέχοντες) sein sollten, so war das vor allem von den Landeigentümern her gedacht.[71] Übrigens auch darin, daß man Spezialisierung zwar in ihren Ergebnissen und Produkten zu schätzen wußte, nicht jedoch in der Weise, in der sie Menschen formte, sie nämlich nicht nur begabte, sondern ihnen auch Wesentliches nahm (Vgl. u. Anm. 120). Bauern dagegen galten als Nicht-Spezialisten, sie konnten ein vielseitiges, sich selbst genügendes Leben führen.

Im Hintergrund dieser Auffassungen stand die innige Verknüpfung, wenn nicht Gleichung zwischen Grundbesitz und Zugehörigkeit zur Bürgerschaft, die, obwohl nicht streng einzuhalten, doch, aufs Ganze gesehen, maßgebend war und blieb. Sie leitete sich zum Teil aus den Zeiten der Wanderung her, wo alle Teilnehmer am Erobe-

---

69 Vernant, s. Anm. 3, S. 19f., 22f. (das Zitat S. 24). Vgl. Vidal-Naquet, Pierre: Le Chasseur Noir, Paris 1981, S. 39ff. Müller, Reimar: Der Mensch als Maß der Dinge, Berlin 1976, S. 247. Auch: Euripides, Hekabe 592ff. Plat., Nomoi 740a.

70 Aymard, André: Hiérarchie du Travail et Autarcie Individuel dans la Grèce Archaique. In: Revue d'Histoire de la Philosophie N.S. 2 (1943), S. 141ff. L'Idée de Travail dans la Grèce Archaique. In: Journal de Psychologie 41 (1948), S. 29ff. (Diese Aufsätze bieten wichtige Anhaltspunkte zur Sache. Die Interpretationen sind aber im einzelnen vielfach nicht überzeugend, obwohl die These gewiß richtig ist.) Vgl. Will, Edouard: Le Monde Grec et l'Orient 1, Paris 1972, S. 632. Zur Illustration sehr schön: Aristophanes, Acharner 35. Zum Folgenden Meier, Ch.: Polis und Partizipation (soll demnächst erscheinen).

71 Whitehead nennt sie, für Athen, permanent and honored shareholders in the social, economic and religious focus of the community, the soil of Attika (121). Freilich war ihr Boden Privateigentum. Aber indem sie auf diese Weise Eigentümer fester, erblicher Anteile am Boden der Gemeinde waren, waren sie von Situation zu Situation zugleich „Anteilseigner" an dem, was zunächst Gemeingut (κοινόν) war: Beute, Opferfleisch, gemeinsames Weideland, Einkünfte, die das Gemeinwesen nicht brauchte, die „Ehren" des Gemeinwesens u. a.

rungszug Anteil am Land erhielten. Doch ergab sie sich auch aus der Tatsache, daß Landwirtschaft die eigentliche, die zentrale Existenzgrundlage der Polisangehörigen (oder jedenfalls ihrer weit überwiegenden Mehrheit) war und blieb. Bei aller Ungleichheit, grob gesagt zwischen Adligen und Bauern, welche sich in der folgenden Zeit einstellen mochte, hielt sich vielerorts die Auffassung, daß die Bauern Teil des Gemeinwesens waren. Sie bestätigte sich frühzeitig darin, daß sie als Hopliten am Krieg teilnahmen.[72] Zugehörigkeit zum Gemeinwesen wurde in der Folge, etwa während des sechsten Jahrhunderts, um so wichtiger, je stärker der Anspruch auf Gleichheit der Teilhabe an der Polis (Isonomie) sich erhob und verwirklichte. Was von den mittleren Schichten her als Recht beansprucht wurde, war den andern gegenüber zugleich ein Privileg.

Es wurde aller Wahrscheinlichkeit nach vor allem von den Bauern, aber auch von den besser gestellten Handwerkern beansprucht. Insofern herrschte Gleichheit. Trotzdem hat sich ein Verständnis der Bürgerschaft unabhängig vom Landeigentum nirgends ganz durchsetzen können. Aristoteles' Bemerkung (1278a7), die Handwerker seien eigentlich kaum etwas anderes als Metöken, also Zuwanderer (wenn nicht Sklaven), muß insofern einen wahren Kern gehabt haben. Man weiß nicht, wie sich das auswirkte. In „zurückgebliebenen“ Gegenden sicher anders als in Athen und Korinth. Es mußte in der Regel des Alltags keine Rolle spielen, auch politischem Zusammenwirken zwischen Bauern und Handwerkern keine Grenzen setzen. Doch konnte man, wenn man wollte, daran anknüpfen. Und das ist später geschehen, als man angesichts der voll ausgebildeten Demokratie die Bauern gleichsam als die wahren Bürger gegen die Handwerker auszuspielen versuchte.

Doch bei allen Vorzügen, die mit dem Landeigentum verbunden waren: Es gab zugleich die Unterschiede zwischen Arm und Reich, zwischen denen, die ihr Land selbst bestellen, ihr Vieh selbst füttern und melken mußten (wenn auch mit Hilfe von Sklaven), und denen, die sich mit der Aufsicht über die Arbeiten begnügen konnten. Da mochte die bäuerliche Arbeit noch so sehr als der natürlichen Ordnung und göttlichem Willen gemäß erscheinen (Xen. Oik. 5,4), selber tun wollten die Adligen sie nicht. Über längere Strecken der Geschichte hin stand zudem die Gemeinsamkeit, die die Bauern als Landbesitzer und Zugehörige zur Polis mit den Adligen verband, weit zurück.

Es spricht daher einiges dafür, daß die Bauern und ihre Arbeit in den Augen der Oberschicht erst nachträglich aufgewertet wurden, angesichts der radikalen athenischen Demokratie, genauer: als man diese Demokratie von den Handwerkern beherrscht sah (u. S. 63ff., 73f.). Da meinte man, die Bauern als guten Teil der Bürgerschaft von den andern (schlechten) unterscheiden zu können (oder zu sollen?).

---

[72] Raaflaub, Kurt A.: Soldiers, Citizens and the Evolution of the Early Greek Polis. In: Mitchell, L. G. & P. J. Rhodes, The Development of the Polis in Archaic Greece, London, New York 1997, S. 49ff.

Es kann durch die Überlieferungslage bedingt sein, ebensogut jedoch auch dadurch, daß kein Anlaß bestand, es hervorzuheben: Wir besitzen jedenfalls bis gegen Ende des fünften Jahrhunderts keinerlei Anhaltspunkte dafür, daß sich bäuerliche Arbeit besonderer Wertschätzung erfreut hätte; oder daß wer auch immer bäuerliche gegen handwerkliche Arbeit unter moralischen, politischen oder ideologischen Gesichtspunkten deutlich abgesetzt hätte. Daß die beiden, für sich genommen, unterschiedlich waren, war offenkundig. Möglicherweise, ja vermutlich genügte das entsprechend dem Unterschied in Sachen Zugehörigkeit zur Polis, um eine gewisse Rangfolge herzustellen, und brauchte nicht eigens überhöht zu werden.

408 taucht dann aber in Euripides' Orest die Figur des αὐτουργός auf, des von seiner Hände Arbeit lebenden Bauern, und es wird von ihm und seinesgleichen gesagt, daß sie „als einzige das Land erhalten (oder: retten: σῴζειν)" (920).[73] Wenn Euripides eineinhalb Jahrzehnte früher, in den Hiketiden, den „Mittleren", also weder Reichen noch Armen, das gleiche nachsagen läßt (244), so sind vermutlich auch damit vor allem die Bauern gemeint. Im gleichen Stück freilich meldet sich die Skepsis der Oligarchen. Wer selber das Land bestellt, der γαπόνος, sei, selbst wenn er nicht ungebildet sei, wegen seiner Arbeit nicht in der Lage, die politischen Angelegenheiten gebührend wahrzunehmen (420). Nicht lange nach den Hiketiden hatte Euripides in seiner Elektra einen einfachen, schwer arbeitenden Bauern als Ehemann der Königstochter eingeführt und ihn sehr vorteilhaft gegen die Adligen abgesetzt. „Solche Leute besorgen die Stadt und die Häuser gut" (367ff. Vgl. Fragment 842 N).

Bald nach dem Ende des Peloponnesischen Krieges wird, bei Gelegenheit der Wiederherstellung der Demokratie, der Antrag gestellt, die politischen Bürgerrechte auf die Landbesitzer zu beschränken.[74] Zuvor schon hatte man im Jahre 411 eine Begrenzung dieser Rechte auf 5.000 Männer, und zwar diejenigen, die sich als Hopliten ausrüsten konnten, versucht.[75] Obschon darin einigermaßen wohlhabende Handwerker (wohl auch Kaufleute) mit eingeschlossen waren, betraf auch dies im Kern wiederum die Bauern. Sie waren es zudem, denen die ungebührlich starke Verherrlichung der Marathonkämpfer galt – in Abwertung der für Athens Größe (und sehr bald auch für seine Existenz) so viel wichtigeren Ruderer auf der Flotte und ihres Siegs bei Salamis.[76] Wenn die bäuerliche Arbeitsweise vielleicht schon immer als

---

73 Ferner: Xen. Oik. 5,4. Arist. Rhetorik 1381a23. Vgl. Thukydides 1,141,3.5. Xen. Symposion 1,5. Auch die Quellen bei Rössler, s. Anm. 20, S. 243, insbesondere zu Platon, der das Wort gerade für Handwerker verwendet.

74 Nippel, Wilfried: Verfassungstheorie und Verfassungsrealität in Antike und Früher Neuzeit, Stuttgart 1980, S. 84.

75 Ebenda, S. 90.

76 Aristophanes, Wespen 711. Wolken 986 u. ö. Vgl. Ehrenberg, s. Anm. 15, S. 51, 74, 300ff. Vidal-Naquet, s. Anm. 69, S. 125. Loraux, Nicole: L'Invention d'Athènes, Paris u. a. 1981, S. 157ff. – Es wird immer wieder darauf hingewiesen, daß schon Ende der 70er Jahre des fünften Jahrhunderts eine Tendenz zu beobachten ist, Marathon auf Kosten von Salamis zu glorifizieren (De Ste. Croix, G. E. M.: The Origin of the Peloponnesian

gute Vorbereitung auch für den Dienst als Hopliten hatte gelten können, so wurde sie vermutlich erst damals in besonderer Weise – und zum Nachteil der Handwerker – herausgestrichen.[77] Auch der besondere Bürgerbegriff, der dem im letzten Drittel des Jahrhunderts neu gebildeten Begriff der Politeia zunächst zugrunde lag, scheint sich vor allem auf die Hopliten (und damit die Bauern) bezogen zu haben.[78]
Es ist also zu vermuten, daß die politische und moralische Aufwertung der selbst arbeitenden Bauern (und indirekt damit ihrer Arbeit) in den Kontext der in der zweiten Hälfte des fünften Jahrhunderts aufkommenden, zumal aristokratischen Reaktion gegen die attische Demokratie gehörte. Nachdem seit dem sechsten Jahrhundert die breite Bürgerschaft den Adligen gegenüber als „Gleiche" (ὅμοιοι) politische Rechte beansprucht hatte, hebt das neue Verständnis die „Mittleren" (μέσοι) von den Unteren ab.[79] Eigenartig, wie zum einen die Ruderer, zum andern die Handwerker als Gegenpol der Bauern-Hopliten figurieren. Die Personenkreise kommen kaum zur Deckung, außer eben als Zielscheibe der Polemik (die sich damals übrigens vor allem gegen die Vormacht der Handwerker in der Volksversammlung gerichtet zu haben scheint (s. u. S. 53, 63ff., 73f.), während man heute die radikale Demokratie vor allem mit den Ruderern zusammenbringt). Wie weit der Unterscheidung von Mittleren und Unteren wirkliche Gegensätze entsprachen, entzieht sich unserer Kenntnis. Von seiten derer, die 411 zumindest eine Modifikation der Demokratie durchsetzten, wurden die Hopliten zwar in Anspruch genommen, doch haben sie sich sei es als unfähig, sei es als nicht entschieden genug erwiesen, als es darum ging, die neue Ordnung zu verteidigen.[80] Vielleicht ist alles nur Ideologie?

War, London 1972, S. 184f.). Dafür sprechen die zwei Epigramme bei Meiggs, R. & D. Lewis: A Selection of Greek Historical Inscriptions to the End of the Fifth Century BC, Oxford 1949, Nr. 26. Allein, diese Epigramme scheinen mir eher Zeugnisse einer Adelsrivalität zu sein als einer grundsätzlichen Stellungnahme zugunsten der Hopliten und gegen die Ruderer. Andererseits: Ruderer, die die Stadt beschützen: Acharner 162f. Thukydides 2,39,3. Pseudo-Xenophon 1,2. Marathon und Salamis: Aristophanes, Ritter 781ff. Plat. Nomoi 707a/c (wo die beiden Standpunkte aufeinanderprallen. Dort auch zum behaupteten Unterschied zwischen der Leistung der Hopliten und der der Schiffsleute. Vgl. Morawetz, s. Anm. 88, S. 21f.; Whitehead, s. Anm. 5, S. 85f.: paid job. Zum Ansehen der Flotte in der späteren Phase des Peloponnesischen Krieges ναυτικὴ ἀναρχία: Euripides, Iphigenie in Aulis 914, Hekabe 606ff.

77 Xen. Oik. 4,3ff. 5,1. 4ff. 13. 6,6 u. ö. Arist. Oik. 1343a26. Entsprechend zu den Hirten: Arist. 1319a19. Euripides, Hiketiden 884ff. beschreibt einen Mann, der sich auf der Jagd für den Krieg vorbereitet.

78 Meier, Ch.: Entstehung, s. Anm. 54, S. 299ff.

79 Spahn, Peter: Mittelschicht und Polisbildung, Frankfurt, Bern, Las Vegas 1977, S. 7ff., 174ff.

80 Nippel, s. Anm. 74, S. 92ff.

Wenn später Aristoteles die Demokratie, deren Bürgerschaft sich vornehmlich aus Bauern zusammensetzt, für die beste hält, so deswegen, weil Bauern wenig Zeit haben, sich um Politik zu kümmern, so daß die Volksversammlungen relativ selten, Demagogen relativ schwach und die Demokratie folglich relativ gemäßigt ist.[81] Übrigens hatten sich die Bauern, wie wir von Aristophanes erfahren, auch mit dem Makel herumzuschlagen, daß sie wenig zivilisiert waren, vielmehr grobschlächtig, stinkend, schlecht gekleidet. „Mit Staub bedeckt, mit Knoblauch gefüttert, aussehend nach saurer Brüh", so seien sie zur Volksversammlung gekommen, wo sie dann freilich nicht alle Verrücktheiten mitmachten, zu denen die anderen bereit waren.[82]
In der Idealpolis aber, fand Aristoteles, könnten die Bauern so wenig wie die Handwerker Bürger sein. Einfach weil sie arbeiten mußten (1328b41). Entsprechend waren sie in Platons Politeia auf das Arbeiten beschränkt. In seiner zweitbesten Stadt indes sollten Zugehörigkeit und Landbesitz wieder in eins fallen (wobei für die Arbeit vor allem Sklaven da waren).
Wohl in der Mitte des vierten Jahrhunderts legt Xenophon in seinem Oikonomikos dar, daß mit Landwirtschaft „ein gewisses Wohlbehagen, eine Vergrößerung des Hauses und eine Übung des Körpers" verbunden seien, „um das leisten zu können, was einem freien Mann zukommt" (5,1). Sie erzeuge auch, woran die Menschen ihre Freude hätten, etwa das, „womit sie ihre Altäre, Götterbilder und sich selbst schmückten, und das mit angenehmsten Düften und Eindrücken für das Auge" (5,3). Xenophon spricht vor allem für die, die die Arbeit auf ihrem Boden anleiten (früh aufstehen, bei Hitze und Kälte unterwegs sein müssen), ohne allerdings „diejenigen, die ihr Feld mit ihrer eigenen Hände Arbeit bestellen", von seinem Lob auszunehmen (5,4). Entsprechend rühmt er die Bauern als tapfer und zur Verteidigung des eigenen Landes bereit, im Gegensatz zu den Handwerkern (4,2f. 6,9f.). Als besonderen Vorzug der landwirtschaftlichen τέχνη, der „Kunst" und „Methode" also des Landbaus, nennt Xenophon, daß man sie sehr einfach lernen kann, indem man nämlich der Natur abguckt, wie man es zu machen hat. Ganz anders als die Handwerker, die ihre Kunst mühsam lernen und einüben mußten und sie geheimhielten (6,9. 15,10ff.). Und eine τέχνη ist um so vornehmer, je weniger man daran zu lernen hat (18,10).

---

[81] 1318b9ff. 1319a30ff. 1292b25. Zur zwiespältigen Beurteilung der Bauern bei Aristoteles: Burckhardt, s. Anm. 50, 4,123. Rössler, s. Anm. 20, S. 227. Nach Euripides, Hiketiden 245 schützen sie die Ordnung (Kosmos). Auch Isokrates, Areopagitikos 24. Zu ihrer wirtschaftlichen Lage: Will, s. Anm. 70, S. 647. Dabei bleibt zu beachten, daß ein klarer Unterschied zwischen den armen Bauern und den Bettlern besteht (Aristophanes Ploutos 548f.): Die armen Bauern haben zwar zu leben, eventuell auch ein bis zwei Sklaven (Nippel, s. Anm. 40, S. 58), aber es reichte nur, wenn sie arbeiteten.

[82] Aristophanes, Ekklesiazusen 290. Dazu: Acharner 674. Wolken 47. 628. 646. Später zur Entgegensetzung von ἀγροικός und ἀστεῖος Theophrast (s. Austin, M. & P. Vidal-Naquet: Gesellschaft und Wirtschaft im alten Griechenland, München 1984, Nr. 125). – Ekkl. 432. Orest 98. Ehrenberg, s. Anm. 15, S. 95f. 293f. Für die frühere Zeit: Gschnitzer, s. Anm. 23, S. 64f.

Wichtig ist vor allem die ἐπιμέλεια, was einerseits die Beaufsichtigung der Arbeit, andererseits aber auch die Aufmerksamkeit bezeichnet, mit der man je das Nötige erkennen und tun muß.[83]

Bemerkenswert an Xenophons Ausführungen ist, daß nahezu alle positiven Merkmale der Landarbeit das genaue Gegenteil von dem darstellen, was bei ihm – und andern – von der Handwerksarbeit behauptet wird. Einmal setzt er sie auch explizit gegeneinander.[84] Gewisse Bezüge auf die politischen Probleme Athens im Peloponnesischen Krieg, die für manch einen traumatische Erfahrungen darstellten, sind unverkennbar. Der Verdacht, daß das Lob der Bauern und ihrer Arbeit zugleich die Kehrseite der Geringschätzung der Handwerker samt deren Arbeit war, drängt sich auf. Bei aller Hochschätzung des Landeigentums also und so sehr die Bauern gleichsam einen besonderen Titel für die Zugehörigkeit zur Polis besaßen: Daß man ihre Arbeit, ihre Existenzform, besonders schätzte, hatte aller Wahrscheinlichkeit nach politische Gründe in einer bestimmten Situation, die für uns aber in wichtigen Quellen festgehalten worden ist.

5 Die Handwerker und ihre Arbeit

Für „Handwerker" haben die Griechen verschiedene Termini[85], von denen indes mehrere nicht nur Handwerker bezeichnen. Bei Homer zählen Handwerker – zusammen mit Sehern, Sängern, Ärzten und Herolden – zu den δημιουργοί: Gemeinsam ist allen, daß sie für den Demos, die Allgemeinheit (oder überhaupt: für andere) tätig sind. Das Wort begegnet nach Homer in verschiedenen Gemeinden auch als Titel hoher Beamter – sowie für den Schöpfergott.[86]

Die meisten Termini fassen handwerkliche Tätigkeit von besonderen Aspekten her: χειρουργός, der mit den Händen arbeitet, χειρῶναξ, der Herr, der Meister seiner Hände. Auch αὐτουργός, das zunächst für Bauern verwandt wird, begegnet später als Bezeichnung von Handwerkern. Χειροτέχνης hebt die Techne, die Kunst und Methode ihrer manuellen Arbeit hervor; Aristophanes benutzt es für arme, ungebildete Männer, andern gilt es beinahe als Ehrenname für den Arzt.[87] Ohne speziellen Bezug auf das Manuelle ist τεχνίτης, das ebenfalls zumal (und relativ oft) für Handwerker gebraucht wird. Die große Zahl dieser Wörter scheint das Bedürfnis zu spiegeln, von

83 Audring, s. Anm. 23, S. 26. Die Einleitung dieses guten Kenners der Materie ist überhaupt zum Verständnis des Textes zu empfehlen.

84 4,2f. Vgl. 6,5f., 10,10, 15,11.

85 Sie sind zusammengestellt bei Rössler, s. Anm. 20. Die verschiedenen Termini zielen zunächst nicht auf einen sozialen Status, sondern lediglich auf die Tatsache der fachlichen Qualifikation (211).

86 Rössler, s. Anm. 20, S. 202, 214f.

87 Ebenda, S. 200f., 204f.

Fall zu Fall besondere Seiten der handwerklichen Arbeit herauszustreichen. Χέρνης könnte man noch hinzufügen, das den, der von seiner Hände Arbeit lebt, meint, freilich nicht speziell den Handwerker, sondern eher den Tagelöhner mit seinen vielen möglichen Beschäftigungen.

Verschiedene dieser Termini dienen in der Bedeutung „Fachmann", „Meister" dazu, etwa „Meister der ärztlichen Kunst" sowie Schauspieler und Musiker zu charakterisieren. Τεχνίτης wird gebraucht für Handwerker und Künstler (Architekten, Bildhauer) wie für Fachleute etwa des Flötenspiels, der Schauspielkunst, der Strategie und wiederum der Medizin.

Nur ein Terminus, der wohl um die Mitte des fünften Jahrhunderts aufkam, βάναυσος, war ausschließlich auf Handwerker gemünzt.[88] Er hatte deutlich negative Konnotationen (so daß er auch zur Charakterisierung einer handwerkerlichen „banausischen" Lebensweise dienen konnte).[89] Das Wort wird zumeist von βαῦνος, „Ofen", und αὔειν, „anzünden", abgeleitet. Doch ist die Etymologie umstritten. Auffällig ist, daß gleichzeitig mit diesem Wort ein neuer, zwar an alte Auffassungen anknüpfender, sie aber neu akzentuierender Adelsbegriff gebildet worden zu sein scheint, καλὸς κἀγαθός[90].

In den Quellen begegnen verschiedene dieser Termini nebeneinander, doch gibt es auch Vorlieben einzelner Autoren für bestimmte unter ihnen. So sehr dabei besondere Akzente gesetzt sein mögen, in den summarischen Aussagen wird offenbar stets der gleiche Personenkreis gemeint, den Aristoteles etwa in fast gleichlautenden Aufzählungen zweimal τὸ βάναυσον und einmal τὸ περὶ τὰς τέχνας nennt.[91] Wie weit unter diesen summarischen Aussagen neben den Handwerkern zugleich andere, etwa Ärzte, inbegriffen sind, kann hier offen bleiben.

Bemerkenswerterweise zählen die bildenden Künstler damals allgemein unter die Handwerker.[92] Weiterhin ist zu betonen, daß in den summarischen Aussagen über

---

88 Morawetz, Thomas: Der Demos als Tyrann und Banause, Frankfurt u. a. 2000.

89 Rössler, s. Anm. 20, S. 229f. Morawetz mit weiteren Hinweisen (13,9). Zur Etymologie Rössler, S. 197.

90 Donlan, Walter: On the Origin of Kalos Kagathos. In: American Journal of Philology 94 (1973), S. 365ff. Allgemein dazu Julius Jüthner, Kalokagathia. In: Charisteria. Alois Rzach zum 80. Geburtstag, Reichenberg 1930, S. 99ff.

91 1289a33. 1290b39f. 1291b18f.

92 Burckhardt, Jacob: Die Griechen und ihre Künstler. In: Ders., Vorträge 1844/1887, Basel 1919, S. 162ff. Schweitzer, Bernhard: Der bildende Künstler und der Begriff des Künstlerischen in der Antike. In: Neue Heidelberger Jahrbücher, N.F. 1925, S. 28ff. Philipp, Hanna: Tektonon Daidala. Der bildende Künstler und sein Werk im vorplatonischen Schrifttum, Berlin 1968. In Auseinandersetzung mit neuerer Literatur: Handwerker und bildende Künstler in der griechischen Gesellschaft. In: Beck, H., Bol, P. C. & M. Böckling: Polyklet. Der Bildhauer der griechischen Klassik, Mainz 1990, S. 79ff. Lauter, Hans: Zur gesellschaftlichen Stellung des bildenden Künstlers in der griechischen Klassik, Erlangen 1974, dazu die Besprechung von Lendle, O. in: Gnomon 49 (1977), S. 63ff. Weiler, Ingomar: 'Künstler-Handwerker' im Altertum – Randseiter der antiken Gesellschaft? In:

Handwerker weder Unterschiede gemacht werden zwischen den verschiedenen Gewerben noch zwischen Reich und Arm. Gewiß, die unter Umständen auf großem Fuße lebenden Männer, die größere oder zumeist wohl mehrere Werkstätten[93] besitzen, mit zahlreichen Sklaven, und längst nicht mehr einer manuellen Tätigkeit nachgehen, mögen unter den Reichen figuriert haben, die in den Quellen des vierten Jahrhunderts zumeist dem Demos gegenübergestellt werden.[94] Doch kann es ansonsten nicht nur die kleinen Betreiber einer Werkstatt gegeben haben, die allein oder vielleicht mit einem oder zwei Sklaven zusammen ihre Arbeit taten, sondern es gab auch die Aufsteiger, die soziologisch eher den Mittleren zuzurechnen waren.[95]

Die meisten Äußerungen zur Einschätzung von Handwerkern und ihrer Arbeit stehen bei Xenophon, Platon und Aristoteles, Philosophen respektive einem philosophischen Schriftsteller des vierten Jahrhunderts also, die insgesamt der Demokratie und vor allem den Handwerkern höchst skeptisch gegenüberstanden. Sie geben deren Urteile wieder. Doch besitzen wir einige Zeugnisse, die zugleich auf das Urteil anderer (oder allgemeine Urteile) schließen lassen, zum Teil in Aussagen des Aristoteles über einzelne Institutionen. Es gibt auch wichtige testimonia e silentio.

Zunächst zu den Belegen für eine allgemeine (oder doch weiter verbreitete) Geringschätzung von Handwerkern: Herodot berichtet (2,167), die Handwerker (und bemerkenswerterweise sagt er hier: „diejenigen, die die [Handwerks] Künste gelernt haben“) und deren Nachkommen würden bei Ägyptern wie bei Thrakern, Skythen, Persern, Lydern „und bei fast allen Nichtgriechen“ geringer geachtet als die andern (ἀποτιμοτέρους τῶν ἄλλων). Das aber hätten alle Griechen, am stärksten die Spartaner, übernommen. Am wenigsten verachteten die Korinther die Handwerker (χειροτέχνας). Wer von körperlicher Arbeit (χειρωναξιέων) frei sei, besonders die, die sich dem Kriege widmeten, gälten dagegen als edel (γενναῖοι).

Komos. Festschrift Thuri Lorenz, Wien 1997, S. 149ff. Hölscher, Tonio: Die Nike der Messenier und Naupaktier in Olympia. Kunst und Geschichte im späten fünften Jahrhundert v. Chr. In: Jahrbuch des Deutschen Archäologischen Instituts, 89 (1974), S. 70ff. Dort vor allem 105ff. mit gewissen Modifikationen des üblichen Bildes.

93 Hasebroek: Staat, s. Anm. 65, S. 75ff. Scheibler, Ingeborg: Zur mutmaßlichen Größe attischer Töpfereien des sechsten Jahrhunderts v. Chr. In: Proceedings of the International Vase Symposium, Amsterdam 1984, S. 130ff. Es spricht vieles dafür, daß Wohlhabende eher mehrere als größere Werkstätten unterhielten. S. vor allem Will, Anm. 70, S. 657.

94 Ober, Josiah: Mass and Elite in Democratic Athens, Princeton 1989, S. 194ff.

95 Z. B. Plat. 434a. Die Übergänge zwischen Reich und Arm waren fließend. Bolkestein, Hendrik: Wohltätigkeit und Armenpflege im vorchristlichen Altertum, Utrecht 1939, S. 183. Vgl. Anm. 102. Nach Aristoteles war die Zahl der wohlhabenden Aufsteiger nicht gering. So ist es jedenfalls aus 1301b40ff. zu erschließen.

Die Aussage ist schief. Die Krieger nämlich, von denen Herodot für Ägypten spricht, waren ganz auf die Kriegführung spezialisiert. Sie hatten keine andere Tätigkeit daneben, waren, zumindest in Ägypten, auch von den Bauern klar abgegrenzt.[96] Diese Art Krieger jedoch gab es bei den Griechen außer in Sparta nicht, vielmehr dienten bei ihnen insbesondere Bauern, aber auch Handwerker als Hopliten (s. u. S. 61). Wenn bei den Griechen Leute von der Handarbeit frei waren, so zählten dazu neben manchen Bauern gewiß auch Handwerker, und wieweit man bloß wegen des eigenen Vermögens schon als edel erachtet wurde, ist durchaus fraglich. Ohnehin ist, wie auch in andern Fällen, die Entgegensetzung von Handwerkern und „Edlen" sehr merkwürdig. Sie konstruiert eine Zweipoligkeit, die ganze Teile der Bürgerschaft in den Hintergrund treten läßt (s. u. S. 63f.). Vermutlich spiegeln sich darin Oberschicht-Urteile der Zeit Herodots, also etwa des dritten Viertels des fünften Jahrhunderts.

Freilich berichtet auch Xenophon von der geringeren Schätzung der Handwerker in verschiedenen Städten (Oik 4,2). Doch könnten sich diese Urteile einfach auf die Benachteiligung der Handwerker nach den Maßen der vorwaltenden Bürgervorstellungen beziehen. Daß sie in Korinth am wenigsten galten, war wohl dadurch bedingt, daß Handwerker dort relativ früh relativ zahlreich und wohlhabend waren und es ihnen gelang, innerhalb der Bürgerschaft eine relativ angesehene Stellung zu gewinnen, so daß sie ihrer Art des Erwerbs wenigstens einen gewissen Respekt verschaffen konnten.[97]

Was Aristoteles sodann (Politik 1331a30ff.) von den Thessalern berichtet, ist offenbar ein Sonderfall: Daß sie einen „freien Markt" hätten, der „rein von allen Waren respektive Handelsgeschäften" zu bleiben hatte und dem sich weder ein Handwerker (βάναυσος) noch ein Bauer noch Männer von ähnlichem Schlag nähern durften, es sei denn, sie seien von den Beamten vorgeladen worden.[98] Da äußert sich offen-

---

[96] So Arist. 1329b1, der als Quelle für das griechische Wissen davon dienen mag. Zu Sparta s. Anm. 64.

[97] Vgl. Strabon 8,6,23: Das Land ist nicht sehr fruchtbar, der Reichtum der Stadt ist zumal der Handwerkertätigkeit zu verdanken. Ähnliches gilt für das benachbarte Sikyon. Vor allem blüht dort γραφική τε καὶ πλαστικὴ καὶ πᾶσα ἡ τοιαύτη δημιουργία. Dazu Scheibler: Altgriechische Handwerker in Selbstzeugnissen. In: Humanistische Bildung 14 (1990), Mensch und Arbeit, S. 105. Berve, s. Anm. 53, 23.529. Doch müssen größere Einnahmen aus dem Handel dazugekommmen sein. Vgl. Salmon, J. B.: Wealthy Corinth. A History of the City to 338 BC, Oxford 1984, S. 163ff. 102.

[98] Auch 1331b11. Ähnlich Xen., Kyropädie 1,2,3. Die Agora ist in Griechenland allgemein erst seit dem sechsten Jahrhundert als Handelsmarkt bezeugt, zuvor scheinen sich ihre Funktionen auf das Politische, Religiöse, Festliche sowie das Gesellschaftliche beschränkt zu haben. (Spahn, Peter: Wirtschaft. In: Geschichtliche Grundbegriffe, s. Anm. 2, 7,518. Hölscher, s. Anm. 50, S. 29ff., weist jetzt allerdings auf die Agora von Megara Hyblaia hin [38,38]. Die Dinge könnten also doch nicht so einfach liegen). Die Anlage besonderer

sichtlich der Wille und die Macht alter, konservativer Aristokratien, die in den von ihnen konstituierten Öffentlichkeiten ausschließlich mit ihresgleichen leben wollten, gleichsam wie in einer guten Stube. Da die Grenze, die sie dergestalt um sich zogen, zugleich gegenüber den Bauern galt (die in Thessalien allerdings zumeist Unfreie, Penesten, waren), besagt dieses Zeugnis nichts speziell für die Handwerker. Hier geht es um die Scheidung zwischen Adel und Nichtadel.

Etwas anders lag der Fall in Theben, wo es ein Gesetz gab, wonach keiner ein Amt bekleiden dürfe, der sich nicht zehn Jahre lang von der Agora respektive von Marktgeschäften ferngehalten hatte.[99] Hier sind, nach dem Zusammenhang zu urteilen, nur Handwerker betroffen, von denen Aristoteles zufolge viele durchaus zu den vollberechtigten Bürgern einer Oligarchie gehören konnten, wenn sie es nämlich zu Reichtum gebracht hätten; nur eben in Theben offenbar erst, nachdem sie eine gute Weile lang das Leben eines Rentners geführt hatten, und sei es, daß sie verschiedene eigene Handwerksbetriebe durch Aufseher verwalten ließen.

Dieses Gesetz steht ganz vereinzelt da, sonst hätte Aristoteles vermutlich, wie vage auch immer, auf andere Fälle verwiesen. Möglicherweise erklärt es sich aus einer ganz bestimmten Situation, in der man nach einem Umbruch einer Reihe wohlhabender Handwerker (die unter athenischem Einfluß zuvor politische Rechte gewonnen hatten) das Recht zur Amtsbekleidung nehmen wollte, jedenfalls für eine gewisse Frist.[100] Was freilich nichts gegen eine Disposition zur Geringschätzung besagen würde.

Ein, aufs Ganze gesehen, besonders wichtiges Zeugnis scheint Aristoteles' Aussage (1277b1ff.) zu sein, daß „in alter Zeit (τὸ παλαιόν) Handwerker in einigen Städten (παρ' ἐνίοις) und zwar bis zur äußersten Demokratie gar nicht an den Ämtern teilhatten". Das spricht, was immer im einzelnen galt, eindeutig dafür, daß Handwerker in der allgemeinen Auffassung hinter Landbesitzern zurückstanden. Auch wenn sie über Generationen von Bürgern abstammten, scheint es ihnen lange angehaftet zu haben, daß ihre Tätigkeit ursprünglich von Fremden, von Wanderarbeitern und anschließend neben ihnen mehr und mehr auch von Sklaven ausgeübt wurde[101] und daß sie kein Land besaßen, sich folglich nicht aus Eigenem ernähren konnten, vielmehr

---

Märkte für den Handel bei den Thessalern wäre also sekundär erfolgt, möglicherweise auch aus Gründen der besseren Zugänglichkeit.

99 1278a25ff. Vgl. 1321a28. Für Gutsbesitzer hätte eine solche Quarantäne wohl nicht gegolten?

100 So die Vermutung von Müller, Moritz: Geschichte Thebens von der Einwanderung der Boioter bis zur Schlacht bei Koroneia, Leipzig 1879, S. 68ff. Zur Verfassung der Stadt: Demand, Nancy H.: Theben in the Fifth Century, London u. a. 1982.

101 Arist. 1278a5ff. Vgl. Hasebroek, s. Anm. 48, S. 257. Vgl. Burkert, Walter: Die orientalisierende Epoche in der griechischen Religion und Literatur. Sitzungsberichte der Heidelberger Akademie, Heidelberg 1984, S. 25ff. Platon verfügt für die Polis der Nomoi, daß das Handwerk (das er im übrigen positiv bewertet) nur von Fremden betrieben wird. Rössler, s. Anm. 20, S. 212.

von Auftraggebern und Käufern abhängig waren. Sie mögen von daher auch zuweilen leichter den Verdacht auf sich gezogen haben, andere zu übervorteilen. Mangelnde Bindung an eigenen Boden, insofern größere Beweglichkeit, mag sie als weniger zugehörig, also als weniger verläßlich haben erscheinen lassen. Nicht zuletzt aber scheint ihre Arbeit und ihr Leben nicht ganz mit dem übereingestimmt zu haben, was man sich von Leben und Arbeit eines Bürgers vorstellte. Ihre Lebensform wurde das Fremde nie ganz los. Die tief eingewurzelten Zusammenhänge von Landbesitz, Autarkie und Zugehörigkeit ließen sich so leicht nicht wegdenken. Aber wenn es den Handwerkern dergestalt auch an etwas Wichtigem fehlte, wenn man deswegen auch ein gewisses Mißtrauen (wie wenn sie das Land nicht recht verteidigten) gegen sie empfinden oder wecken konnte: was dies alles in Politik und Alltag ausmachte, ist schwer zu bestimmen.

Es ist eine offene Frage, wie sich die Handwerker zu dieser Einschätzung verhielten, insbesondere ob sich daran im fünften und vierten Jahrhundert nichts änderte, als sie in den Demokratien, zumal in Athen, was den Zugang zu Ämtern betraf, keine Nachteile mehr erlitten. Ganz abgesehen davon, daß sich einige Erfolgreiche unter ihnen durchaus auch Land gekauft haben mögen, um sich insofern den Landwirten gleichzustellen.

Reich genug wären sie dazu jedenfalls gewesen, denn wir haben verschiedene Anhaltspunkte, auch klare Zeugnisse bei Aristoteles dafür, daß nicht wenige Männer durch Handwerkstätigkeit (samt Sparsamkeit und vermutlich geschickter Anlage der Erträge) reich geworden sind.[102] Unter den Aufsteigern, die in Athen spätestens seit etwa 430 eine prominente Rolle gespielt haben, mögen Söhne solcher Handwerker gewesen sein.[103] Sie werden sich zugleich durch Spenden für öffentliche Zwecke hervorgetan haben.

Gerade Handwerker, so hören wir bei Xenophon und Platon, waren es, die in der attischen Volksversammlung mitsprachen und -entschieden.[104] Und man sieht nicht, daß zwischen ihnen und etwa den Bauern irgend nennenswerte Unterschiede in der politischen Ausrichtung bestanden hätten.[105]

---

102 Arist. 1278a24f. 1309a8. Plat. 434a/b. Einzelbeispiel 495e. Xen. 2,7,3ff. u. ö. Für Athen: Thukydides 2,40,1 (an sich ist Zunahme des Vermögens vor allem durch Frieden bedingt, Arist. 1306b12, doch in Athen verhält es sich damit wohl anders). Winterling, s. Anm. 11, S. 194f. Mossé, s. Anm. 65, S. 45f. Vgl. Anm. 95.

103 Schachermeyr, Fritz: Forschungen und Betrachtungen zur griechischen und römischen Geschichte, Wien 1974, S. 206ff., 253ff. (gelegentlich zu stark modernisierend). Connor, W. Robert: The New Politicians of Fifth-Century Athens, Princeton 1971, S. 151ff. Wir wissen nur nicht, wieweit die Väter sich als Handwerker hochgearbeitet – und wieweit sie etwa nur ihr Geld in Handwerksbetrieben angelegt haben, wie etwa der Vater des Demosthenes.

104 Xen. 3,7,6. Plat. Protagoras 319c/d. 324c. Pseudo-Xenophon 1,5f. 9. 2,19.

105 Nippel, s. Anm. 74, S. 82.

Die Produkte handwerklicher (und künstlerischer) Arbeit konnten hoch angesehen und sehr begehrt sein. Xenophon berichtet, daß die weit getriebene Spezialisierung der Gewerbe, wie sie in großen Städten möglich war, deren Qualität sehr zugute kam.[106] Gelegentlich hat man Handwerker ins Land geholt, da man ihrer im größeren Stil bedurfte, etwa in Athen zum Flottenbau, später in Syrakus, dort mit der ausdrücklichen Absicht, sie zu Erfindungen militärischer Technik anzuspornen.[107]
Wir besitzen gute Belege für ihren Stolz, ihr Selbstbewußtsein. Neben den Weihungen auf der Akropolis und anderswo sind es die zahlreichen Künstlersignaturen und Selbstdarstellungen auf Vasen.[108] Einen Extremfall stellt der Samier Mandrokles dar, der die von ihm im Auftrag des Perserkönigs über den Bosporus geschlagene Brücke auf einem Gemälde darstellen ließ, das er in das Heraion weihte (Hdt. 4,87f.). Gleichsam am andern Ende der Skala steht die Weihung eines Mannes aus Naxos, der seinen Vater dafür ehrte, daß er als erster Dachziegel aus Marmor hergestellt habe.[109] Wenn das glanzvolle Auftreten, Frisur, Kleidung und großartige Gesten von Malern wie Parrhasios, Zeuxis und Polygnot oder des Architekten und Stadtplaners Hippodamos für besondere Extravaganz zeugen mögen[110], so kann man den Sophisten Hippias von Elis zumindest dafür in Anspruch nehmen, wie sehr verschiedene Spezialistentätigkeiten damals aufgewertet werden konnten. Er behauptete, nicht nur verschiedenste Wissenschaften zu beherrschen, sondern auch alles, was er auf dem Leibe trug, angefangen von Ring und Siegel bis hin zu dem ganz ungewöhnlichen Gürtel seines Unterkleides (in der Art der persischen Gürtel nämlich), selbst verfertigt zu haben, und bildete sich viel darauf ein.[111] Es sprach allerdings auch für eine Art Allseitigkeit.
Dem Festungsbaumeister wird einmal ausdrücklich bescheinigt, daß er mindestens ebenso wichtig für die Stadt wie der Feldherr sein kann; sein Werk kann die Stadt retten.[112] Andere haben für ihre Stadt unsterbliche Werke geschaffen, wie etwa

---

[106] Kyropädie 8,2,5. Dazu Marx, Karl: Das Kapital 1, Berlin 1947, S. 378ff.

[107] Athen: s. Anm. 61. Syrakus: Diodor 14,42,1f. Ferner Polykrates: Athenaios 12.p.540d.

[108] Raubitschek, s. Anm 60. Scheibler, s. Anm. 97, S. 94ff. zu den Signaturen. Burford, Alison: Künstler und Handwerker in Griechenland und Rom, Mainz 1985, S. 248ff. Lauffer, s. Anm. 17, S. 198ff., 203ff. Giuliani, Luca: Rez. Himmelmann, Realistische Themen. In: Gnomon 70 (1998), S. 629.

[109] Scheibler, s. Anm. 97, S. 102.

[110] Burckhardt, s. Anm. 92, S. 167. Hölscher, ebenda, S. 92ff.

[111] Plat. Hippias minor. bes. 368b ff. maior 282a ff. Vgl. Xen. 4,4,6.

[112] Plat. Gorgias 512b ff. Pseudo-Xenophon bezeugt, wie sehr die Seemacht Athens dazu führte, daß neben den Schiffsbesatzungen die Schiffbauer Achtung genossen (1,2), ja selbst Metöken und Sklaven (1,10ff.), da man sie brauchte. Sollte das nicht auch für andere Handwerker (oder für diese allgemein) gegolten haben? Vgl. Plat. 562e.

Phidias oder die Architekten des Parthenon. Ein besonderer Spezialistenstolz ist für Ärzte bezeugt.[113]

Innerhalb des außerordentlichen Bewußtseins menschlichen Könnens, das im fünften Jahrhundert besonders in Athen als ein bemerkenswertes Äquivalent zum modernen Fortschrittsbewußtsein aufkommt, spielen Kunst und Technik der Handwerker eine zentrale Rolle.[114] Eine ganze Literatur widmete sich der Frage nach den „ersten Erfindern", denen man vielerlei Errungenschaften verdankte.[115] In Kulturentstehungslehren wurde man sich bewußt, wie viel das Handwerk zur Zivilisation beitrug.[116] Ohnehin herrschte bei allen griechischen Denkern Übereinstimmung darüber, wie sehr man die verschiedenen Handwerker brauchte.[117] Auch dienen Handwerker Sokrates und Platon immer wieder als Beispiele für die mögliche Höhe menschlichen Könnens.[118]

Ironischerweise hat Platon nur eben daraus die Folgerung gezogen, daß Handwerker als Bürger nicht taugten. Denn jeder könne nur eine Sache richtig, und das Bürger-Sein in der idealen Stadt erfordere den ganzen Mann. Arbeiten und Bürger-Sein schlossen sich dort aus.[119] Entsprechend hatte auch die Politik, jedenfalls im Entwurf seiner „Politeia", Sache von Spezialisten zu sein, und zwar von Spezialisten für das Allgemeine, den Philosophen, welche dort Könige sein sollten. Aristoteles band die Befähigung zur Bekleidung politischer Ämter an die Muße – die er entsprechend „den Handwerkern" absprach.[120]

---

113 Rössler, s. Anm. 20, S. 199, 201, 208. Vgl. 225 zu den Schauspielern, der Gegenpol sind jeweils die „Idioten".

114 Meier, Ch.: Entstehung, s. Anm. 54, S. 447ff. Ehrenberg, s. Anm. 15, S. 142f.

115 Kleingünther, A.: Πρῶτος Εὑρετής. In: Philologus. Supplementband 26 (1933). Burford, s. Anm. 108, S. 228ff.

116 Cole, T.: Democritus and the Sources of Greek Anthropology. In: Philological Monographs 25, American Philological Association 1967.

117 Plat. 421c. 547e. Nomoi 918e. Arist. 1278a2ff. Xen. 2,7,5.

118 Burford, s. Anm. 108, S. 156f.

119 Plat. 369d ff. 374. 417a. 551e/552. 590c. Nomoi 846d ff. u. ö. Schon zur Handhabung des Schildes braucht man ἐπιστήμη und μελέτη.

120 Politika 1328b37ff. 1334a14ff. 1337b7ff. 1269a34ff. – Spezialisierung scheint Aristoteles nicht einmal für Sportler angebracht zu sein: 1335b5f. 1338b9ff. Ähnlich zur Musik (1340b42: μέχρι πόσου ...), ja nicht einmal den eines Freien an sich nicht unwürdigen Tätigkeiten darf man sich allzu ausgiebig hingeben (1337b15). Hier öffnet sich eine ganze, noch kaum hinreichend begriffene Problematik. Je weiter die Spezialisierung schreitet und je mehr man sich ihrer Notwendigkeit bewußt wird, um so weniger kann man sich ihr entziehen; weder was die Handwerker, noch etwa, was die Seemacht angeht („Seemacht aber ist eine Sache der Technik, wie anderes auch, und es ist nicht möglich, wenn man gerade will, es nebenbei zu üben, sondern vielmehr nötig, daß man es zu seiner Hauptaufgabe macht." Thukydides 1,142,9). Je mehr sie aber gebraucht wird, je mehr man sie sich wünschen muß, umso mehr ist die Kollision mit dem aristo-

Das Volk der Handwerker (χειρῶναξ λεώς) stand nach einem Zeugnis des Sophokles unter dem Schutz der Athena Ergane. Die Göttin begegnet seit früher Zeit als Stifterin und Beschützerin aller handwerklichen Künste.[121] Der an zentraler Stelle oberhalb der Agora gebaute Hephaistostempel diente den attischen Handwerkern als Kultstätte, übrigens war es das größte Hephaistosheiligtum der griechischen Welt, welch letzteres indes auch der Tatsache geschuldet war, daß Hephaistos und Athene, die zusammen dort verehrt wurden, den Anfang der attischen Autochthonie darstellen. Ihnen wurden, von Schmieden und anderen, die Feste der Chalkeia und der Hephaisteia gefeiert; man veranstaltete auch Wettbewerbe unter Handwerkern.[122] Der zwischen Töpfern ist für das vierte Jahrhundert bezeugt. Möglicherweise kann man die Darstellung auf einer Vase, auf der Athene und zwei Niken Töpfer bekränzen, als Beleg dafür nehmen, daß es sie schon vorher gab.[123]
Kurz, es gibt – nicht nur für Korinth, sondern insbesondere für Athen[124], aber auch anderswo – genügend Anhaltspunkte dafür, daß die Handwerker Ansehen genossen, daß sie Selbstbewußtsein demonstrierten, je nachdem, was sie erreicht hatten und waren. Sie brauchten sich keineswegs zu verstecken.
Nur wurde mit verschiedenen Maßen gemessen. Je mehr sie dank Kunst und Spezialisierung vermochten, um so weniger entsprachen sie dem, was herkömmlich von einem Bürger als Bürger erwartet wurde. So meint einer der aristokratischen Gesprächspartner des Sokrates in Platons Gorgias, den Festungsbaumeister samt seiner Kunst gering achten zu sollen; wie zur Schmach würde er ihn Festungsbaumeister schimpfen und weder dessen Sohn seine Tochter geben noch dessen Tochter für den eigenen Sohn nehmen wollen (512b/d). Daher wird man das späte Zeugnis Plutarchs auch für diese Zeit in Anspruch nehmen können, wonach man nicht nur, sosehr man wohlriechende Salben und Purpurkleider schätze, Färber und Salbenköche für gemeine und niedrige Handwerker (ἀνελεύθεροι καὶ βάναυσοι) halte. Nein, man

---

kratischen Ideal der Allseitigkeit störend – sofern man sich jedenfalls nicht mit den Konsequenzen (die etwa die perikleische Demokratie gezogen hat) abzufinden bereit ist (s. u. S. 61). Eben dies aber führt dann zu vielerlei Versuchen, der neuen Lage zu entkommen – und speziell zu neuen Ansprüchen an die Führenden in der Polis, die nur in Form von idealen Entwürfen befriedigt werden können.

121 Fragment 724 N. Homerischer Athenehymnos 12ff. Entsprechend schon Ilias 5,61. Odyssee 8,493. Hesiod, Erga 430. Nilsson, Martin P.: Geschichte der griechischen Religion 1, München 1967³, S. 439f. Detienne, Marcel in: Vernant, J. P. & M. Detienne, Les Ruses de l'Intelligence. La Métis des Grecs, Paris 1974, S. 201ff. Zu Hephaistos: Homerischer Hephaistoshymnos 2.5. Beide zusammen: Odyssee 6,234f. = 23,161f. Plat. Nomoi 920d/e. Burford, s. Anm. 108, S. 232ff.

122 Dinsmoor, W. B.: Observations on the Hephaisteion. In: Hesperia Supplement 5 (1941), 125ff. Zu den Festen Deubner, Ludwig: Attische Feste, Berlin 1932, S. 31, 35f., 211f. Vidal-Naquet, s. Anm. 69, S. 311f. Der Wettbewerb: Burford, s. Anm. 108, 253. 213.

123 Scheibler, s. Anm. 97, S. 97 (Tafel 2b), 106.

124 Will, s. Anm. 70, S. 650. Auch Platon, Laches 180e.

wolle nicht einmal Phidias oder Polyklet, kein Anakreon und kein Archilochos sein (Perikles 1f.). Jacob Burckhardt bemerkt dazu, wir fühlten uns heute doch einigen jener Einseitigen mehr verpflichtet als denen, die sich vor lauter Vornehmheit gar nicht mehr zu lassen wußten.[125] Walter Burkert meint in Hinblick auf den Krüppel Hephaistos, der mit besonderen Kräften Begabte sei der Gezeichnete. Die Frage ist nur, ob die Sache damit schon hinreichend erklärt ist.[126]
Der Wortgebrauch des Aristoteles läßt zwar auf gewisse Differenzierungen zwischen dem eher wertfrei verstandenen τεχνίτης und dem eindeutig pejorativen βάναυσος schließen[127], aber letztlich haben die nichts zu bedeuten. Seine Unterscheidung zwischen eher technischen, eher banausischen, eher sklavischen und eher gemeinen Arbeiten (1258b36) ist nur der ohnmächtige Versuch, etwas auseinanderzuhalten, was ihm schließlich immer wieder in eins zusammenfließt. Bei aller Bewunderung für technisches Vermögen: unter bürgerlichen Gesichtspunkten erscheint dies nur als ungünstig.
Insoweit scheint sich zu ergeben, daß das Können, der mögliche Reichtum und das Selbstbewußtsein der Handwerker auf einem andern Blatt standen als ihre bürgerliche Geltung. Und diese Kluft war offenbar schon in archaischer Zeit so klar markiert, daß sie sie selber weithin anerkannt haben. Dafür sprechen archäologische Quellen mit ziemlicher Eindeutigkeit.
Da gibt es zwar Zeugnisse dafür, daß Handwerker sich selbst als Teilhaber an den aristokratischen Lebensformen des Musischen, des Symposions und des Sports[128] darstellten. Bemerkenswerterweise stammen sie zumeist aus der Epoche um die kleisthenischen Reformen. Sophokles, dessen Vater eine Werkstatt für Schwerter unterhielt, kann vielleicht als Beispiel dienen. Er wurde vornehm erzogen, führte den Reigen bei der Siegesfeier für Salamis.[129] Für viele der Aufsteiger, denen wir seit etwa 430 in der Politik begegnen, wird ähnliches anzunehmen sein.[130]
Zum andern aber und vorwiegend finden wir zahlreiche Weihungen und Genredarstellungen, auf denen Handwerker sich selbst und ihresgleichen in einer Weise bei der Arbeit präsentieren, die kraß im Gegensatz zu den im übrigen vorherrschenden Idealen steht: in durchaus unvorteilhafter Haltung, hockend, gebeugt, mit krummem Rücken, schwitzend der Arbeit hingegeben, zudem mit dickem Bauch und auffallend

[125] S. Anm. 50, 4, S. 129.
[126] S. Anm. 35, S. 261. Dazu auch die Plutarch-Stelle.
[127] Rössler, s. Anm. 20, S. 229ff.
[128] Zinserling, Verena: Leitbildvorstellungen in der bildenden Kunst der Frühklassik. In: Müller, s. Anm. 69, S. 88ff. Scheibler 104 mit Zweifeln, was die Deutung angeht. Ziomecki, Juliusz: Les Représentations d'Artisans sur les Vases Attiques, Breslau 1975, S. 131f. Philipp, s. Anm. 92, S. 97f.
[129] Schachermeyr, s. Anm. 103, S. 261.
[130] Connor, s. Anm. 103.

mächtigen Geschlechtsteilen.[131] Es ist, wie wenn sie ad oculos hätten demonstrieren wollen, daß ihre Arbeit und Lebensweise, ja daß sie selbst etwas ganz anderes sind als diejenigen, die die adligen und die von dort auf das Bürger-Sein übertragenen Ideale zu erfüllen zumindest vorzugeben versuchten.

Doch spricht nichts dafür, daß sie sich – nach ihren Maßstäben – nicht eben darin durchaus selbstbewußt darboten, in ihrer Arbeitswelt, mit ihren Erfolgen, ihrer Kunst und Potenz.[132] Anders als die andern, natürlich mit einem gewissen Defizit, aber doch nicht einfach geringzuschätzen.

Wenn nun aber in all diesen Zeugnissen die Unterschiedlichkeit zwischen Handwerkern und Landeigentümern und ein gewisses Defizit der Handwerker (das sie mit Kunst und Erfolgen ein Stück weit kompensieren mochten) deutlich werden, so muß offen bleiben, wie weit diese Kluft auch in der breiten Bürgerschaft, insbesondere von den Bauern empfunden wurde. Vorurteile wie die gegen den Festungsbaumeister sind außer für Aristokraten nicht bezeugt; übrigens hat ihnen der gelernte Steinmetz Sokrates bei Platon widersprochen. Und wenn als Gegenbild gegen die Handwerker verschiedentlich weithin die „Edlen" oder die „wahrhaft Freien" (die nicht arbeiten müssen) erscheinen (s. u. S. 63f., 73f.), so fragt sich, was eigentlich von den übrigen zu gelten hat.

Es hat, zumindest für Athen, einiges zu bedeuten, daß sich in Aristophanes' Komödien keine Spur einer Geringschätzung von handwerklicher Arbeit findet[133], was sicher als testimonium e silentio ernst zu nehmen ist. Einiger Spott richtete sich zwar gegen Leute, die ihre Handwerksprodukte auf dem Markt verhökerten, sie standen nicht gerade in Ansehen, unterschieden sich darin freilich nicht von den Verkäufern landwirtschaftlicher Erzeugnisse. Sie wurden gern des Betrugs verdächtigt, aber es verlautet kein abfälliges Wort über ihre Tätigkeit als Produzenten – außer aus dem Mund der aristokratischen Ritter (738ff.). Die Herabwürdigung von Politikern als Gerber, Lampen- oder Leiermacher gilt nicht so sehr denen, die diese Gewerbe ausüben, bezeugt allerdings, daß es immer noch als befremdend empfunden wurde, daß solche Leute an führender Stelle Politik betrieben; so reich sie auch geworden sein mochten. Freilich hat diese Einschätzung, so verbreitet sie war – sonst hätte sie sich in der Öffentlichkeit des Theaters kaum so artikulieren können –, diese Männer nicht daran gehindert, eine einflußreiche Stellung beim Volk zu erlangen.[134] Wahrschein-

---

[131] Himmelmann, Nikolaus: Realistische Themen in der griechischen Kunst der archaischen und klassischen Zeit, Berlin, New York 1994.

[132] Giuliani, s. Anm. 108, S. 628ff. Veblen, s. Anm. 9, S. 41: „Die unteren Klassen können der Arbeit auf keine Weise entgehen, weshalb der Zwang zu arbeiten auch nicht als erniedrigend empfunden wird, wenigstens nicht innerhalb der eigenen Klasse. Da Arbeit die anerkannte Lebensform bildet, setzen diese Klassen im Gegenteil ihren Stolz darauf, sich darin den Ruf der Tüchtigkeit zu erwerben, und hier liegt oft die einzige Möglichkeit des Wettbewerbs, die ihnen offensteht".

[133] Ehrenberg, s. Anm. 15, S. 122ff.

[134] Connor, s. Anm. 103, S. 151ff.

lich haben hier alte Auffassungen (auf die man sich weiter beziehen konnte) mit der neuen Wirklichkeit, in der man längst anders dachte und handelte, ein Stück weit konkurriert und teilweise kollidiert. Interessanterweise verlautet von Politikern, die aus der Reihe der Bauern gestammt hätten, damals nichts.
In diesem Zusammenhang könnte der berühmte Satz aus der Gefallenenrede des Perikles bei Thukydides (2,40,1) von Interesse sein: „Arm zu sein und das einzugestehen, gilt uns nicht als Schande; für beschämender, sich nicht anzustrengen, um der Armut durch Arbeit zu entgehen." Er läuft auf eine klare Aufwertung der Arbeit als Handwerker oder Kaufmann hinaus; denn nur daran kann gedacht sein.
Diese Äußerung mag übertrieben sein, sie antwortet auf eine aristokratische Polemik (s. o. S. 36). Trotzdem hat es einige Wahrscheinlichkeit für sich, daß Armut und Arbeit in der radikalen Demokratie eine Aufwertung erfuhren. Wohl verstanden sich Bauern und Handwerker vor allem als Bürger, wußten sie zwischen dem, was sie in der Polis beschäftigte, und ihren häuslichen Angelegenheiten genau zu trennen[135]; aber die zumal adlige Geringschätzung von Armut und Arbeit hatte in der von ihnen beherrschten Öffentlichkeit keinen Platz. Interessant ist in diesem Zusammenhang auch, daß der erste theoretische Polis-Entwurf, aus der Feder des Hippodamos, Mitte des fünften Jahrhunderts neben den Bauern und Kriegern die Handwerker als gleichberechtigte Gruppe vorsah.[136] Die Frage ist nur, wieweit diese Umwertung nachwirkte.
Im vierten Jahrhundert beobachten wir[137] zum einen, daß Redner vor den einfachen Bürgern, welche zumeist als Geschworene fungierten, ihren Gegnern die niedere Herkunft – freilich weniger von Handwerkern als vielmehr von Lehrern, kleinen Sekretären und Leuten ähnlichen Schlages – vorrücken, ihnen auch vorhalten, auf welch niedrige Weise, etwa als drittklassige Schauspieler sie zunächst ihren Lebensunterhalt verdient haben: Das alles zielt darauf, daß man als Politiker aus gutem, zumindest wohlhabendem Hause sein soll. Herkunft war nach wie vor nicht gleichgültig, so daß es sich auch für Anwälte empfehlen konnte, Vorurteile dieser Art

---

[135] Meier, Ch.: Die Welt der Geschichte und die Provinz des Historikers, Berlin 1989, S. 51ff. Die Entstehung des Politischen, S. 249ff. Vernant, s. Anm. 3, S. 2,27ff. Auch Spahn, Peter: Oikos und Polis. Beobachtungen zum Prozeß der Polisbildung bei Hesiod, Solon und Aischylos. In: Historische Zeitschrift 231 (1980), S. 529ff. Daß sie sich nach dem Zeugnis des Perikles und anderer auf beides, die Politik wie ihre häuslichen Geschäfte, verstanden (Müller, Reimar: Poiesis – Praxis – Theoria. In: Sitzungsberichte der Akademie der Wissenschaften der DDR 12G 1988, S. 11f.), ist richtig, doch darum geht es hier nicht.

[136] Arist. 1267b20ff.

[137] Zu diesem Komplex vgl. Ober, s. Anm. 94, S. 221ff., 272ff. mit sorgfältigen Unterscheidungen, die vieles auf den ersten Blick Unverständliche erklärbar und vieles scheinbar Widersprüchliche vereinbar machen.

wachzurufen; die Geschworenen scheinen nicht unbedingt etwas dagegen gehabt zu haben, in den Kreis derer miteinbezogen zu werden, die sie teilten. Das war aber kein Einwand speziell gegen Handwerker und deren Arbeit.

Doch was immer gegen die Handwerker sprechen mochte: daß auch die Weisen, auf die sie ihre Arbeit verrichteten, geringgeschätzt oder gar verachtet, ja als schädlich für Leib und Seele gebrandmarkt wurden, ist erst als Urteil von Philosophen aus dem vierten Jahrhundert bezeugt. Vielleicht kann man formulieren: Nachdem den Handwerkern zuvor etwas gefehlt hatte, was zur Bürgerschaft eigentlich gehörte, nachdem sie nur, im nachteilhaften Sinn, als anders denn etwa die Bauern erschienen waren, machte sich jetzt eine kräftige und geradezu herabwürdigende Polemik bemerkbar. Wieweit sie schon in aristokratischen Kreisen des späten fünften Jahrhunderts vorbereitet war, wird zu fragen sein.

Jedenfalls ragen die Aussagen bei Xenophon, Platon und Aristoteles weit über das hinaus, was wir sonst über die griechische Einschätzung von Handwerkern und ihrer Arbeit wissen. Nur hier finden sich die schon zitierten Auffassungen, wonach die Art der Arbeit, welche die Handwerker treiben, ihnen körperlichen und damit auch seelischen Schaden zufüge. Diese Arbeit sei sklavisch, dem Freien – und zumal dem „wahrhaft Freien“[138] – unzuträglich. Handwerker seien unfähig zur ἀρετή. Aufgrund der Verweiblichung, die mit der banausischen Lebensweise verbunden sei, taugten sie nicht zum Krieg, außerdem hätten sie keine Zeit, sich um Freunde zu kümmern.[139] Sie könnten also keine guten Bürger sein. Was in anderer Hinsicht gerade für sie spricht, nämlich ihre gute Ausbildung, wird in diesem Zusammenhang gegen sie gewendet: denn sie nimmt ihnen die Zeit, die sie bräuchten, um Freundschaften zu schließen und um sich am öffentlichen Leben zu beteiligen.[140]

All dies ist nicht unbedingt überzeugend; auch wenn es sein mag, daß uns einige Feinheiten griechischer Menschenbildung entgehen.[141] Insbesondere fragt sich, ob die Unterschiede zwischen ihnen und den Bauern so groß waren, wie ihre einseitige Disqualifizierung aufgrund ihrer Arbeit es nahelegt.

---

[138] Raaflaub, Kurt A.: Democracy, Oligarchy, and the Concept of the „Free Citizen“ in Late Fifth-Century Athens. In: Political Theory 11 (1983), S. 529ff. Die Entdeckung der Freiheit, München 1985, S. 306ff.

[139] Schädigung: Plat. 495d ff. Arist. 1258b37. 1337b11. 1342a22 (vgl. 1341b15). Oik. 1343b3. Xen. Oik. 4,2. Sitzend: Arist. Eudemische Ethik 1215a30. Xen. Oik. 4,2. Vgl. 10,10. Lakedaimonion Politeia 1,3. Untauglich für den Krieg: Arist. 1341a7 (vgl. 1326a23). Xen. Oik. 4,3. 6,6. Unfähigkeit zur Tugend. Sklavenähnlichkeit: Plat. 590c. Arist. 1260b1. 1277a35. 1278a20. 1319a25. 1328b41. 1329a21. 1337b8. Keine Zeit: Xen. Oik. 4,3.

[140] Vgl. Anm. 120.

[141] Christes, J.: Bildung und Gesellschaft. Die Einschätzung der Bildung und ihrer Vermittler in der Antike, Darmstadt 1971.

Wir wissen, daß Handwerker durchaus auch als Hopliten gekämpft haben, und es besteht keinerlei Grund zu der Annahme, daß sie es schlecht gemacht hätten.[142] Das Mißtrauen, das ihnen in dieser Beziehung vielleicht entgegengebracht wurde, müßte sie eher angespornt haben. Und weiter: warum sollen der Schmied, der Zimmermann, der Steinmetz, der Schiffbauer schwach oder ungeschickt im Kampf gewesen sein? Was berechtigt dazu, derlei potentiell höchst Unterschiedliches über einen Leisten zu schlagen? Keineswegs alle verrichteten ihre Arbeit im Sitzen (und warum soll ihnen das so sehr geschadet haben?), keineswegs alle am Ofen oder in gedeckten Räumen. Auch hören wir, daß gerade die Reichen oft schlaff und wenig trainiert waren, daß kräftige Leute aus den unteren Schichten in der Schlachtreihe weit besser kämpften als sie; und sollten darunter gar keine Handwerker gewesen sein?[143] Weiter spricht nichts dafür, daß Handwerker nicht unter Umständen sportlich und militärisch gut geschult waren; in Athen hatte es sich gerade die Demokratie – und zum Ärger mancher Aristokraten – angelegen sein lassen, öffentliche Sportstätten für alle einzurichten[144], eben jene Demokratie, in deren Volksversammlung Walker, Schuhmacher, Zimmerleute, Schneider, Landwirte, Kaufleute und Marktkrämer eine so große Rolle spielten.

Das Argument, Handwerker hätten wenig Zeit, sich um Freunde und um die Politik zu kümmern, leuchtet nicht gerade ein, wenn man bedenkt, daß sie nach Aristoteles (1319a29ff.) ärgerlicherweise gerade besonders viel Zeit hatten, um in die Volksversammlung zu gehen – ganz im Gegensatz zu den Bauern, die dort nur selten anwesend sein konnten, die zudem, da sie zerstreut lebten, einander selten begegneten. Bei allen Unterschieden der Entfernung vom Versammlungsort, der Arbeitseinteilung: der Verdacht, daß hier zuungunsten des Handwerks stark verallgemeinert worden sei, legt sich sehr nahe. Wenn es schließlich heißt, daß Handwerks- und Lohnarbeit das Denken der Muße beraubten und ihm eine niedrige Richtung gäben, diejenigen also, die sie verrichteten, offensichtlich für eine gute Politik unfähig machten, so ist auch dies ein zumindest einseitiger Standpunkt. Perikles jedenfalls behauptet für die attische Demokratie, daß ihre Bürger sich sowohl um die häuslichen wie um die Polis-Angelegenheiten zu bekümmern fähig seien, zum einen also ihren je verschiedenen Arbeiten nachgingen, zum andern die Sachen der Polis sehr wohl zu beurteilen wüßten.[145] Viele (πολλοί) waren nach Aristoteles (Politik 1291b2. Vgl. 1328b25) der

---

142 Plutarch, Agesilaos 26,7f. Ein Beispiel: Sokrates (Plat. Symposion 221a).

143 Aristophanes, Ploutos 558ff. Plat. 422b. 556b ff. (genau genommen ist der Reiche ein Handwerker, der Arme, sonnengebrannt, ein Bauer. Doch müssen andere mitgemeint sein). Vgl. 405c/d. 426a/b. 434a/b. Morawetz, s. Anm. 88, S. 31. Das positive Gegenbild: Euripides, Hiketiden 860ff.

144 Pseudo-Xenophon 2,10. Zur Bedeutung der „Gymnastike" für die Ausbildung der Tapferkeit: Arist. 1337b27. Zur Volksversammlung s. Anm. 104.

145 Thukydides 2,40,2. Um diese Stelle hat sich eine längere Debatte entwickelt, die ich hier nicht aufgreifen möchte. Die Fähigkeit jedenfalls, sich sowohl um die häuslichen wie um die politischen Angelegenheiten zu kümmern, braucht Perikles bei Reichen nicht

gleichen Meinung, wohl nicht nur in Athen. Und daß die Volksversammlung zu politischen Urteilen gut befähigt sei, bezeugt auch er selbst.[146]

Wenn weiterhin die Tatsache, daß in verschiedenen Verfassungen die Handwerker an Ämtern nicht teilhaben durften, als Argument dafür verwandt wird, daß sie zur bürgerlichen Tugend nicht fähig seien (Arist. 1277b37) – weil diese nämlich die Fähigkeit sowohl zum Regieren wie zum Regiertwerden einschließe (ebd. 13ff.) –, so fragt man sich, ob hier nicht Argumente gegen Handwerker auch an den Haaren herbeigezogen wurden.

Schließlich ist von dem Einwand, es sei „unfrei", also eines Freien nicht würdig, zum Erwerb des Notwendigen und für andere arbeiten zu müssen, zumindest ein Teil, das Arbeiten-Müssen, auf die Bauern nicht weniger zu beziehen als auf die Handwerker. Mit dem anderen freilich kommt ein weiteres Element ins Spiel, und das ist offenbar nicht unwichtig. Aristoteles spricht einmal von dem „großen Unterschied, um wessentwillen man etwas ausübt oder lernt. Denn manches kann man für sich selbst oder um seiner Freunde oder um der Tugend willen tun, ohne daß es für einen freien Mann unschicklich wäre; wenn man aber ganz dasselbe für andere tut, wird man häufig als jemand gelten, der Tagelöhner- und Sklavenarbeiten verrichtet" (1337b17). Hier scheint also die Arbeit selbst, auch die handwerkliche (von der unmittelbar davor die Rede war), gar nicht schändlich oder schädlich zu sein, auch wenn zuzugeben ist, daß man sie um seiner selbst und seiner Freunde willen normalerweise nicht dauerhaft betreibt. Entscheidend ist, ob man etwas in Abhängigkeit von andern tut. Entsprechend berichtet Xenophon von einem Gespräch, in dem Sokrates einem durch den Krieg um seine Existenzgrundlage gebrachten Mann rät, seines Alters wegen eine körperlich nicht anstrengende Tätigkeit als Verwalter eines Gutes anzunehmen. Der aber betrachtete dies als Sklavendienst, er wünschte keinem Rechenschaft abzulegen, er arbeitete lieber schwer, wenn es nur selbständig sei (2,8). Wer im Dienste eines andern Mannes steht, schreibt Aristoteles, sei ein Sklave, wer mehreren zu dienen habe, ein Handwerker; und das eine ist offenbar vom andern nicht weit entfernt (1278a12). Welche Rolle es spielt, ob man in der eigenen Werkstatt arbeitet oder in der eines anderen, ist aus den Quellen nicht ersichtlich.

---

hervorzuheben. Also geht es hier um die Armen, die das (auch, vielleicht: gerade auch) können. Man macht es ihnen durch Diäten leichter (Arist. 1293a5), es wird bei Handwerkern zum Beispiel aber auch dadurch begünstigt, daß ihnen die für sie typische Stückarbeit immer wieder Zeit für Politik ließ (Hopper, R. J.: Trade and Industry in Classical Greece, London 1979, S. 140.). Daß die Reichen trotzdem durch ihre Geschäfte stark beansprucht sein konnten (s. u. S. 67ff.), ist richtig, vielleicht mehr für das vierte als für das fünfte Jahrhundert, doch, wie es auch sei, das brauchte Perikles hier keineswegs als attische Besonderheit herauszustreichen. Vgl. den Mythos des Protagoras, Vernant, s. Anm. 3, S. 2, 27f.

146 Arist. 1281a39ff. 1286a28ff. Vgl. 1283b28. 1287b22. Ober, s. Anm. 94, S. 163f. Vgl. 157ff.

Der Befund ist also recht komplex; die Aussagen erscheinen zum Teil bis ins Groteske pauschalisiert. Da sind zum einen die althergebrachten Anschauungen von Autarkie und Unabhängigkeit (sowie im Hintergrund von Zugehörigkeit durch Landeigentum), welche für die Bauern sprechen. Da sind zum andern die Ansprüche der Oberschicht, völlig von Arbeit frei zu sein. Diese hinwiederum spitzen sich zu Auffassungen zu, die den Freien im Unterschied zum Sklaven dadurch definieren, daß er von der Besorgung des Notwendigen frei, also zu keiner Arbeit genötigt sei (so daß eigentlich Bauern genauso wenig frei sein können wie ärmere Handwerker). Dazu aber gesellen sich geradezu aggressive, allzu pauschale, auch ungerechte Auffassungen von handwerklicher Arbeit und die Disqualifizierung derjenigen, die sie verrichten. Hier wieder erscheinen die Bauern als die besseren, unter anderm in ihrer Militärtauglichkeit. Schließlich finden sich die Ansprüche gesteigert in philosophischen Vorstellungen von der idealen Polis, sowohl in Platons Politeia und seinen Nomoi wie bei Aristoteles. Man kann sie in einem Satz wiedergeben: „Es ist offenbar, daß in der aufs beste eingerichteten … Stadt die Bürger weder das Leben von Handwerkern noch von Kaufleuten führen können (unedel ist das nämlich und der Tugend zuwider). Aber auch Bauern dürfen die (die hier Bürger sein sollen, C. M.) nicht sein. Denn es braucht Muße zur Ausbildung der Tugend und zum politischen, polisgemäßen Handeln“ (Arist. 1328b37ff.).
Aufgrund der Pauschalisierungen, Übertreibungen und der Unglaubwürdigkeit verschiedener Aussagen legt es sich nahe, hier eine antidemokratische Ideologie am Werk zu sehen. Warum muß man Erwägungen darüber anstellen, welche irreparablen Schäden den Handwerkern aus ihrer Arbeit erwachsen? Da man dafür nicht aufzukommen hat, könnte das einem doch gleichgültig sein. Warum ist es nicht genug, wenn sie ordentliche Arbeit abliefern? Aber auch ihre Tauglichkeit als Bürger wäre der erregten Kritik nicht wert gewesen, wenn es sich einfach um ihre Zugehörigkeit zur Bürgerschaft gehandelt hätte. Nein, wichtig ist diese nur, sofern Handwerker politisch mächtig sind. Deswegen kommt es darauf an, daß sie nicht nur anders sind und daß ihnen einiges fehlt, sondern daß man Gründe hat, weshalb sie geradezu minderwertige Bürger sind. So wird aus der Minderachtung eine aggressive Geringschätzung. Was man an ihnen kritisiert, ist also die Wirklichkeit der attischen Demokratie, der Gedanke, daß kleine Leute in der Politik maßgebend mitreden können. Was sie der forcierten Verachtung preisgibt, ist gerade ihre Macht.
Man geht wohl kaum fehl in der Annahme, daß diese Anschauungen ihren Ursprung unter aristokratischen Gegnern der attischen Demokratie hatten, und zwar schon in den letzten Jahrzehnten des fünften Jahrhunderts.[147] Damals kommt die abwertende Bezeichnung Banausos auf. Das Bewußtsein, das sich in der Prägung des Begriffs Kalokagathia artikuliert, kann sich das negative Gegenbild des schädlichen Leib-

[147] Ähnlich im zeitlichen Ansatz wohl Edelstein, Ludwig: The Idea of Progress in Classical Antiquity, Baltimore 1967, S. 50. Vernant, siehe Anm. 3, S. 2,12 (maintenant!). Etwas späterer Ansatz Morawetz, s. Anm. 88, S. 41.

Seele-Zusammenhangs der handwerklichen Arbeit kaum haben entgehen lassen. Außerdem bezeugt schon Herodot die eigenartige Entgegensetzung von Handwerkern und Edlen, die darauf verweist, daß die Handwerker nicht an der Elle des Bürgerseins, sondern an der des Adels (oder der eines idealen Bürgers) gemessen wurden. Entsprechend verhält es sich mit den andern Entgegensetzungen bei Aristoteles: Handwerker haben keine paideia (1337b1ff.), keine Muße (1328b37ff.), keine Freiheit von der Bekümmerung um das Notwendige (1277a35. b33). Sie sind unedel (ἀγεννεῖς. 1328b39), haben keine ἀρετή, weil das mit Arbeit unvereinbar ist (1328b41). In all diesen Bestimmungen dürften sie sich von den Bauern nicht unterschieden haben, sondern nur von den Adligen. Aber schon die Tatsache, daß Freiheit als Freiheit von Arbeit bestimmt wird, weist die Bauern eigentlich zusammen mit den Handwerkern auf die Seite der Unfreien (1278a9). Hier macht sich also ein höchst einseitiger, parteilicher Standpunkt geltend.

Man kann sich streiten, ob die Handwerker mehr, weil ihnen ohnehin etwas zum Bürger fehlte oder weil sie in der Volksversammlung so wichtig waren oder schließlich weil viele Aufsteiger aus ihren Reihen den Adligen zu nahe kamen, derart herabgewürdigt wurden. Plausibel ist jedenfalls, daß dem schlechten Urteil über sie ein gutes über die Bauern korrespondierte. Denn denen konnten gerade die Adligen, die eine andere Ordnung anstrebten, die Bürger-Fähigkeit nicht so leicht absprechen; sofern sie jedenfalls nicht meinten, ohne die Volksversammlung regieren zu können. Die mußten sie vielmehr auf die eigene Seite zu ziehen versuchen, auch wenn das eher illusorisch war.

Aber daß die Adligen wenig Wirklichkeitssinn bewiesen, gibt kaum zu denken. Ein Pamphlet aus der Zeit um den Beginn des Peloponnesischen Krieges, der sogenannte Pseudo-Xenophon, macht deutlich, wie sehr manche Aristokraten die Demokratie, etwa nach dem Motto, daß nicht sein kann, was nicht sein darf, völlig verkannten. Sie meinten, sie korrigieren, meinten beim breiten Volk einen Mangel an Verstand und Selbstbeherrschung beobachten zu können. Pseudo-Xenophon hingegen fand die Demokratie zwar keineswegs gut, wies aber nach, daß sie sehr klug und genau gemäß den Interessen der breiten Bürgerschaft aufgebaut war. Sie ließ sich nicht korrigieren, sondern nur abschaffen. Und ob nun auf solche Einwände hin oder aus andern Gründen: jedenfalls muß man dazu gelangt sein, stärkere Geschütze aufzufahren, und das war eben die Annahme von der Leib und Seele verderbenden, zudem vereinsamenden und abhängig machenden Wirkung von handwerklicher Arbeit.

Damit verband sich eine neue Auffassung von Bürger und Bürgerschaft (die etwa im Lob der Mittleren oder der „Väterlichen Verfassung“ sich artikulierte), vor allem aber eine anspruchsvollere Bestimmung bürgerlicher Tugend. Je mehr deutlich wurde, daß man durch institutionelle Veränderungen der Verfassung sehr viel weniger erreichte als dadurch, daß man bestimmte Teile der Bürgerschaft von den politischen Rechten ausschloß, um so wichtiger wurden die Begründungen für die Teilhabe der übrigen. Und so sehr es dabei letztlich auf Zensusvorschriften hinauslief, die eigentliche Legitimation bestand darin, daß ihnen die Tugend der Bürger eigen war. Dazu war das Gegenbild des Handwerkers gut zu gebrauchen, als Bestätigung der eigenen Art.

Dieser Bürgerbegriff fand seine vornehmste Ausbildung in der platonischen und aristotelischen Philosophie. Dort wurde nicht nur aristokratische Ideologie weitgehend übernommen, sondern vor allem weitergeschritten auf dem Weg zum Entwurf einer idealen Polis, die vor allem die Polis idealer Bürger sein sollte. Sofern Aristoteles zugleich versuchte, das gesamte Tableau möglicher Verfassungen zu begreifen, hatte er es dann allerdings mit anderen Maßstäben zu tun, die er mit seinen eigenen durchdrang, wodurch sich ein Teil der Widersprüchlichkeit des Befundes erklärt. Die Frage, wieweit die Theorien Anhaltspunkte in der mentalen Ausrichtung der griechischen Gesellschaft hatten und wie es kam, daß aristokratische Ideologie im Werk der beiden so bedeutenden Philosophen einen solchen Niederschlag fand, muß gleich im Zusammenhang erörtert werden.

Jedenfalls scheint sich zu ergeben, daß die bekannten und immer wieder zitierten Meinungen Platons, Xenophons und des Aristoteles so, wie sie geäußert wurden, keineswegs die griechischen Auffassungen von Handwerkern und ihrer Arbeit wiedergeben. Wir finden in ihnen vielmehr eine groteske Zuspitzung gewisser herkömmlicher, gleichsam poliseigentümlicher Auffassungen, die sich ursprünglich gerade daraus ergaben, daß einigen attischen Aristokraten (und sicher auch Gesinnungsgenossen im übrigen Griechenland) die Demokratie und deren Bürgerschaft zutiefst problematisch geworden waren. In der Breite der Bürgerschaft dachte man ganz anders.

* * *

Handwerker waren weithin zugleich als „Selbstverkäufer" (αὐτοπῶλεις) am Markt tätig. In dieser Eigenschaft wurden sie, gegebenenfalls, bei Aristophanes verspottet und kritisiert. Natürlich arbeiteten sie in weit höherem Maße für den Markt als etwa die Bauern, die dort ihrerseits ihre Produkte feilbieten konnten.

Doch gab es auch – und nützlicherweise, wie Platon ausführt (Politeia 371c/d) – Zwischenhändler, κάπηλοι, wie sie zumeist genannt werden, wenn es sich um kleine Händler handelt, die innerhalb der Stadt kauften und verkauften; sie sind zu unterscheiden von den ἔμποροι, welche zwischen den Städten Handel trieben, sei es den kleinen des Hausierers, sei es den großen, der sich über weite Entfernungen erstreckte und dem Respekt gezollt werden konnte; nicht nur des Reichtums, den er vielleicht mit sich brachte, sondern auch der Kenntnisse von fremden Ländern wegen. Doch sind die Termini nicht genau festgelegt.[148]

[148] Plat. Sophistes 223d. Scholion Aristophanes Ploutos, 1155. Plutarch, Solon 2,6. Finley, Moses: Ἔμπορος, Ναύκληρος and Κάπηλος. In: Classical Philology 30 (1935), S. 320ff. Zum Hausierhandel. Oertel, s. Anm. 55, S. 151. Zum Ruf der Händler Bolkestein, s. Anm. 95, S. 197.

Die Zwischenhändler des lokalen Handels waren besonders schlecht angesehen. Unter anderm standen sie im Verdacht, die Kunden zu übervorteilen.[149] Offenbar waren sie nicht selten Beschimpfungen ausgesetzt. Jedenfalls gab es in Athen ein Gesetz, das denjenigen, der einen Bürger oder eine Bürgersfrau wegen ihrer Arbeit auf der Agora (ἐργασία ἐν τῇ ἀγορᾷ) schmähte, einer Anklage wegen übler Nachrede aussetzte.[150] Es war zur Zeit des Demosthenes in Kraft, wir wissen nicht seit wann. Der Schutz durch dieses Gesetz wird Handwerker, die auf dem Markt ihre Produkte verkauften, eingeschlossen haben, aber, wenn der Wortlaut richtig überliefert ist, nicht die, die in den Werkstätten arbeiteten (sich dort freilich auch weniger als Zielscheibe darboten). Immerhin gehört auch das „Bankgeschäft", das zumal aus Geldwechsel und Pfandleihe bestand, und über das es unterschiedliche Urteile gab, vermutlich auf den Markt. Es lag zumeist in den Händen von Sklaven, die dabei sehr reich werden konnten, wie das Beispiel des Pasion zeigt.[151]
Aristoteles spricht in Hinsicht auf die Händler zumeist vom „Marktvolk" (πλῆϑος ἀγοραῖον) oder auch vom „Marktpöbel" (ὄχλος ἀγοραῖος).[152] Er unterscheidet ihn von Bauern und Handwerkern, gelegentlich auch von den Theten, womit in diesem Falle offenbar die freien, zumeist ungelernten Tagelöhner gemeint sind, welche „sich selbst" respektive „den Gebrauch ihrer Kraft" vermieten. Was unter anderm auf einem Hügel nahe der Agora geschah, dem Kolonos Agoraios, der auch Kolonos Misthios hieß.[153]

* * *

Aufschlußreich im Zusammenhang mit der Einschätzung handwerklicher Arbeit ist schließlich, daß offenbar keiner etwas Ungutes dabei fand, daß die Frauen, und zwar auch die aus den oberen Schichten, regelmäßig ein Handwerk zu treiben pflegten: das Weben; aber wohl auch das Spinnen (auch wenn ihnen dabei Sklavinnen zur Hand gingen). Der vornehme Gutsbesitzer Ischomachos, der über seine so standesgemäß wie praktisch betriebene Wirtschaft in Xenophons Oikonomikos Auskunft gibt, erklärt nur, er habe seiner Frau geraten, „nicht wie ein Sklave dauernd zu sitzen, sondern sich mit Hilfe der Götter zu bemühen, nach Herrenart (δεσποτικῶς)

---

149 Z. B. Aristophanes, Ritter 316ff. Frösche 708ff. 1387.

150 Dem. 57,30. Hasebroek, Staat 187.

151 Dazu allgemein Bogaert, R.: Banques et Banquiers dans les Cités Grecques, Leiden 1968. Zu Pasion Mossé, s. Anm. 65, S. 56f. Zur Einschätzung: Arist. 1258b2. Bolkestein, S. 198.

152 Arist. 1289b33. 1319a36. Vgl. 1291a4. b19. 1328b39. Zur Unbildung der reich gewordenen ἀγοραῖοι Plat. Protagoras 347c/d. Rössler, s. Anm. 20, S. 230.

153 Plat. 317a/b. Charmides 163b. Arist. 1291a6. 1296b29. 1319a28. 1337b13. Oik. 1343a30. Eudemische Ethik 1215a31. Zum Kolonos Fuks, Alexander: Κολωνὸς μίσϑιος: Labour Exchange in Classical Athens. In: Eranos 49 (1951), S. 171/3. Nicht wenige von denen, die man dort mieten konnte, werden Sklaven gewesen sein. Pherekrates Fragment 134. Hopper, s. Anm. 145, S. 127.

vor dem Webstuhl zu stehen" (10,10). Übrigens hatte er ihr auch, als „gute Körperübung" das Teiganmachen und -kneten empfohlen, also die Ausübung zumindest eines Teils der Arbeit von Bäckern (10,11). In der aristotelischen Rhetorik (1361a6) wird Arbeitsliebe ohne niedrige Gesinnung (φιλεργία ἄνευ ἀνελευθερίας) zur Arete der Frau gezählt.

Die edel (ἐλευθερίως) erzogenen Schwestern und Nichten, die ein Mann namens Aristarch in der Not nach dem Peloponnesischen Krieg nicht ernähren konnte, verstanden sich, wie wir hören, sehr wohl darauf, Männer- und Frauenkleider, Mäntel und anderes herzustellen; nur meinte er, die Arbeit sei ihnen nicht zuzumuten, um dann von Sokrates gefragt zu werden, wozu sie sich diese Kenntnisse wohl angeeignet hätten. Er läßt sich überreden, schafft Kapital und Wolle herbei, und sie arbeiten daraufhin ohne Pause und „waren heiter statt finster" (Xen. 2,7).

Offensichtlich gehörte die Handwerksarbeit der Frauen zur Selbstversorgung, zur Autarkie des Hauses – nur schickte es sich für die Frauen aus den besseren Ständen nicht, sie für andere, also für den Markt zu leisten; was diejenigen aus den ärmeren Schichten wie die Sklavinnen teilweise tun mußten.[154]

Für Frauen hatte sich in den Jahrhunderten der archaischen und klassischen Geschichte eben nicht viel geändert. In der Sphäre der Öffentlichkeit, wo sich so vieles verwandelt hatte, hatten sie nichts zu suchen. Der Bereich des Hauses, auf den sie weitgehend beschränkt blieben, war stets der Bereich der Arbeit gewesen. Und er blieb es. An dieser Stelle verstand sich daher Arbeit auch für die Angehörigen der Oberschicht von selbst.

6 Die Wohlhabenden und ihre Geschäfte

In einem Traktat aus dem vierten Jahrhundert, dessen Verfasser wir nicht kennen, heißt es, „die Menschen liebten das Geld eben der Dinge wegen, die sie in Angst versetzen. Das seien: die Krankheiten, das Alter, die plötzlich eintretenden Schädigungen – ich meine nicht die Schädigungen, die von den Gesetzen her kommen, denn vor diesen kann man sich durch Vorsicht hüten und sie so auch vermeiden – vielmehr rede ich von Schädigungen solcher Art: von Feuersbrünsten, Todesfällen unter den Sklaven, von dem Eingehen von Haustieren, ferner von anderen Unglücksfällen, die teils dem leiblichen Wohlsein, teils sogar dem Leben, teils auch nur den materiellen Gütern drohen, also aus all diesen Gründen nun, nämlich um für solche Fälle in der Lage zu sein, seine Mittel einzusetzen, trachtet jedermann nach dem Reichtum. Es gibt aber auch gewisse andere Dinge, die in nicht geringerem Maße

154 Aristophanes, Lysistrate 457ff. Aischines 1,97. Arist. 1323a6f. Gegenbeispiel: Aristophanes, Frösche 1346f. Ehrenberg, s. Anm. 15, S. 134f. Von Frauen geführte Schenken: Frösche 553ff. Ehrenberg 123. Cohen, David in: Jahrbuch des Historischen Kollegs München 1998, S. 10.

als die genannten die Menschen zur Geldsucht anstacheln: das ist das ehrgeizige Wetteifern der Menschen gegeneinander, die Eifersüchte und die Machtgierigkeiten, um derentwillen sie das Geld hochschätzen, weil es für solche Dinge förderlich ist".[155]

Dieses Geld aber muß man sich in gewissem Umfang erarbeiten, und sei es, indem man das, was man ererbt hat, sich erhält und mehrt. Hier hatten die Reichen damals nicht wenig zu tun. Nur nannten sie das, was sie taten, in der Regel nicht Arbeit.

Demokrit schreibt, den χρηστοί, Tüchtigen, Brauchbaren, Wohlhabenden, sei es nicht zuträglich, unter Vernachlässigung ihrer eigenen Angelegenheiten (ἀμελέοντες τῶν ἑαυτῶν) sich anderem zu widmen. Dann stehe es nämlich um das Eigene (τὰ ἴδια) schlecht. Wenn man jedoch die öffentlichen Angelegenheiten (τὰ δημόσια) vernachlässige, gerate man in schlechten Ruf.[156] Da wird auf der einen Seite die allgemeine Erwartung deutlich, daß man sich um Öffentlichkeit und Politik zu kümmern und dort anwesend zu sein habe, andererseits gibt es offensichtlich eine ganze Menge Geschäfte, die leiden, wenn man ihnen nicht genügend Zeit zuwendet. Nicht nur in Athen erscheint also derjenige, der sich der Politik fernhält, als ἀχρεῖος, wie Perikles sagt[157], sondern auch in Städten wie Abdera, nur – da richtet sich die Erwartung lediglich an die Oberschicht.

Wie stark die Reichen durch ihre Geschäfte (ἡ τῶν ἰδίων ἐπιμέλεια) in Anspruch genommen waren, bezeugt nicht zuletzt Aristoteles. Er beschwert sich etwa darüber, daß in der extremen Demokratie, wo die Armen durch Zahlung von Diäten Muße zur Politik haben, die Reichen im Nachteil seien, denn ihnen stünde die Bekümmerung um die eigenen Angelegenheiten dabei im Wege (1293a7). Entsprechend hält er Bestimmungen für gut, wonach Wohlhabende, wenn sie sich dem Dienst als Geschworene oder der Teilnahme an der Volksversammlung entziehen, Strafe zu zahlen haben. Auf gleiche Weise soll man Druck auf sie ausüben, daß sie Ämter annehmen; die Armen dagegen müßten in solchen Fällen straffrei bleiben, damit sie sich möglichst wenig an der Politik beteiligten.[158]

Insofern spielen für die Wohlhabenden in den griechischen Städten damals die eigenen Geschäfte eine wichtige Rolle, und sie sind zeitraubend.[159] Worin sie im einzelnen bestehen, wird nicht ganz deutlich. Immerhin muß der eigene Landbesitz verwaltet, die Vermietung eigener Häuser und Wohnungen betrieben oder überwacht, das Geld durch geschickte Anlage (unter anderm in Seedarlehen und anderen Handelsgeschäften) vermehrt werden. Man besaß unter Umständen zahlreiche Sklaven, teils um mit ihnen Werkstätten zu betreiben oder sie in den Silbergruben arbeiten zu lassen, teils um sie an andere zu vermieten; doch konnte es sich auch als praktisch

---

155 Anonymus Jamblichi in: Vorsokratiker 4,2ff. (s. Anm. 10, S. 401f.).

156 Fragment 253. Vorsokratiker 2,196. Zu χρηστοί Stein-Hölkeskamp, s. Anm. 48, S. 127.

157 Thukydides 2,40,2.

158 Arist. 1297a18ff. Vgl. 1266a10. Veyne: Annales, s. Anm. 168, S. 891.

159 Plat. Nomoi 831c. Vgl. Jamblichos, Protreptikos 20.

erweisen, seinerseits Sklaven anderer zu pachten. Kurz, es gab viel zu überlegen und zu besorgen, sich umzutun und zu entscheiden.[160] Wohl konnte man Sklaven (gelegentlich auch Freie) als Verwalter einsetzen, um sich selbst der Muße hinzugeben.[161] Einiges ließ sich geschickt organisieren, das lehrte die damals aufkommende Wissenschaft der Ökonomik.[162] Doch wird das nur ein Stück weit ausgereicht haben.
Platon hat immer wieder darauf hingewiesen, wie unersättlich Menschen in ihrer Liebe zum Reichtum seien. Alles andere, etwa die zuvor so bedeutsamen Reigentänze und Wettkämpfe, schüfen sie ab oder vernachlässigten sie, um all ihre Zeit und Kraft dem Gelderwerb zuzuwenden (Nomoi 831c/d: πάντα χρόνον ἄσχολον!). Wohlanständige Männer würden zu Handelsleuten, Schiffsreedern und anderem. Alles täten sie, um wie unvernünftige Tiere zu essen und zu trinken und jeglichen Liebesgenuß sich zu verschaffen. Zumal in Timokratie und Oligarchie würden große Schätze angesammelt.[163] Ganz abgesehen davon, daß es sich immer wieder als notwendig erweise, sich nach Verlusten durch „Sparen und Arbeiten" ein neues Vermögen zu schaffen (553c).
Chrematismos nannte man diese Art von Geschäften zur Vermögensmehrung, Chrematistai die Geschäftemacher. Doch wurde das Wort auch für die Erzielung von Einkünften aus der Landwirtschaft benutzt.[164]
Nach Aristoteles hat der „wahre Reichtum" (ἀληθινὸς πλοῦτος) eine natürliche Grenze: man legt einige Vorräte an, die notwendig sind für das Leben (1253b27). Gegenstand der Ökonomik ist der „natürliche Reichtum" (πλοῦτος ὁ κατὰ φύσιν: 1257b17). Im Hintergrund dieser Lehre kann man Solons Unterscheidung von gottgegebenem und anderem Reichtum sehen. Doch die Geschäftemacher (χρηματιζόμενοι) suchen ihr Geld bis ins Grenzenlose zu vermehren. Zumal die nicht-natürlichen Einkommensarten, so heißt es, dazu verleiten, denn die technai seien ihrerseits unbegrenzt in Hinsicht auf ihre Ziele (1257b33ff.). Und Geld ist haltbar. Offensichtlich gab es nicht wenige, die einem angeblich derart unnatürlichen Erwerb nachstrebten und alles mögliche zum Mittel des Gelderwerbs machten, also etwa die Kriegskunst, die eigentlich auf den Sieg zielt, oder die Heilkunst, die eigentlich Gesundheit zum Ziel hat, und man könnte ergänzen: das Streben nach Wissen, das eigentlich auf Wissen und nicht auf Gelderwerb zielen sollte (1258a10). Mag sein, daß manche Adlige sich noch mit ihren Gütern mehr oder weniger zufrieden gaben. Wenn Aristoteles von Oligarchien schreibt, in denen die Gesetze die geldbringenden Geschäfte

---

160 Xen. 3,11,4. Mossé, Claude in: Will, E., Mossé, C. & P. Goukowsky, Le Monde Grec et l'Orient, 2, Paris 1975, S. 125ff. Casson, Lionel: The Athenian Upper Class and New Comedy. In: Transactions of the American Philological Association 106 (1976), S. 29ff.

161 Xen. 2,9. Oik. 12,3ff. Plutarch, Perikles 16,4ff. Arist. 1255b35.

162 Spahn, Peter: Die Anfänge der antiken Ökonomik. In: Chiron 14 (1984), S. 301ff. Dafür, daß es damit gerade unter Adligen haperte: Xen. Oik. 1,16f.

163 Plat. 547f. 550d/551a. 555c/e. Vgl. Nomoi 918d. Zum Folgenden s. Anm. 19, 25.

164 Plat. 574c. Nomoi 949e. Arist. 1258a37.

(χρηματίζεσθαι) verbieten (1316b3), so könnte sich das (wenn es sich dabei nicht um ein Mißverständnis handelt[165]) auf einigermaßen zurückgebliebene Städte beziehen.

Die Entwürfe von idealen Poleis suchten jedes auch nur halbwegs exzessive Reichtumsstreben auszuschließen. Die Wächter und Philosophen der platonischen Politeia sollten gar kein Eigentum haben.

Vermutlich hat das Streben nach Reichtum im vierten Jahrhundert sehr zugenommen. Relativ gesehen mußte anderes – und damit das Leben in der Öffentlichkeit, Platon würde sagen: die edle Gesinnung (ἦθος ἐλεύθερον: Nomoi 741e) – darunter leiden; aber vielleicht war diese Gesinnung ohnehin nur ein Wunschbild. Jedenfalls entsprachen auch die Reichen – kaum anders als Bauern, Handwerker und Händler – einem anspruchsvollen Bürgerbegriff nur sehr bedingt; obschon sie mehr Muße hatten.

Interessant ist, daß wir einmal von jemandem hören, der seinen Hof verkauft, um mit dem Geld Geschäfte zu machen, aber das war vermutlich etwas sehr Seltenes, obwohl das in Land angelegte Vermögen vergleichsweise wenig abwarf.[166] Wenn wir bei Xenophon lesen, ein Mann kaufe Höfe, um sie instandzusetzen und anschließend wieder zu verkaufen, dann bleibt er mit dem erzielten Ertrag in der Landwirtschaft.[167]

Paul Veyne hat darauf hingewiesen, daß die Tätigkeit der Honoratioren keinen Beruf dargestellt habe, schon gar nicht Ausdruck eines Spezialistentums gewesen sei, sie habe sie nicht ausgemacht, nicht definiert. Wer gelegentlich Handel treibt, Geld ausleiht etc., ist kein Händler und kein Bankier – und arbeiten tut er schon gar nicht, auch wenn er noch so viel Zeit und Mühe darauf verwendet.[168]

---

[165] Wenn es etwa aus dem thebanischen Gesetz (s. Anm. 99) herausgesponnen wäre. An sich lehrt die Oligarchie, Reichtum als wertvoll anzusehen (Arist. 1286b17).

[166] Xenophon, Poroi 4,6. Casson 35.

[167] Xen. Oik. 20,22ff. Ganz ähnlich übrigens in Wilhelm Meisters Lehrjahren V.2 (Werners Brief).

[168] Veyne, Paul: Brot und Spiele. Gesellschaftliche Macht und politische Herrschaft in der Antike, Frankfurt, New York 1988, S. 119f. Critique d'une Systématisation: Les Lois du Platon et la Réalité. In: Annales 37 (1982), S. 890f. Auch: Weber, Max: Gesammelte Aufsätze zur Sozial- und Wirtschaftsgeschichte, Tübingen 1924, S. 32f. Wirtschaft und Gesellschaft. Teilband 5: Die Stadt (Hg. Nippel, Wilfried), Tübingen 1999, S. 191ff.

7 Schluß: Weitere Zusammenhänge

Daß die Adligen, wie seit Hesiod bezeugt, Arbeit verschmähten, entspricht mehr oder weniger den Anschauungen und Usancen, wie sie Thorstein Veblen als typisch für leisure classes aufgewiesen hat.[169] Bemerkenswert am griechischen Befund ist allenfalls, daß sich daran nichts änderte, als der Adel in der extremen Demokratie seinen politischen Vorrang verlor.

Eigentümlich für die Griechen scheint aber der Unterschied in der Einschätzung von Bauern und Handwerkern sowie von bäuerlicher und handwerklicher Arbeit zu sein. Er erklärt sich in seiner gemäßigten Form (in der vor allem gewisse Defizite der Handwerker bemerkt werden) aus offenbar tief begründeten Bedingungen griechischer Gesellschaft und Polisbildung; dem engen Zusammenhang von Landeigentum und Zugehörigkeit zu relativ kleinen Gemeinwesen, und zwar für Hoch und Niedrig; was zugleich heißt: der kräftigen Tendenz zu Eigenständigkeit und Freiheit auch der Bauern, woraus schließlich deren Drängen auf politische Gleichheit resultiert.

Die Arbeit in und am Eigenen war die übliche. Sie ließ sich sehr deutlich von allen anderen Arten von Arbeit absetzen. Eben damit fehlte den Handwerkern etwas Wesentliches.

Daß das starke Streben nach Eigenständigkeit samt der Fähigkeit dazu (bei nicht allzu großen Bedürfnissen) im Prozeß der griechischen Kulturbildung bewahrt werden konnte, ist erstaunlich. Es muß damit zusammenhängen, daß diese aus der Mitte der Gesellschaft heraus erfolgte.[170] Falls Monarchien damals die Macht oberhalb der Gesellschaft hätten zusammenfassen können, wäre die Eigenständigkeit der Bauern, vielleicht auch der Adligen, wohl außer Kraft gesetzt worden. Da das nicht geschah, konnte sie mitsamt der unvermittelten Zugehörigkeit der Landeigentümer zum Gemeinwesen – ein welthistorisch in Hochkulturen ganz ungewöhnliches Phänomen – zum Constitutivum der Polis werden.

Das eigentümliche, offensichtlich spezifisch griechische partizipatorische Verständnis von Bürger und Gemeinwesen lief darauf hinaus, daß jeder Bürger für sich selber und alle zusammen für das Gemeinwesen aufkamen; daß das Ganze also möglichst nicht mehr als die Summe seiner Teile war.[171] Da war kein Platz für höhere Instanzen, die etwa die Unterschiede zwischen Bauern und Handwerkern hätten relativieren können; für ein Ganzes, in dem die Teile einfach hätten aufgehen und – sich weitgehend in ihrer Teilhaftigkeit (und Spezialisierung) hätten verstehen können.

---

[169] Veblen, s. Anm. 9.

[170] Meier, s. Anm. 52.

[171] Dazu demnächst an anderer Stelle: „Polis und Partizipation". Einstweilen Meier, Ch.: Athen, s. Anm. 52, S. 91ff., 198ff. u. ö.

In diesem Zusammenhang war die Stellung der Handwerker zwangsläufig schwierig. Sie mochten durchaus Bürger sein (als zweite und dritte Söhne von attischen Bauern abstammen), mochten sich auch mehr oder weniger den andern anpassen. Manche von ihnen mochten am Hoplitenaufgebot und am Sport teilhaben und eine eigene Symposion-Kultur entwickeln. Selbst daß sie im ganzen nicht zum Kreis der ausweislich ihres Landeigentums gleichsam ursprünglich Zugehörigen zählten, mag in Athen nach der kleisthenischen Reform weniger wichtig gewesen sein. Trotzdem waren sie abhängig von andern, nicht autark und konnten folglich den vorwaltenden Bürgervorstellungen nicht so ganz entsprechen. Diese Vorstellungen aber waren um so mächtiger, als die Gemeinwesen in den Bürgern bestanden (also kein Staat da war, der sich durch seine Institutionen gleichsam von der Eigenart seiner Bürger ein gutes Stück unabhängig machen konnte).[172]

Den griechischen Poleis – jedenfalls den meisten von ihnen – war es eigen, daß jeder Bürger, wie Jacob Burckhardt formuliert, ein Ganzes sein wollte,[173] vor allem die Adligen, aber irgendwie auch die Angehörigen der breiteren Schichten. Die Bauern etwa hatten ihr Land zu bestellen, als Krieger zu dienen, sich auf Politik zu verstehen und möglichst auch in der Politik zu engagieren, sie hatten in irgendeinem Ausmaß am Sport, aber auch an den Festen – an Chor und Tanz – teilzunehmen. Da die Gemeinwesen so sehr in den Bürgern bestanden, keine Exekutivorgane von irgend kräftig institutionalisiertem eigenem Gewicht kannten, bedurfte es vieler Gemeinsamkeiten und gerade auch der Feste, bedurfte es auch des vielfältigen Zusammentreffens in der Öffentlichkeit, um den so leicht bedrohten Zusammenhalt zu festigen (vgl. Platon, Nomoi 738d ff.). Und bei allen großen Veränderungen, die sich in der griechischen Geschichte vollzogen, blieben bestimmte Grundbedingungen über Jahrhunderte hinweg konstant; die Polis so gut wie die Sklaverei und vieles andere darüber hinaus; die ganze Problematik zwischen Bewahrung und Veränderung ist für die Griechen bis heute noch nicht erschlossen. Wesentliche Züge der bei allen Modifikationen so kräftig durchgehaltenen Mentalität würden in diesem Zusammenhang verständlich.

Zu diesen Bürgerschaften gehörte es – und vermutlich mit Notwendigkeit –, daß sich zusammen mit der Scheidung von Haus und Polis zunehmend deutlich Bürger gegen Nichtbürger, Freie gegen Sklaven und Männer gegen Frauen abgrenzten. Womit vermacht war, daß die Zugehörigkeit zur Bürgerschaft Privileg war und so auch empfunden wurde. Eduard Meyer[174] schreibt, Demokratie „ist ja im Grunde

---

172 Vgl. den treffenden Schiffsvergleich bei Veyne, Annales, s. Anm. 168, S. 887.

173 S. Anm. 50, 4, S. 119. Vgl. Vorträge Anm. 92, 163. Weber, Max: Gesammelte Aufsätze zur Religionssoziologie 1, Tübingen 1920, S. 448f.

174 Kleine Schriften 1, Halle 1924², S. 122. So blieb auch die Perspektive von oben – und die relativ erbarmungslose Abqualifizierung der Unbemittelten – letztlich unangezweifelt. Vgl. etwa Arist., Problemata 956b13. Bemerkenswert auch die Klassifizierung der Nicht-Reichen als ἄποροι, πένητες oder δεόμενοι (Bolkestein, s. Anm. 95, S. 183f.).

nichts anderes als eine Ausdehnung der Privilegien der herrschenden Stände auf die Gesamtbürgerschaft". Fast wörtlich die gleiche Formulierung findet sich bei Paul Veyne.[175]

Das bedeutete, daß die breiten Schichten in der Demokratie zwar Macht gewinnen, die Politik bestimmen, aber nur sehr bedingt auch den Aristokraten im Gesellschaftlichen eigene Werte entgegensetzen konnten[176] (wie das später die europäische Bourgeoisie vermochte). Man konnte sich deren Idealen ein gutes Stück weit entziehen, konnte gar Arbeit (und Handwerk) dagegen aufwerten. Und trotzdem scheint da gleichsam ein Stachel geblieben zu sein: Wirklich richtig war nur, was adligen Anschauungen entsprach, weil Polis letztlich (wie immer es im einzelnen stand) nicht ohne eine hohe, vornehmlich vom Adel zu erfüllende Vorstellung von Bürgertum zu denken war. Die Gleichheit, die die andern gegen die Adligen beanspruchten, durch die sie die Polis auch völlig neu durchdrangen, blieb letztlich etwas Ungeheures, und dem entsprach dann auch die Reaktion zumindest von Teilen der Aristokratie.

Die Zuspitzung zu aggressiver Herabwürdigung der Handwerker erfolgte aller Wahrscheinlichkeit nach erst in der zweiten Hälfte des fünften Jahrhunderts, wenn nicht erst im Peloponnesischen Krieg. Sie hatte vornehmlich politische Gründe, die Gegnerschaft gegen die radikale Demokratie. Das wird bekräftigt durch die zu ihr komplementäre Zuspitzung des Bürgerbegriffs, das etwa gleichzeitige Aufkommen der neuen Bezeichnung „Banause" sowie die Bildung des Adelsideals der Kalokagathia. In die gleiche Richtung zielt es, daß die Hopliten, besonders die Landbesitzer unter ihnen, zu den wahren Bürgern erklärt wurden, aber auch, daß in Konkurrenz zu dem von der Demokratie hochgehaltenen Freiheitsbegriff der Begriff einer „wahren Freiheit" konzipiert wurde, die gleichsam ein höheres Maß an Unabhängigkeit, jetzt auch von der Notwendigkeit zu arbeiten, bedeutete. Da wurden die Handwerker zum Gegenbild des Bürgers. Es wurde alles mögliche Negative auf sie gehäuft, was zum Teil gar nicht speziell Handwerkern eigen war, zum Teil diesen weniger als den so viel höher geschätzten Bauern. Eigenartig auch, daß Händler und Tagelöhner in diesem Zusammenhang so viel weniger Kritik abbekamen. Spielte es wirklich eine solche Rolle, daß die Handwerker sitzend und nicht im Freien arbeiteten, obwohl das doch für viele gar nicht zutraf? Oder waren die Handwerker so viel gefährlicher? War es vor allem ihre Macht, die sie in Verruf brachte? Waren sie gar das eigentlich dynamische Element in Volksversammlung und Demokratie? Stärker als die Ruderer (die freilich auch länger abwesend zu sein pflegten)?[177]

---

[175] S. Anm. 168, S. 888.

[176] Meier: Entstehung, s. Anm. 54, S. 256.

[177] Morawetz, s. Anm. 88, S. 12f. Übrigens waren es zum guten Teil Metöken, gelegentlich auch Sklaven, die Athens Kriegsflotte ruderten. Jordan, Borimir: The Athenian Navy in the Classical Period, Berkeley, Los Angeles, London 1975, S. 210f. Whitehead, s. Anm. 5, S. 80.

Die abfälligen Urteile der Oberschichtangehörigen, die bald Eingang in die politische Theorie fanden (und für uns in den Quellen besonders greifbar sind), haben in den breiten Bürgerschichten, soweit wir sehen können, keine stärkere Resonanz gefunden.

Die nennenswerte Aufwertung von städtischem Gewerbe und Handel, wie sie in westlichen Gesellschaften geschah (um von andern Kulturen abzusehen), setzte vermutlich voraus, daß die Stadt vom agrarischen Umland (und von den Adligen, die weite Teile davon besaßen oder beherrschten) derart geschieden war, daß sich in ihrem Innern eine eigene Wertordnung etablieren ließ, zu der dann unbedingt auch die Schätzung der Spezialisten, also der Handwerker gehörte (und entsprechend die Macht ihrer Zünfte und damit ihrer beruflichen Interessen in der Politik). In der gegen das Land abgesetzten Stadt konnten jedenfalls Autarkie und Eigenständigkeit (samt „Allseitigkeit") des Landwirts nicht zum Ideal werden. Das hieße: ohne die Spezialisierung zwischen Stadt und Land keine sonderliche Schätzung von Spezialisten als Bürger. Wahrscheinlich mußte im europäischen Mittelalter hinzukommen, daß die Bedürfnisse nach Produkten der handwerklichen Arbeit in den Städten und vor allem in einem insgesamt stark anwachsenden Wirtschaftsraum bei großen Unterschieden der Befähigung, der Ausbildung, des Wissens von Land zu Land und Stadt zu Stadt erheblich anwuchsen, und zwar im Sinne einer im Vergleich zur Antike sehr viel stärker materiell ausgerichteten Kultur. Selbst dann war es schwer, gegen die eingewurzelten Adelsauffassungen anzukommen, wonach ein Mensch Land besitzen müsse (und Leute ohne Ar und Halm minderen Werts seien). Müßiggänger meinten, nicht arbeiten zu sollen. Allein, diese Auffassungen hatten seit dem Mittelalter Konkurrenz, gegen die Werte der Adligen und Müßiggänger standen die in der städtischen, der stadtbürgerlichen Gesellschaft vorwiegenden, und sie wurden zum Teil unterstützt durch Kirche, Theologie, Philosophie, Universitäten und andere. Dergleichen war bei den Griechen trotz aller möglichen pragmatischen Arbeitsauffassung und auch gelegentlicher Lobsprüche für die Arbeit nicht denkbar.

* * *

Es ist in gewissem Sinne paradox, daß die Geschichte des Politischen bei den Griechen, nachdem sie in den Demokratien kulminiert hatte, in die demokratie-feindlichen oder jedenfalls -skeptischen Theorien des Platon und Aristoteles mündete.

Die aber setzten einerseits in ihren idealen Polis-Entwürfen den imposanten griechischen Prozeß rationaler Weltbemächtigung in großartiger Weise fort. Andererseits steigerten sie, jeder auf seine Weise, die Erwartungen an den Bürger und dessen Bildung, und zwar, was vor allem Platon angeht, die Bildung von frühester Jugend an.

Nachdem Platon sich in seinem ersten Entwurf, der „Politeia", weit von der Wirklichkeit der Polis und ihrem Bürgerbegriff entfernt hatte, gelang es Aristoteles im Widerspruch dazu, diese neu zu definieren. Und er ging zugleich auf die ganze Vielfalt der griechischen Poliswelt und ihrer Möglichkeiten, je nach Beschaffenheit der Bürgerschaften, ein. Aber wo es um die Maßstäbe ging, waren sich beide insofern einig, als sie meinten, daß nicht jeder Bürger Aktivbürger sein dürfe. Entscheidend sei, daß alle Bürger bürgerliche Tugend hätten, denn daran hinge das Wohl der Polis. Da gab es keinen Staat, der alles überwölbt und von den Untugenden seiner Bürger gar hätte profitieren können.[178]

Platon entwarf in der Politeia die Bürgerschaft der Philosophen und Wächter, in den Nomoi die der Landbesitzer. Er mutete gerade den Führenden viele Mühen (πόνοι) zu. Für Aristoteles dagegen war wesentlich, daß die Führenden vor allem Muße hätten, zunächst einmal Muße, sich zu bilden, sodann die Muße zur Lenkung der Polis.

Gerade Aristoteles übernahm dabei mit Selbstverständlichkeit gewisse Grundzüge der Poliswelt, die in ihr seit alters tief angelegt waren.

Die Tatsache, daß griechische Bürgerschaft ein Privileg war, und die andere, daß sie über Sklaven verfügte (was er für naturgegeben hielt), erleichterte es, Arbeit vom Bürgerbegriff auszuschließen: „Die Tugend der Bürger kommt unter den Freien nur denen zu, die auch von der Arbeit für die Notwendigkeiten des Lebens frei sind" (1278a10). „Zum Freien gehört, daß er nicht auf einen anderen hin lebt" (Rhet. 1367a32). „Viel Sklavisches und Niedriges zwingt die Armut die Freien zu tun" – formuliert Demosthenes (57,45), wie wenn es sich um ein Paradox handelte. So wurde es möglich, alle Arbeit, vor allem die der Handwerker als sklavenartig zu bezeichnen.

Der Begriff der Freiheit (und der wahren Freiheit), die die Freiheit von der Notwendigkeit war, war aber auch in der griechischen Öffentlichkeit angelegt, eben der, die so vorbildlich wurde, daß das Engagement der breiten Bürgerschaft, ohne das die Demokratie nicht möglich gewesen wäre, sich daran orientieren konnte.[179]

Damit zugleich befestigten sich die Adelsideale, nicht nur im Gegenschlag, sondern weil man bei der Konzeption eines idealen Bürgerbegriffs an sie anknüpfen konnte. Man mußte nur in die adlige Paideia zugleich philosophische Bildung installieren.

Im Autarkiestreben und der speziellen partizipatorischen Ausrichtung des Polisverständnisses war schließlich die Entwertung nicht nur der Unselbständigkeit angelegt, sondern auch all dessen, was nur Mittel war und nicht Zweck (Telos). Darauf fußt Aristoteles' Auffassung, daß Ziel nur sein kann, was um seiner selbst willen ist. Muße – die „Schwester der Freiheit" (nach Sokrates) – ist für Aristoteles die Voraussetzung zur Teilhabe an den Regierungsfunktionen der Polis. Doch dient sie dabei wiederum als Mittel, etwa politisches Ansehen zu gewinnen. Die wahre Muße aber

---

178 Arist. 1332a32. Für den modernen Staat: Hirschman, Albert O.: Leidenschaften und Interessen. Politische Begründungen des Kapitalismus vor seinem Sieg, Frankfurt 1980.

179 Meier in: Meier & Veyne, s. Anm. 13, S. 58ff.

kann nur die sein, die um ihrer selbst willen da ist. Das aber ist diejenige, die das Schöne, das Glück, die Freude und ganz besonders die „Theorie" zum Inhalt hat. Dazu aber sind immer nur wenige imstande.[180]

Damit wird Philosophie zum Ziel der Polis. Unter welthistorischem Gesichtspunkt blitzt da auf unheimliche Weise eine Wahrheit auf: Denn damit ist der vielleicht wichtigste Weg markiert, auf dem die Polis ins mittelalterliche und neuzeitliche Europa hineinwirken konnte.

Kurz, ein solches Verständnis von Arbeit und Muße, wie es uns bei Aristoteles begegnet, konnte wohl nur in der Poliswelt entstehen, wo kein Monarch und kein Staat die Menschen auf sich ausrichten und von sich abhängig machen und die Erfüllung von Pflichten sowie die Ausübung spezieller (und nur spezieller) Funktionen ihnen zum selbstverständlichen Lebensinhalt hätte werden lassen können. Es fragt sich, wie diese, obzwar aufs engste an die politisch-gesellschaftlichen Bedingungen ihrer Entstehungszeit gebundene, Philosophie auf das Persönlichkeitsideal des Abendlands gewirkt hat.

[180] Welskopf, E. Ch.: Probleme der Muße im alten Hellas, Berlin 1962. Zum Aufkommen des Muße-Ideals: Morawetz, s. Anm. 88, S. 22ff. Walter-Karydi, Elena: Die Nobilitierung des Wohnhauses, Konstanz 1994. Sokrates: Aelian, Variae historiae 10,14. Arist. 1338a1ff. EN 1177b 4ff. Xen. Symposion 4,44.

Jürgen Kocka

Arbeit als Problem der europäischen Geschichte

Es fehlt nicht an Untersuchungen und Darstellungen zur Geschichte der Arbeit und zur Arbeit in der Geschichte des Westens. Umfangreiche Forschungsliteratur findet sich insbesondere zur Geschichte der Arbeiter in den unterschiedlichen Epochen. Die breite sozial- und kulturgeschichtliche Forschung der letzten Jahrzehnte hat immer wieder Probleme der Arbeit berührt, sei es in Untersuchungen zu einzelnen beruflichen und sozialen Gruppen wie den Handwerkern und Heimarbeitern oder den Kaufleuten und Akademikern, sei es bei der Behandlung von Landwirtschaft, Gewerbe und Dienstleistungen, sei es in der Geschichte der Familie und des Haushalts, der Unternehmen und der Arbeitsbedingungen, sei es in der Geschlechter-, Städte-, Protest- oder Armutsgeschichte. Auch an zusammenfassenden Darstellungen zur Geschichte der Arbeit in einzelnen Epochen wie im Epochenvergleich fehlt es nicht ganz, und umgekehrt behandeln die Studien zur Geschichte der Freizeit und der Arbeitslosigkeit das Thema ex negativo.[1]

Dennoch wirkt die Geschichte der Arbeit als Untersuchungsfeld noch merkwürdig unstrukturiert. Es ist nicht so, als ob man nichts über Arbeit in der Geschichte Europas wüßte. Im Gegenteil, man weiß sehr viel oder kann es doch wissen. Aber es ist fraglich, ob und – wenn ja – wie sie als solche thematisiert werden soll, da sie doch immer – bis in die Moderne hinein – aufs engste mit anderen Lebensvollzügen ver-

---

1 Vgl. bsw. Schubert, Venanz (Hg.): Der Mensch und seine Arbeit. Eine Ringvorlesung der Universität München, St. Ottilien 1986; van der Ven, Frans: Sozialgeschichte der Arbeit, 3 Bde., München 1972 (erstmals niederländisch 1965–68); Ehmer, Josef & Peter Gutschner: Befreiung und Verkrümmung durch Arbeit. In: van Dülmen, Richard (Hg.), Erfindung des Menschen. Schöpfungsträume und Körperbilder 1500–2000, Wien, Köln, Weimar 1998, S. 283–303; Nahrstedt, Wolfgang: Die Entstehung der Freizeit. Dargestellt am Beispiel Hamburgs, Göttingen 1972; Garraty, John A.: Unemployment in History. Economic Thought and Public Policy, New York etc. 1979. – Quellen: Asholt, Wolfgang & Walter Fähnders (Hg.): Arbeit und Müßiggang 1789–1914, Frankfurt am Main 1991; Thomas, Keith (Hg.): The Oxford Book of Work, Oxford 1999.

flochten war und insofern auch für den rückblickenden Historiker gar nicht so recht abgrenzbar ist. Es besteht noch kaum Klarheit über die Fragestellungen, mit denen die Phänomene als historisches Problemfeld konstituiert werden können und sollen. Jedenfalls hat die gegenwartsbezogene Debatte, die seit den 1980er Jahren in den westlichen Ländern über Probleme der Arbeit und der „Arbeitsgesellschaft" geführt wird, noch nicht oder kaum auf die Behandlung der Geschichte der Arbeit durchgeschlagen.[2]

Ich wähle für den Zweck dieses Vortrags drei Zugänge. Zum einen spreche ich über Verständnis und Deutung, Begriff und Einschätzung von Arbeit in Europa bis ca. 1800, wie sie sich in den Diskussionen der Zeit, vor allem bei herausragenden, überlieferten Autoren rekonstruieren lassen. Dies ist ein begriffsgeschichtlicher Ansatz, der sich stark auf den von Werner Conze verfaßten Artikel „Arbeit" in den „Geschichtlichen Grundbegriffen" stützt,[3] aber anders gewichtet ist und neuere Forschungsergebnisse einbezieht. Die Auswahl der Stationen, die ich behandle, ist nicht ganz ohne Willkür, aber in Übereinstimmung mit der Konvention und teilweise dadurch gerechtfertigt, daß die jeweils späteren Stationen – etwa die mittelalterlich-christliche Diskussion über Arbeit – auf frühere Stationen – etwa die klassisch-griechische Diskussion – zitierend zurückgreifen: also ein Stück Kontinuität im Gegenstand selbst, nicht nur rückblickend konstruiert.

Zum andern diskutiere ich, von eigenen Forschungen ausgehend,[4] den großen Wandel, den die Industrialisierung des 19. Jahrhunderts für die Praxis und die Deutung der Arbeit gebracht hat. Schließlich ende ich mit einem kurzen Ausblick auf Gegenwartsprobleme.

---

[2] Vgl. Matthes, Joachim (Hg.): Krise der Arbeitsgesellschaft? Verhandlungen des 21. Deutschen Soziologentages in Bamberg 1982, Frankfurt am Main 1983; Giarini, Orio & Patrick M. Liedtke: Wie wir arbeiten werden. Der neue Bericht an den Club of Rome, Hamburg 1998 (engl. 1997); Beck, Ulrich: Schöne neue Arbeitswelt. Vision: Weltbürgergesellschaft, Frankfurt am Main 1999; Tilly, Chris & Charles Tilly: Work Under Capitalism, Boulder, Col. 1998; James, Paul, Veit, Walter F. & Steve Wright (Hg.): Work of the future. Global perspectives, St. Leonards NSW (Australien) 1997; Supiot, Alain (Hg.): Au-delà de l'emploi, Paris 1999.

[3] Conze, Werner: Art. „Arbeit". In: Geschichtliche Grundbegriffe. Historisches Lexikon zur politisch-sozialen Sprache in Deutschland, Bd. 1, Stuttgart 1972, S. 154–215.

[4] Vgl. etwa Kocka, Jürgen: Arbeitsverhältnisse und Arbeiterexistenzen. Grundlagen der Klassenbildung im 19. Jahrhundert, Bonn 1990; ders.: Lohnarbeit und Klassenbildung. Arbeiter und Arbeiterbewegung in Deutschland 1800–1875, Berlin, Bonn 1983.

Wandlungen im Verständnis der Arbeit

Christian Meier hat es früh betont und zeigt es auch in seinem Beitrag zum vorliegenden Band: Im klassischen Athen und im klassischen Rom dominierte ein Verständnis von Arbeit, das sich von der modernen Auffassung scharf unterscheidet. Es gab keinen allgemeinen Begriff für „Arbeit". Den Griechen der Perikles-Zeit wäre es unsinnig erschienen, die Handarbeit der Sklaven und die intellektuelle Arbeit eines Schriftstellers mit ein und derselben Kategorie zu fassen. Arbeit, im Sinne der Arbeit der Bauern, der Handwerker und Kaufleute, der Tagelöhner und Handarbeiter, wirtschaftliche und abhängige Arbeit überhaupt, wurde vergleichsweise skeptisch, ja negativ gewertet. Arbeit galt primär als Mühe und Last, sie gehörte vor allem in die Sphäre des Hauses und wurde dort meist von Sklaven, Frauen und anderen Personen minderen Rechts wahrgenommen, in deutlicher Absetzung zur Polis, zur Öffentlichkeit der Stadt, in der die allgemeinen Dinge des Gemeinwesens verhandelt wurden, und zwar von den Bürgern, das heißt den männlichen Hausherren und Haushaltsvorständen, die gerade keine Gewerbe- und Handeltreibenden, auch keine Bauern oder Handwerker und natürlich auch keine Tagelöhner und Handarbeiter waren, sondern die über Muße verfügten und gerade deshalb die bürgerlichen Tugenden praktizieren konnten. Muße und Freiheit galten als Schwestern. Grundbesitz half. Ich erspare mir alle an sich notwendigen Differenzierungen.[5]

Zweifellos hat das Christentum, und zwar schon in der Antike, zur Ent-Diskriminierung der Arbeit beigetragen. Doch sollte man zunächst die Ambivalenz der jüdisch-christlichen Tradition in bezug auf Arbeit betonen. Das gilt jedenfalls für die Bibel, in der Arbeit einerseits mit Fluch und Mühsal verbunden war, andererseits als Teil des göttlichen Auftrags an den Menschen verstanden wurde, sich die Erde untertan zu machen: also Arbeit als Fluch und Segen zugleich. Doch liegt in der Bibel, wenn man dem Theologen Wolfhart Pannenberg folgt, das größere Gewicht für die Lebenserfüllung des Menschen auf dem Sabbat, an dem Gottes gedacht wird und der Mensch mehr zu sich kommt als in der – als notwendig akzeptierten – Arbeit der Woche.[6]

---

5 Siehe Christian Meiers Artikel in diesem Band und ders.: Arbeit, Politik, Identität. Neue Fragen im alten Athen. In: Schubert (Hg.), Der Mensch und seine Arbeit (Anm. 1), S. 47–111; Nippel, Wilfried: Erwerbsarbeit in der Antike. In: Kocka, Jürgen & Klaus Offe (Hg.), Geschichte und Zukunft der Arbeit, Frankfurt am Main 2000, S. 54–66.

6 Vgl. Pannenberg, Wolfhart: Fluch und Segen der Arbeit. In: Schubert (Hg.), Der Mensch und seine Arbeit (Anm. 1), S. 23–46.

Bei Paulus findet sich dann eine deutliche Aufwertung der Arbeit, und zwar auch und gerade der Handarbeit. Wer nicht arbeite, solle auch nicht essen, schrieb er. Arbeit galt ihm als unerläßlich für jeden Menschen ohne Unterschied des Standes, nicht nur des Unterhalts wegen, sondern auch „um Gottes willen", als Dienst am Nächsten, als Erfüllung.[7]

Darauf konnten sich dann die Regeln der christlichen Mönchsorden seit dem 6. Jahrhundert beziehen. Benedikt von Nursia schrieb: „Müßiggang ist der Feind der Seele, deshalb sollen sich die Brüder zu bestimmten Zeiten mit Handarbeit beschäftigen und wieder zu bestimmten Zeiten mit heiliger Lektüre." Andere Mönchsorden folgten nach, so besonders ausgeprägt die Zisterzienser. Sicherlich trugen die Mönchsregeln zur positiven Umwertung der Vorstellung von Arbeit in Europa bei, zumal die christliche Lehre ja gleichzeitig gegen Sklaverei Stellung nahm und insofern die Arbeit vom Stigma der Unfreiheit zu lösen beitrug, das ihr in der Antike und in anderen Teilen der Welt lange anhaftete. Doch diese Deutung der Arbeit als sinnvoll im Rahmen religiös orientierten Lebens änderte nichts an der weiterhin dominanten Deutung von Arbeit – von Handarbeit – als harte Mühe und drückende Last (wie es Manfred Bierwisch oben auf der Basis des etymologischen Befunds zu Recht hervorhebt). Eben dies dürfte den Erfahrungen der allermeisten tatsächlich Arbeitenden auf dem Land und in den Städten im Kampf um das Überleben und bei der Verausgabung der eigenen Kräfte durch Arbeit vor allem entsprochen haben. Und in der kirchlich-theologischen Tradition wirkten auch arbeitsskeptische Sichtweisen weiter, so bei Thomas von Aquin, der Aristoteles rezipierte und die Vorrangigkeit der vita contemplativa vor der vita activa erneut bekräftigte. Schließlich war die christliche Kirche des Mittelalters nicht nur Mönchs- und Volkskirche, sondern vielmehr auch Adels- und Priesterkirche. Die Distanz zur Arbeit und besonders zur körperlichen Arbeit war ein zentraler Bestandteil adliger Kultur.[8]

Auch im kürzesten Überblick über die Geschichte der Arbeit in Europa darf die Erwähnung der mittelalterlich-frühneuzeitlichen Stadt nicht fehlen, die seit dem 12. Jahrhundert ausgebaut und von Westen nach Osten hin ausgebreitet wurde: fast durchweg als Gewerbestadt, mit dem zünftigen Handwerk und dem korporativ organisierten Handel als sozialer Substanz. Ganz anders als in der antiken Stadt fielen jetzt die Rolle des Gewerbebürgers und die des Stadtbürgers in eins. Das Recht zum Betreiben des eigenen Gewerbes und das Recht zur Mitsprache in allen städtischen Dingen hingen eng zusammen, bedingten einander und setzten einander voraus. Im

---

7 Vgl. Jaritz, Gerhard & Käthe Sonnleitner (Hg.): Wert und Bewertung von Arbeit im Mittelalter und in der frühen Neuzeit, Graz 1995.

8 Vgl. Zorn, Wolfgang: Arbeit in Europa vom Mittelalter bis ins Industriezeitalter. In: Schubert (Hg.), Der Mensch und seine Arbeit (Anm. 1), S. 181–212, bes. 183–187; Oexle, Otto Gerhard: Arbeit, Armut, „Stand" im Mittelalter. In: Kocka & Offe (Hg.), Geschichte und Zukunft der Arbeit (Anm. 5, S. 67–79); Hamesse, Jacqueline & Colette Muraille-Samaran (Hg.): Le travail au Moyen Age. Une approche interdisciplinaire, Louvain-La-Neuve 1990.

Bürger der europäischen Stadt des Mittelalters verschränkten sich Arbeit und Bürgerrecht – ganz anders als in der Antike. Angesichts dieser Verknüpfung versteht man die positive Konnotation des „ehrbaren Handwerks“ und des „ehrsamen Handels“ wie auch umgekehrt die prägende Bedeutung von Arbeit, speziell von Berufsarbeit, für die sich entwickelnde bürgerliche Kultur.

Dies ist ein großes, hier nur anzudeutendes Thema. Die Bedeutung der Stadt für die Geschichte des Okzidents ist spätestens seit Max Weber bekannt. Zu ihr gehörte die städtische Autonomie im Unterschied zum Feudalismus der ländlichen Umwelt, gehörte die bürgerliche Absetzung vom Adel, gehörte die Herausbildung einer selbstbewußten Kultur freier, sich zusammenschließender und selbst organisierender Bürger. Dazu gehörte aber auch das weitgehende Fehlen unfreier Arbeit (im Unterschied zu den Sklaven in der antiken Stadt). Früh prägte also die Arbeit den Bürgerbegriff und eben dies wirkte positiv auf die gängige Vorstellung von Arbeit zurück.[9]

Diese Tradition setzte sich dann im späten Mittelalter und in der Frühen Neuzeit fort. Zunehmend prägte sie die wirtschaftlichen Beziehungen über die einzelnen Städte hinaus: den sich entwickelnden Handelskapitalismus mit dem Fernhandel als Kern; das von Kaufleuten und Verlegern organisierte Heimgewerbe; das Geld- und Kreditwesen. Umgekehrt führten die ökonomischen und demographischen Krisen des späten Mittelalters dazu, daß man in den Städten des 14. und 15. Jahrhunderts begann, die zunehmende Armut zu fürchten, die anschwellende Bettelei zu stigmatisieren und den „Müßiggang“ zu bekämpfen – womit zugleich eine „von oben“ oktroyierte Positivnormung der Arbeit, des Fleißes, der Ordnung und der Disziplin verbunden war. Arbeit begann nun mit Wohlstand und Glück, Müßiggang mit Armut und Unsittlichkeit assoziiert zu werden, und dies deutlich vor der Reformation, wie die neuere Forschung herausgearbeitet hat.[10]

Die Reformation des 16. Jahrhunderts brachte einen neuen Anerkennungsschub für die Arbeit im Leben. Martin Luther wertete die vita activa auf Kosten der vita contemplativa auf. Sein Lob der Arbeit verband sich mit bürgerlicher Adelsskepsis und protestantischem Antiklerikalismus, mit scharfer Kritik am Müßiggang der alten

---

[9] Vgl. Meier, Christian (Hg.): Die okzidentale Stadt nach Max Weber, München 1994; Engel, Evamaria: Die deutsche Stadt des Mittelalters, München 1993; Dilcher, Gerhard: Bürgerrecht und Stadtverfassung im europäischen Mittelalter, Köln 1996. – Zuletzt Max-Weber-Gesamtausgabe, Abt. I, Bd. 22/5: Wirtschaft und Gesellschaft. Die Wirtschaft und die gesellschaftlichen Ordnungen und Mächte. Nachlaß. Teil 5: Die Stadt, hrsg. von Wilfried Nippel, Tübingen 1999.

[10] Vgl. Rexroth, Frank: Das Milieu der Nacht. Obrigkeit und Randgruppen im spätmittelalterlichen London, Göttingen 1999; Oexle, Otto Gerhard: Armut, Armutsbegriff und Armenfürsorge im Mittelalter. In: Sachße, Christoph & Florian Tennstedt (Hg.), Soziale Sicherheit und soziale Disziplinierung, Frankfurt am Main 1986, S. 73–101; Jütte, Robert: Abbildung und soziale Wirklichkeit des Bettler- und Gaunertums zu Beginn der Neuzeit. Sozial-, mentalitäts- und sprachgeschichtliche Studien zum Liber Vagatorum (1510), Köln, Wien 1988.

Eliten, zugleich aber mit dem Kampf gegen die Arbeitsscheu der kleinen Leute und mit der Verurteilung der Bettelei. Es ist kein Zufall, daß die Einrichtung von Arbeits- und Zuchthäusern seit dem 16. Jahrhundert zunächst in protestantischen Ländern begann. In Calvins Lehre war die religiöse Rechtfertigung der Arbeit, und zwar als Beruf, noch eindeutiger als bei Luther. Das Lob der Arbeit ging bei Calvin in ein Plädoyer für Arbeitsaskese über und verband sich mit der Prädestinationslehre, wonach wirtschaftlicher Erfolg im Diesseits die Auserwähltheit durch Gott im Jenseits erkennen läßt.

Max Weber hat bekanntlich argumentiert, daß diese protestantische Ethik den Geist des Kapitalismus vorzubereiten und später auch die Praxis des Kapitalismus zu legitimieren half. Doch sei vor einer allzu modernen Deutung Luthers und Calvins gewarnt. Für beide wurde Arbeit nie Selbstzweck, sondern blieb Mittel: untergeordnet dem religiösen Zweck, weniger wichtig als der Glaube. Luther gehörte noch einem vorkapitalistischen Zeitalter an. Arbeit blieb für ihn weiter ganz biblisch durch „Mühe“ und „Qual“ geprägt. Sie blieb bisweilen dem sinnlosen Tun und Treiben enger benachbart als der sinnvollen Lebenserfüllung im Glauben.[11]

Das 17. und 18. Jahrhundert war in Europa eine Phase fundamentalen und sich beschleunigenden Wandels, aus dem die Moderne hervorging. Erst jetzt setzte sich der moderne, allgemeine Begriff von Arbeit durch, der die verschiedensten körperlichen und geistigen Tätigkeiten umfaßte und hauptsächlich positiv konnotiert war: Arbeit als bewußtes, intentionales Handeln zur Befriedigung von Bedürfnissen und gleichzeitig als Teil der Daseinserfüllung des Menschen. Diese Begriffsbildung geschah in einem historischen Kontext, der hier nur angedeutet werden kann. Zu ihm gehörte die weitere Durchsetzung des Kapitalismus lange vor der Industrialisierung, vor allem im Fernhandel, im „protoindustriellen“ Heimgewerbe und in der Großlandwirtschaft. Dazu gehörte die innere Staatsbildungspolitik der absolutistischen Fürstenstaaten einschließlich ihres Fiskalismus, Kameralismus und Merkantilismus. Soziale Disziplinierung und sozial-moralische Diskriminierung von Armut waren Teil dieser Politik. Damit wurde die Arbeit zu einem Gegenstand staatlicher Förderung und Regulierung, zu einer Ressource staatlicher Macht, zu einem öffentlichen Wert, ob-

---

[11] Vgl. Conze: Art. „Arbeit“ (Anm. 3), S. 163–65; Wiedemann, Konrad: Arbeit und Bürgertum. Die Entwicklung des Arbeitsbegriffs in der Literatur Deutschlands an der Wende zur Neuzeit, Heidelberg 1979; Weber, Max: Die protestantische Ethik und der Geist des Kapitalismus. In: ders., Gesammelte Aufsätze zu Religionssoziologie, Bd. 1, Tübingen 1920, S. 17–206. Die neuere Forschung betont stark die Kontinuitäten in den Auffassungen über Armut und Arbeit seit dem 14. Jahrhundert und stellt in dieser Hinsicht den tiefen Zäsurcharakter der Reformation ein wenig in Frage, der – vielleicht vor allem in Folge des Kulturkampfs der 1870er Jahre – lange in der deutschen Forschung überbetont worden sei. Vgl. auch Hunecke, Volker: Überlegungen zur Geschichte der Armut im vorindustriellen Europa. In: Geschichte und Gesellschaft 9 (1983), S. 480–512; Oexle: Arbeit, Armut, „Stand“ im Mittelalter (Anm. 8); Generell: Schilling, Heinz: Die neue Zeit. Vom Christenheitseuropa zum Europa der Staaten. 1250–1750, Berlin 1999.

wohl zunehmend privatwirtschaftlich organisiert. Außerdem sind die verschiedenen Spielarten des Neuprotestantismus zu nennen, insbesondere der Puritanismus im westlichen Europa mit Ausstrahlung in die Einwandererländer des nördlichen Amerika, der Methodismus, der als „gnadenlose religiöse Ideologie der Arbeit" bezeichnet worden ist, und im mittleren Europa der Pietismus mit seinen pädagogischen Folgen. Schließlich ist auf die Aufklärung zu verweisen und, damit verbunden, den Aufstieg eines neuen, dynamischen Bürgertums von Unternehmern und Gebildeten vor allem seit dem 18. Jahrhundert.[12] Zwei begriffsgeschichtliche Entwicklungen sind zu unterscheiden:[13]

Zum einen ist in der Philosophie der Aufklärung und dann des Deutschen Idealismus eine emphatische *Fundamentalisierung* des Arbeitsbegriffs zu beobachten. Thomas Hobbes bringt Mitte des 17. Jahrhunderts die Arbeit (operatio) und Handlung (actio) mit Macht (potentia) in enge Verbindung. Wenig später macht John Locke Arbeit zu einem gesellschaftlichen Grundbegriff. Für ihn verleiht Arbeit, und zwar individuelle Arbeit, dem Menschen sein Recht auf Eigentum und den Dingen erst ihren Wert. Und im Standardwerk der französischen Aufklärung, in der von d'Alembert und Didérot herausgegebenen „Encyclopédie" (1751–1772) heißt es über „travail": „occupation journaliere à laquelle l'homme est condamné par son besoin, & à laquelle il doit en même temps sa santé, sa subsistance, sa sérénité, son bon sens & sa vertu peut-être".

Allmählich beginnt sich die alte Verbindung von „Arbeit" mit „Mühe" und „Last" zu lockern. Die Techniken (artes) sollen zur Arbeitserleichterung führen, so spätestens Descartes: Arbeit als Lust statt Arbeit als Last dank fortschrittlicher Technologie. In den Utopien von Morus und Campanella war der Gedanke bereits vorgedacht und ausgesponnen worden.

Radikaler noch formuliert, hundert Jahre später, Immanuel Kant. Er wertet die Muße als „leere Zeit" ab und die Arbeit zum Lebenssinn auf: „Je mehr wir beschäftigt sind, je mehr fühlen wir, daß wir leben, und desto mehr sind wir uns unseres Lebens bewußt. In der Muße fühlen wir nicht allein, daß uns das Leben so vorbeistreicht, sondern wir fühlen auch sogar eine Leblosigkeit." Friedrich Schiller gab dem Gedanken die volkstümliche Form und die sozialgeschichtliche Einordnung: „Arbeit ist des Bürgers Zierde, Segen seiner Mühe Preis. Ehrt den König seine Würde, ehret uns der Hände Fleiß."

[12] Vgl. Zorn: Arbeit in Europa (Anm. 8), S. 188–194; Generell: Koselleck, Reinhart (Hg.): Studien zum Beginn der modernen Welt, Stuttgart 1977; Wehler, Hans-Ulrich: Deutsche Gesellschaftsgeschichte, Bd. 1, München 1987; Schilling: Die neue Zeit (Anm. 11).

[13] Zum Folgenden mit Zitatnachweisen Conze: Art. „Arbeit" (Anm. 3), S. 167–81 (Kant: S. 169, Pestalozzi: S. 173, Smith, Adam: S. 180f.); Encyclopédie ou dictionnaire raisonné des sciences, des arts et des métiers, Bd. 16, Neufchatel 1765, S. 567; Zorn: Arbeit in Europa (Anm. 8), S. 194–205.

Die Überzeugung vom hohen Wert der Arbeit wurde in den Bildungsreformbewegungen des 18. und frühen 19. Jahrhunderts zur gesellschaftlichen Kraft. Der Schweizer Pädagoge Johann Heinrich Pestalozzi kann als Beispiel dienen, an dem sich auch die andere Seite dieser Arbeitsaufwertung beobachten läßt, nämlich – lange vor Karl Marx – die Kritik an jenen Formen der Arbeits*wirklichkeit*, die dem neuen, emphatischen Begriff von Arbeit nicht entsprachen: also die Kritik an der nur noch routinisierten, höchst arbeitsteiligen, repetitiven, ausgebeuteten Arbeitstätigkeit, etwa an der Arbeit von Kindern in den Manufakturen der Zeit, bald auch an der Kindererwerbsarbeit überhaupt. Pestalozzi schrieb 1781: „Arbeit ist ohne menschenbildenden Zweck nicht Menschenbestimmung." Das heißt: Rein mechanische, ausgebeutete Arbeit widerspricht der menschlichen Bestimmung.

Diese aufklärerische Verbindung von Arbeit, Bildung und Menschenwürde wirkte als mächtige Triebkraft in das bürgerliche und das proletarische Bewußtsein des 19. Jahrhunderts hinein und machte sich in den „Arbeiterbildungsvereinen" bemerkbar, die man als eine der Wurzeln der europäischen Arbeiterbewegung sehen kann.

Neben der philosophischen Fundamentalisierung des Arbeitsbegriffs fand, zum andern, seine *Ökonomisierung* statt. Hierfür findet man Beispiele bei den Physiokraten und den schottischen Moralphilosophen des 18. Jahrhunderts, insbesondere beim einflußreichen Adam Smith, seinen Vorläufern, Übersetzern und Nachfolgern. Arbeit erscheint bei Smith als eigentliche Quelle des Reichtums und der Wertschöpfung, als einziger Produktionsfaktor im wirtschaftlichen Sinn, als wahrer Maßstab des Tauschwerts der Güter, als Hauptbegriff der ökonomischen Theorie und der entstehenden Wirtschaftswissenschaft. Aus diesem wirtschaftswissenschaftlichen Verständnis von Arbeit war alle Mühsal, Pein und Verachtung geschwunden. Arbeit wird, in diesem Denken, zur grenzenlos dynamischen Kraft. Sie schafft Reichtum, Luxus und Kapital – und dies wird akzeptiert, in der Hoffnung und Überzeugung, daß eben diese Akkumulation letztlich dem allgemeinen Wohl zugute kommen werde. Dies war der Arbeitsbegriff des durchbrechenden Kapitalismus, noch vor Beginn der Industrialisierung, denn diese setzte sich in England ja erst seit dem späten 18. Jahrhundert, auf dem europäischen Kontinent erst im 19. Jahrhundert durch.

Bei Smith wird die Gesellschaft als Wirtschaftsgesellschaft gedacht: auf Arbeitsteilung beruhend, durch Märkte und aufgeklärtes Eigeninteresse der vielen einzelnen verknüpft (allerdings auch durch Recht und Sitte zusammengehalten), mit Produktion und Konsum, Arbeit und Bedürfnis als zentralen Momenten. Von dieser modernen, bürgerlich-kapitalistischen, fortschrittsoptimistischen Gesellschaftsvorstellung her, in der Arbeit eine Schlüsselfunktion hielt, konnte Kritik an herkömmlichen und zeitgenössischen Formen politischer Herrschaft geübt werden: an Adelsmacht und absolutistischem Staat. Zugleich war das System von Smith ein System der „Politischen Ökonomie", das die Wirtschaft auf Politik, Nation und Staat bezog und in dem Arbeit als Grundlage von Wohlstand und Macht des Nationalstaats geschätzt wurde.

Soweit einige Stationen auf dem Weg, den das europäische Verständnis von Arbeit bis zum Beginn des 19. Jahrhunderts durchlief. Europäisches Verständnis von Arbeit? Ich sollte einschränken: Ich bin einen Höhenweg gegangen und habe den Diskurs herausragender Autoren ausschnittweise rekonstruiert, nicht aber das Alltagsverständnis der Arbeit in den verschiedenen sozialen Milieus erforscht. Wer selbst mit den Händen ein Leben lang arbeitete, sei es als Bauer und Landarmer, als Magd und als Knecht, sei es als Handwerker, Heimarbeiter oder Handarbeiter anderer Art (jeweils beide Geschlechter), auf dem Feld, im Stall und im Haus, in Werkstätten, auf Baustellen und anderswo, dürfte die Last und die Mühe, die Härte und das Elend der Arbeit (jedenfalls der die Regel darstellenden Handarbeit) auch im 17. und 18. Jahrhundert nicht so beiseite gerückt, verdrängt oder relativiert haben, wie es in den Abhandlungen der erwähnten Philosophen und Sozialwissenschaftler zu beobachten war. Die Arbeitserfahrung und das Arbeitsverständnis der Arbeitenden dürfte sich von den Arbeitsvorstellungen der darüber Schreibenden erheblich unterschieden haben. Sie waren überdies höchst differenziert.[14] Ich habe mehr auf das westliche und mittlere als auf das östliche Europa geblickt, auf das protestantische mehr als auf das katholische und das christlich-orthodoxe. Die nationalen und regionalen Differenzen wurden vernachlässigt. Trotzdem: Was ich schilderte, war nicht auf einzelne Länder beschränkt, sondern der Tendenz nach europäisch-nordamerikanisch, also westlich. Vergleiche zu anderen Kulturen wären äußerst erwünscht. Was änderte sich im Zeitalter der Industrialisierung, im 19. Jahrhundert?

Arbeit und Industrialisierung

Bis zum Beginn der Industrialisierung war freie Lohnarbeit ein Minderheitsphänomen. Arbeit, auch Erwerbsarbeit (d. h. Arbeit, mit der man ein Einkommen erzielt, von der man lebt, durch die man verdient, abhängig, selbständig oder in einer Zwischenform, manuell oder nicht nicht-manuell, mehr oder weniger qualifiziert), war vielfach gebunden: als Arbeit im Verbund und unter der Herrschaft des Hauses; als Arbeit in korporativen Verbänden, beispielsweise das zünftige Handwerk; als Arbeit in feudaler Abhängigkeit und Schollengebundenheit, so auf den Grund- und Gutsherrschaften des Landes; anderswo in persönlicher Unfreiheit. Erst mit der Industrialisierung wurde die freie Lohnarbeit – die Arbeit für Lohn und Gehalt auf

[14] Vgl. Mommsen, Hans & Winfried Schulze (Hg.): Vom Elend der Handarbeit. Probleme historischer Unterschichtenforschung, Stuttgart 1981; Tenfelde, Klaus (Hg.): Arbeit und Arbeitserfahrung in der Geschichte, Göttingen 1986; Münch, Paul: Lebensformen in der Frühen Neuzeit 1500 bis 1800, Frankfurt, Berlin 1992, S. 355–413; Lis, Catharina & Hugo Soly: Disordered Lives. Eighteenth-Century Families and their Unruly Relatives, Oxford, Cambridge 1996; Kocka, Jürgen: Weder Stand noch Klasse. Unterschichten um 1800, Bonn 1990; Ehmer & Gutschner: Befreiung und Verkrümmung durch Arbeit (Anm. 1).

vertraglicher Basis – die Regel, in unterschiedlicher, oft zunächst noch verdeckter Form. Jetzt erst wurde Lohnarbeit zur Hauptvariante von Erwerbsarbeit. Erst jetzt wurde Arbeit en masse zum Gegenstand eines marktwirtschaftlichen Tauschvorgangs, also zur Ware.[15]

Dies stand teilweise im Widerspruch zum emphatischen Begriff von selbständiger Arbeit als Lebenssinn und Daseinsverwirklichung, wie er in den vorangehenden Jahrhunderten entstanden war. Aus diesem Widerspruch ergab sich Kritik und Protest gegen Lohnarbeit als fremdbestimmte, abhängige, ausgebeutete Arbeit, so besonders effektiv in der Theorie von Karl Marx und in der Arbeiterbewegung des 19. Jahrhunderts.

Mit der Industrialisierung und der damit verbundenen Verstädterung kam es zu erheblicher Zentralisierung der Erwerbsarbeit. Zunehmend fand Arbeit in Manufakturen und Werkstätten, Fabriken und Bergwerken, Büros und Verwaltungen statt. Es gab unzählige Übergangs- und Zwischenformen, doch dies war der hauptsächliche Trend: Der Arbeitsplatz, an dem Erwerbsarbeit geleistet wurde, und die Sphäre des Hauses/der Familie traten auseinander. Solche räumliche Trennung war den Bauern und großen Teilen der unterbäuerlichen Schicht, den Heimarbeitern und Handwerkern, den Kaufleuten, aber auch noch den meist bei sich zu Hause arbeitenden Gelehrten früherer Jahrhunderte fremd gewesen. Erwerbsarbeit war gewöhnlich eng mit sonstigen Arbeiten und Daseinsverrichtungen verknüpft gewesen. Das änderte sich nun für eine rasch wachsende Zahl der Erwerbstätigen und deren Angehörige. Die Familie und der Haushalt verloren Funktionen, die sie jahrhundertelang wahrgenommen hatten. Sie hörten weitgehend auf, Ort der Erwerbsarbeit zu sein. Erst jetzt wurde die private, vom Erwerbsleben und von der Öffentlichkeit getrennte Familie zum Normalfall.

Die Arbeit, soweit sie Erwerbsarbeit war, wurde zu einem relativ klar ausdifferenzierten Teilsystem, das nach eigenen Regeln funktionierte: immer klarer nach marktwirtschaftlichen Regeln, unter der Kontrolle von Vorgesetzten, auch nach funktionalen Kriterien. Arbeit konstituierte sich als abgrenzbarer, erfahrbarer Teilbereich, als Arbeit an und für sich, als Sphäre mit eigenem Ort und eigener Zeit, ein Stück weit herausgelöst aus den sonstigen Lebensverrichtungen. Damit wurde die Unterscheidung zwischen „Arbeit“ (im Sinn von Erwerbsarbeit) und „Nicht-Arbeit“ (einschließlich wichtiger, jedoch meist ungenannter Elemente von Arbeit, die nicht Erwerbsarbeit waren, z. B. im Haus und für die Familie) zur weit verbreiteten Erfahrung. Eben dies prägte das Reden über Arbeit ebenso wie die Begriffe der offiziellen Statistik, in der sich Arbeit zu „Erwerbsarbeit“ verengte und die vielfältige Arbeit (besonders von Frauen) im Haus nicht mehr als Arbeit erschien.

---

[15] Das Folgende vor allem nach Kocka: Arbeitsverhältnisse und Arbeiterexistenzen (Anm. 4), bes. S. 474–506.

Die Trennung von Erwerbsarbeit und Familie/Haushalt bedeutete viel für das Verhältnis der Geschlechter zueinander. Insgesamt führte diese Trennung zu einer schärferen Unterscheidung von Männer- und Frauenrollen.
Vorindustrielle Arbeit war in der Regel zeitlich unregelmäßig gewesen, nicht scharf reglementiert. Die natürlichen Rhythmen des Tages und des Jahres waren maßgebend, sie ergaben keine scharfen Zäsuren. Arbeit konnte sehr lange Zeit beanspruchen, war aber meistens porös, pausenhaltig, von anderen Tätigkeiten und von Muße durchdrungen. Die Meßinstrumente ließen zu wünschen übrig.
Mit der Industrialisierung und der Ausdifferenzierung von Erwerbsarbeit und Haushalt/Familie wurde das Zeitregiment genauer. Arbeit hatte nun ihre eigene Zeit. Auch in dieser Hinsicht wurde der Unterschied zwischen Arbeit als Erwerbsarbeit und Nicht-Erwerbsarbeit schärfer gezogen. Glocken, Sirenen und genau gehende Uhren – aber auch das Durchschreiten des Fabriktores oder die routinemäßige Eingangskontrolle beim Portier – bezeichneten Anfang und Ende genau. Pausen wurden nun schärfer reglementiert. Bis zur Mitte des 19. Jahrhunderts dehnte sich die durchschnittliche Arbeitszeit aus, seitdem nimmt sie ab. Arbeit wurde damit meßbarer als je zuvor und auch: umstreitbarer.
Für die große Mehrheit der Bevölkerung galt in vorindustrieller Zeit, daß sie ihren Lebensunterhalt und ihre Verdienste nicht aus *einer* Quelle – *einer* Erwerbsarbeit – bestritt, sondern aus einer Verknüpfung von mehreren Erwerbsquellen, gewissermaßen aus „Jobs", die im Laufe des Tages, des Jahres und des Lebens wechselten. Mit der Industrialisierung des 19. Jahrhunderts nahmen die gesamtgesellschaftliche Arbeitsteilung und die Arbeitsteilung in den Unternehmen zu. Das Volumen der zu leistenden Erwerbsarbeit expandierte. Langfristig wuchs auch der Anteil qualifizierter Arbeiten an allen Arbeiten, die das Erwerbsleben bot. Die Synchronisierung zwischen dem Schul- und Ausbildungswesen einerseits, der Arbeitswelt andererseits wurde damit wichtiger. All dies trug zur Verstetigung der Erwerbsbiographien bei. Berufsarbeit auf Lebenszeit wurde häufiger. Die Planbarkeit des Arbeitslebens nahm zu. Die Chance wuchs, daß man sein Selbstverständnis und sein soziales Profil auf spezialisierte Erwerbsarbeit gründete. Beruf und Berufsstellung wurden die wichtigsten Grundlagen der individuellen und sozialen Identität.
Aber hier bleiben Fragezeichen. Galt dies nicht auch im späten 19. und frühen 20. Jahrhundert nur für eine Minderheit von Erwerbstätigen in den gesicherten Bereichen des Handwerks, für die Stammbelegschaften der großen Betriebe, für die Beamten einschließlich der Lehrer, für die an Zahl zunehmenden Expertenberufe? Blieben nicht die Verknüpfung von und der Wechsel zwischen verschiedenen Erwerbstätigkeiten das Normale für sehr viele Erwerbstätige, besonders für die weniger qualifizierten unter ihnen, die Pendler und Wanderer vom Land zur Stadt (und zurück), die vielen Saison- und Gelegenheitsarbeiter? Für diese These spricht viel. Doch der Forschungsstand erlaubt keine ganz klare Auskunft. Man würde das gern genauer wissen, um besser beurteilen zu können, was an der heutigen Situation –

mit ihrer großen Fluidität und ihrer Tendenz zur Fragmentierung der Lebenszeitberufe – wirklich neu ist.[16]

Im Zeitalter der Industrialisierung gewann die Arbeit an sozialer, politischer und kultureller Bedeutung kräftig dazu. Was die Intellektuellen des 17. und 18. Jahrhunderts vorgedacht hatten, im 19. Jahrhundert wurde es teilweise zur Realität: die Arbeitsgesellschaft. Zum Teil lag dies an der neuen Erfahrbarkeit der Erwerbsarbeit als einer ausdifferenzierten Sphäre mit eigener Logik (wie gerade ausgeführt). Zum Teil lag es an der industrialisierungsbedingten Bedeutungszunahme der Ökonomie, die auf Gesellschaft, Kultur und Politik prägender einwirkte als je zuvor. Zum Teil lag es am Niedergang konkurrierender Quellen kultureller Identität und lebenspraktischer Sinngebung, also beispielsweise am Bedeutungsverlust der Religion, an der Erosion ständischer Milieus und an der Auflockerung regionaler Bindungen. Nur der an Kraft gewinnende Nationalismus blieb als Identitätsangebot neben der Arbeit mächtig. Einige Anmerkungen müssen genügen:

- Die größte Protest- und Emanzipationsbewegung des 19. und frühen 20. Jahrhunderts, die Arbeiterbewegung, fußte auf abhängiger Erwerbsarbeit als Basis. Sie konzentrierte sich auf die Vertretung der Interessen, die aus gemeinsamen Arbeitsbedingungen folgten, und rekrutierte ihre Mitglieder in ihrer Eigenschaft als abhängig Arbeitende, als Lohnarbeiter. Sie setzte bei ihren Mitgliedern ähnliche Arbeitserfahrungen voraus, aus denen sich gemeinsames Selbstbewußtsein und gemeinsame Kultur ergaben. Idealisierte Vorstellungen von – männlicher! – Arbeit prägten die Forderungen, die Kultur und die Selbstdarstellung der Arbeiterbewegung bis hinein in ihre Ikonographie.[17]
- Arbeit war ein zentrales Moment im liberalen Diskurs der Jahrhundertmitte. „Ist früher das Vorrecht heilig gewesen, so ist heute die Arbeit heilig; die freie Arbeit, der Fleiß und die Tätigkeit ... ist heute die höchste Ehre“, so formulierte ein liberal-demokratischer Abgeordneter in der Paulskirche 1848.[18]
- Auch für die Frauenbewegung des späten 19. Jahrhunderts war die Erringung neuer Arbeitsmöglichkeiten ganz zentral, um darauf die Forderung nach Emanzipation, Gleichberechtigung und politischem Einfluß zu gründen. Umgekehrt

---

[16] Man lese einmal unter diesem Gesichtspunkt Emmerich, Wolfgang (Hg.): Proletarische Lebensläufe. Autobiographische Dokumente zur Entstehung der zweiten Kultur in Deutschland, Hamburg 1974.

[17] Vgl. Kocka, Jürgen: Traditionsbindung und Klassenbildung. Zum sozialhistorischen Ort der frühen deutschen Arbeiterbewegung. In: Historische Zeitschrift 241 (1986), S. 333–376; zuletzt Welskopp, Thomas: Das Banner der Brüderlichkeit. Die deutsche Sozialdemokratie vom Vormärz bis zum Sozialistengesetz, Bonn 2000.

[18] Nach Conze: Art. „Arbeit“ (Anm. 3), S. 190.

wurden neue politische Einflußmöglichkeiten zur Erringung neuer Arbeitsmöglichkeiten für Frauen genutzt.[19]

- Erwerbsarbeit diente als Basis für die Errichtung des Sozialstaats seit den 1880er Jahren. Die Arbeiter – nicht die Armen – wurden zu Adressaten von Bismarcks staatlicher Kranken-, Unfall- und Altersversicherung. Über die Beiträge der Arbeiter und der Arbeitgeber, nicht aber über Steuern oder Ersparnisse wurde das System finanziert. Erwerbsarbeit und soziale Sicherung waren jedenfalls im deutschen Modell aufs engste verknüpft. Heute tragen wir an den Folgen, und zwar in Gestalt hoher, die Arbeit verteuernder und Arbeitslosigkeit vermehrender Lohnnebenkosten. Ein Umbau steht an.[20]
- Der Zusammenhang zwischen Arbeit und Nationsbildung ist diffizil und indirekt. Spätestens 1848/49 tauchte das Schlagwort von der „nationalen Arbeit" auf, bald schrieb Wilhelm Heinrich Riehl darüber ein Buch. Weltausstellungen führten Arbeit und ihre Produkte vor, nach Nationen differenziert und mit nationalen Ansprüchen (seit den 1850er Jahren). Ein Prager Professor schrieb 1875: Die Arbeit präge dem Menschen „den Stempel seines Wesens auf, sie bildet die Nation. Nationalität und nationale Arbeit sind gleiche Begriffe."[21]
- Schließlich nahm die staatliche Regelung der Arbeit im Nationalstaat zu. Seit Jahrhunderten hatten staatliche Regierungen durch Statuten und Ordnungen die Arbeit reguliert, ergänzend zu den Regeln der Zünfte im Gewerbe und der Grundherrschaften bzw. Gutsherrschaften auf dem Land. Seit den Reformen zu Beginn des 19. Jahrhunderts bis in die 1860er Jahre zog sich der Staat im Zeichen des Liberalismus weitgehend aus der Regulierung der Arbeit zurück. Doch seit dem späten 19. Jahrhundert nahm die staatliche Regulierung der Arbeit wieder zu. Dabei wirkten Sozialrecht und Arbeitsrecht zusammen, zum Teil als Reaktion auf Streiks und soziale Konflikte. Individuelle Arbeitsverträge wurden zunehmend durch kollektive „Tarifabschlüsse" zwischen Gewerkschaften und Arbeitgeberverbänden sowie durch gesetzliche Kodifikationen überlagert, begrenzt und ergänzt. So sehr im kapitalistischen System private Nachfrager und Anbieter auf

[19] Vgl. Frevert, Ute: Frauen-Geschichte. Zwischen Bürgerlicher Verbesserung und Neuer Weiblichkeit, Frankfurt am Main 1986, S. 92–128.

[20] Vgl. Ritter, Gerhard A.: Sozialversicherung in Deutschland und England. Entstehung und Grundzüge im Vergleich, München 1983; Hennock, E. P.: Social Policy under the Empire – Myths and Evidence. In: German History 16, 1998, S. 58–74.

[21] Richter, Karl Thomas: Die Fortschritte der Kultur, Bd. 2, Prag 1875, 12ff. (nach Conze: Art. „Arbeit" (Anm. 3), S. 210); Riehl, Wilhelm Heinrich: Die deutsche Arbeit, Stuttgart, Berlin 1861.

dem Markt über die Bedingungen und den Wert der Arbeit entscheiden, so sehr ist sie gleichwohl zum kollektiven Gut geworden, über das kollektive Aushandlungsprozesse und politische Setzungen mit entscheiden.[22]

Ausblick auf die Gegenwart

Bis zum frühen 20. Jahrhundert hatte sich das System der Erwerbsarbeit herausgebildet, das im wesentlichen noch heute gilt. Die Gegenwart kann hier nicht ausführlich behandelt werden. Ich beschränke mich abschließend auf drei kurze Bemerkungen. Was ist heute neu?

Was „Globalisierung" genannt wird, ist häufig weniger neu als es scheint. Trotzdem hat die übernationale Verflechtung der Wirtschaft (insbesondere die Kapitalmobilität und die Kommunikationsrevolution) im heutigen „Turbokapitalismus" eine neue Qualität erreicht, die den Wettbewerbsdruck auf Arbeit über die nationalen Grenzen hinweg steigert und der nationalstaatlichen Regulierung der Arbeit immer empfindlichere Grenzen setzt. Die nationalstaatliche Regulierung der Arbeit – ein Pfeiler des Systems seit dem 19. Jahrhundert – scheint überfordert. Besteht nur die Wahl zwischen Deregulierung (mit ihren ungewollten sozialen Folgen) und neuen Formen der Regulierung auf supranationaler Ebene? Doch ist fraglich, ob wir diese Wahl wirklich haben. Denn oberhalb der Nationalstaaten fehlt es bisher an Institutionen, die die Kraft und die Legitimation zur Regulierung der Arbeit besäßen. In der Europäischen Union gibt es vielversprechende Ansätze. Aber sie reichen nicht aus.[23]

Stellt die heutige Massenarbeitslosigkeit eine historisch neue Krise dar, die ganz neuartiger Therapien bedarf? Dafür spricht einerseits die Radikalität des technologischen Wandels, der Arbeitsplätze vernichtet. Dafür spricht andererseits die unbestreitbare Beobachtung, daß heute große Gruppen an der Erwerbsarbeit teilnehmen wollen, die sich früher mit Haus- und Familienarbeit begnügten: Die Erwerbsquote der Frauen hat stark zugenommen, sie nimmt weiter zu. Dahinter stecken tiefe Veränderungen im Verhältnis der Geschlechter zueinander. Dahinter steckt aber auch die weiterhin riesengroße Anziehungskraft, die die Erwerbsarbeit in unserer Kultur über die Jahrhunderte gewonnen hat und weiterhin ausübt.

Trotzdem spricht vieles für die Annahme, daß die heutige Arbeitslosigkeit nicht andauern muß. In einigen Ländern ist sie bereits stark zurückgegangen, so in den USA, in England, den Niederlanden. In anderen Ländern war sie nie sehr hoch, zum Beispiel in Japan. Auch in Deutschland und Frankreich gibt es noch viel zu

---

[22] Vgl. Zimmermann, Bénédicte u. a. (Hg.): Le travail et la nation. Histoire croisée de la France et de l'Allemagne, Paris 1999.

[23] Vgl. Steger, Ulrich (Hg.): Wirkmuster der Globalisierung. Nichts geht mehr, aber alles geht, Ladenburg 1998.

tun, entstehen neue Bedürfnisse, gibt es noch viel potentielle Arbeit. Es muß nur gelingen, sie in Arbeitsplätze umzusetzen. Dafür braucht es institutionelle und mentale Reformen, die schwierig sind, aber nicht ausgeschlossen.[24]

Dennoch befinden wir uns mitten in einem tiefgreifenden Wandel. Die Bedeutung der Arbeit nimmt insgesamt ab, die Arbeit verändert sich. Denn einerseits sind andere Produktionsfaktoren neben der Arbeit wichtiger geworden, als sie es im 19. Jahrhundert waren: Kapital und Wissen. Andererseits hat die Prägekraft, die Vergesellschaftungskraft gemeinsamer Arbeitserfahrungen, nachgelassen: die Zeit der klassischen Arbeiterbewegung liegt hinter uns, und damit eine Phase der Politik, in der diese sehr stark durch Erfahrungen und Interessen, Konflikte und Loyalitäten aus der Arbeitswelt bestimmt wurde. Zu den Ursachen dieser Verschiebung gehört ein fundamentaler Gestaltwandel der Arbeit, von der manuellen zur nicht-manuellen Arbeit, von der industriellen zur Dienstleistungsgesellschaft, zuletzt unter dem Einfluß der Kommunikationsrevolution und der Globalisierung. Zum einen ist der Anteil der Lebenszeit, der für Erwerbsarbeit eingesetzt wird, stark zurückgegangen. Man verbringt heute sehr viel weniger Zeit am Arbeitsplatz als vor einhundert Jahren. Zum anderen schreitet die Fragmentierung der Arbeitsplätze voran. Der „Arbeitsplatz" verliert seine klare Abgrenzung, wird häufig fluide, löst sich bisweilen auf. Die Grenze von Arbeit und Nicht-Arbeit verfließt. Die gängige Verengung von Arbeit auf „Erwerbsarbeit" wird in Frage gestellt. Muß man „Arbeit" nicht weiter und anders definieren? Über „Erwerbsarbeit" hinaus?[25] Es eröffnen sich neue Chancen der Verknüpfung von Erwerbsarbeit und anderen Tätigkeiten, von Arbeit und Freizeit, von Beruf und Familie, im Verhältnis der Geschlechter zueinander. Neue Chancen zeichnen sich ab, aber auch neue Probleme. Wenn denn die Sozialisations- und Bindungskraft der Erwerbsarbeit erodiert, was tritt an ihre Stelle? Wenn die gesellschaftlich-politische Tragfähigkeit der Arbeit insgesamt rückläufig ist, welche institutionellen Veränderungen werden dann nötig (z. B. im System der sozialen Sicherung)? Wenn das relative Gewicht der Erwerbsarbeit in der Biographie vieler einzelner abnimmt, welche Konsequenzen wird man daraus für Lebensplanung und Daseinsverwirklichung ziehen? Wenn Arbeit als Sinnstiftung nicht mehr ausreicht, welche Alternativen bieten sich an?

Vieles wirkt weiter: Über Jahrhunderte eingeschliffene Deutungen zerbröckeln nicht in einer Generation, so auch nicht die für die europäische Kultur typische Hochschätzung der Arbeit. Die dynamische Kontinuität des kapitalistischen Wirtschaftssystems ist ungebrochen (mit unabsehbaren Folgen), und mit ihm lebt die marktvermittelte Erwerbsarbeit weiter, wie sie sich im 19. Jahrhundert zur Normalität

---

[24] Vgl. Schmid, Günther: Arbeitsplätze der Zukunft. Von der industriellen zur informationellen Arbeit. In: Kocka & Offe (Hg.), Geschichte und Zukunft der Arbeit (Anm. 5, S. 269–292).

[25] Dazu anregend Beck: Schöne neue Arbeitswelt (Anm. 2); Clausen, Lars: Produktive Arbeit – Destruktive Arbeit, Berlin 1988.

entwickelte. Andererseits ist das Zeitalter der Industrialisierung zu Ende. Globalisierung und Kommunikationsrevolution verändern das Leben. In der Konsequenz könnte sich das System der Arbeit überlebt haben, das für die vergangenen zwei Jahrhunderte typisch war – jedenfalls in einigen Hinsichten. Manche Neuentwicklung – etwa die erneute Verschränkung von Erwerbsleben und Familie bzw. Haushalt oder die häufiger werdende Zerstückelung der Arbeitsbiographien – mutet wie die Rückwendung auf alte Muster vor der Industrialisierung an. Doch die Konturen der Zukunft zeichnen sich nur wie durch dichten Nebel ab.

Klaus Zernack

Arbeit in Rußland

Warum ist Rußland überhaupt ein Thema in dieser Diskussion? Rußland ist ein europäisches Land mit christlicher Tradition, und von Arbeit in der europäischen Geschichte war bereits die Rede.

Dennoch sollte hier auf Rußland als eigenes Thema nicht verzichtet werden: Rußland hat bei aller nachdrücklich zu betonenden Europazugehörigkeit doch besondere Spielarten der christlichen Kultur, des Feudalismus, des europäischen Mächtesystems und schließlich des Marxismus aufzuweisen. Für unsere Diskussion erheblich scheint mir die besondere Ausprägung bäuerlicher Arbeit und ihrer gesellschaftsbestimmenden Wirkung in der Leibeigenschaft zu sein. Es war wohl die längste und intensivste Geschichte bäuerlicher Unfreiheit in Europa. Schließlich hat das russische Problem bäuerlicher Arbeit eine Revolution sui generis hervorgetrieben. Sie prägte auch einen neuen Begriff von Arbeit aus. Hier will ich beginnen, also fast am Ende.

Denn der Umsturz vom Oktober 1917 hatte die größte revolutionäre Transformation von oben in einer alteuropäischen Gesellschaft zur Folge. In der Verwandlung von einem zurückgebliebenen Agrarland in einen Industriestaat innerhalb weniger Planperioden installierte das sowjetische Rußland eine totalstaatliche Arbeitsverfassung, die zugleich als Modell für die gesamte kommunistisch beherrschte Welt gedacht war. Aber in praxi waren die kommunistischen Volksrepubliken nicht völlig gleichzuschalten, und selbst in der Sowjetunion war dieses stalinistische Arbeitssystem nicht überlebensfähig. Amalriks Prognose des Zusammenbruchs gründete 1968 auf die Analyse der Arbeitsverfassung, und der vorhergesagte Zeitpunkt war mit 1984 fast genau getroffen.[1]

Schon in den Kontroversen um die Vorbereitung des ersten Fünfjahresplans seit 1927 zeigte sich, daß der Plan in den strukturellen Voraussetzungen auf Hindernisse stieß. Denn der Wirtschaftsraum Sowjetunion war – nach der ersten Etappe der Agrar-

---

[1] Vgl. Amalrik, Andrej A.: Kann die Sowjetunion das Jahr 1984 erleben? Zürich 1970.

revolution seit 1917 und nach der Neuen Ökonomischen Politik (1921–1929), aber auch nach dem Verlust von 31 % des Industriepotentials des alten Rußlands im Westen – vor allem kleinbäuerlich geprägt.[2]

Die Lebenssituation des russischen Bauerntums hatte sich in der kurzen Spanne zwischen Stolypins liberaler Agrarreform von 1906 und dem Ende der Neuen Ökonomischen Politik 1929 zwar bescheiden, aber doch stetig gebessert. Der Preis dafür war freilich das starke Anwachsen der kleinbäuerlichen Strukturen. Sowohl das alte Regime mit seinem langen Zögern gegenüber einer konsequenten Reform als auch die politisch-taktische Ausnutzung der Bauernfrage in der Revolution hatten auf diesen Weg geführt. Trotzkij sah das Dilemma sehr deutlich: „Wäre das Agrarproblem ... von der Bourgeoisie gelöst worden, hätte sie es zu lösen vermocht, das russische Proletariat hätte im Jahr 17 keinesfalls an die Macht gelangen können."[3]

So war es Stalin, der ein altes russisches Problem auf seine Weise aus der Welt schaffte. Zwischen 1926 und 1939 wurden fast 25 Millionen Bauern in die Städte verpflanzt. Etwa 20 Millionen brachte man im Verlauf der Zwangskollektivierung in den dreißiger Jahren als Agroarbeiter auf den Staatsgütern, den sogenannten Sowchosen, unter. Die restliche Landbevölkerung von über 70 Millionen wurde bis 1934 unter riesigen Opfern – mindestens sieben Millionen Toten – zu drei Vierteln in sogenannte Kolchosen gezwungen, die zusammen mit den Staatswirtschaften im Jahr 1937 bereits 93 % der landwirtschaftlichen Nutzfläche erfaßten.[4]

Eine Lösung im Sinne einer strukturellen Verbesserung der Lebens- und Arbeitsbedingungen des noch immer weitaus größten Teils der Bevölkerung Rußlands bedeutete diese Totalkollektivierung jedoch in keinem Punkt. Am schlechtesten war das Los der Kolchosniki. Am Vorabend des Zweiten Weltkrieges fristeten ca. 55 Millionen ihr Dasein in den Zwangsanstalten der Kolchosen unter drückenden Abgabenlasten, Bindung an den Arbeitsplatz und einem äußerst niedrigen Lebensstandard. Wahrscheinlich trifft die Metapher zu, hier handelte es sich „um eine neue, in den Deckmantel genossenschaftlicher Formen gehüllte 'Schollenpflichtigkeit'".[5] Im Grunde sind die Folgen des ersten Fünfjahresplans in der sowjetrussischen Agrarstruktur nie überwunden worden; auf dem Lande kam es erneut – wie

---

2 Vgl. Wehner, Markus: Bauernpolitik im proletarischen Staat. Die Bauernfrage als zentrales Problem der sowjetischen Innenpolitik 1921–1928, Köln, Weimar, Wien 1998, S. 338ff.

3 Zitiert nach Nötzold, Jürgen: Wirtschaftspolitische Alternativen zur Entwicklung Rußlands in der Ära Witte und Stolypin, Berlin 1966, S. 96.

4 Die umfangreiche Kontroverse über die Opferzahlen referiert kritisch Merl, Stephan: Kollektivierung und Bauernvernichtung. In: Geyer, Dietrich (Hg.), Die Umwertung der sowjetischen Geschichte, Göttingen 1991, S. 123–128, hier 126; Merl, Stephan (Hg.): Sowjetmacht und Bauern. Dokumente zur Agrarpolitik und zur Entwicklung der Landwirtschaft während des Kriegskommunismus und der Neuen Ökonomischen Politik, Berlin 1993, S. 72.

5 Ruffmann, Karl-Heinz: Sowjetrußland. Struktur und Entfaltung einer Weltmacht (dtv-Weltgeschichte des 20. Jahrhunderts), München 1967, S. 113.

vor 1906 – zur breiten sozialen Verelendung. Die Landbevölkerung bezahlte also den höchsten Preis für die Teilerfolge, die bei der Erfüllung des Plans in der Schwerindustrie erzielt werden konnten. Das Wachstum betrug hier 285 Prozent, in der Konsumgüterindustrie 65 Prozent.

Die raschen Produktionssteigerungen setzten sich im zweiten und dritten Fünfjahresplan fort. Auch von der Industriearbeiterschaft waren große Opfer an Lebensanspruch gefordert. Ohne wirksamen gewerkschaftlichen Schutz geriet die Arbeiterschaft zunehmend in eine Tretmühle ständiger Normenerhöhungen und Lohnmanipulationen. Bei dem Stücklohnsystem sank der Reallohn von 1928 bis 1934 um 50 Prozent. Die starke Fluktuation am Anfang der dreißiger Jahre konnte nur durch die feste Bindung an den Arbeitsplatz abgefangen werden. Zusammen mit den drakonischen Verordnungen zur Erhöhung der Arbeitsdisziplin ergab sich eine Arbeitsverfassung, die – ähnlich wie auf dem Lande – den Dienstherrn „Staat" allmählich wie einen „stellvertretenden Leibherrn"[6] erscheinen ließ. Zudem wurde die Masse der Arbeiterschaft rigorosen Konsumeinschränkungen zugunsten der Investitionen ausgesetzt, was sich auf die notwendigsten Lebensbedürfnisse erstreckte, also auch Wohnen, Kleidung und Ernährung betraf. Es gab in dem rasch verstädterten Riesenland kaum einen nennenswerten Wohnungsbau, so daß der Wohnraumdurchschnitt pro Kopf der Bevölkerung 1939 bei vier Quadratmetern lag. Dabei lebte bereits ein Drittel der gesamten Bevölkerung – 56,1 Millionen – in städtischen Siedlungen. Zwar bedeutete das statistisch eine Verdoppelung der Stadtbevölkerung im Zuge der ersten Fünfjahrespläne, doch eine Urbanisierung im sozialen und kulturellen Sinn war damit nicht verbunden. Die forcierte Revolution von oben verstärkte vor allem den bürokratischen Aufwand, so daß die Schicht der Partei- und Staatsfunktionäre bis 1937 auf 14 Prozent der Erwerbsbevölkerung anwuchs. Die Funktionäre dienten – außer im Partei- und Staatsapparat – als Führungskräfte in der Armee, in den Kolchosen und Maschinen-Traktoren-Stationen sowie in der Industriewirtschaft. Nimmt man alle sozialen Auswirkungen der Stalinschen Revolution zusammen, so wird man zu dem Schluß kommen, daß es in der ganzen tausendjährigen russischen Geschichte keine tiefergreifenden Strukturwandlungen der Gesellschaft gegeben hat.[7]

Stalin hat den Arbeitsbegriff seines Systems immer wieder zum Ausdruck gebracht: Arbeit (*trud*) sei in der UdSSR eine Sache der Ehre, des Ruhms, des Heldentums, und in Artikel 12 der Verfassung von 1936 war zu lesen: „In der UdSSR wird das

---

6 Hofmann, Werner: Die Arbeitsverfassung der Sowjetunion, Berlin 1956, S. 106, 318.

7 Für den Vergleich mit der vorrevolutionären Epoche der russischen Geschichte siehe Pipes, Richard: Russia under the Old Regime, London 1974; dt. Ausg.: Rußland vor der Revolution. Staat und Gesellschaft im Zarenreich, München 1977.

Prinzip des Sozialismus verwirklicht: Jedem nach seinen Fähigkeiten, jedem nach seiner Leistung (*trud*).“[8]
Stalin benutzt also an dieser markanten Stelle für Arbeit das Wort *trud*, nicht *rabota*. Auch in der Stalin-Hymne hieß es, der Mensch habe ein Recht auf Bildung, Erholung und Arbeit (*trud*).
Ein paar wortgeschichtliche Beobachtungen sind hier am Platz:[9] *trud* bedeutet Arbeit, Mühe, auch Leistung, das Adjektiv *trudnyj* entspricht unserem Wort *schwer*. Dazu gehört das Verbum *trudit'sja – sich mühen. Trudoviki* nannte sich eine Duma-Partei in der Nachfolge der Narodniki nach 1905. Das Wort ist auch aruss. und abulg. in derselben Bedeutung belegt, gr. heißt es *ponos*. Es ist urverwandt mit lit. *triusas = Arbeit, Vielgeschäftigkeit*; mhd. *drôz = Last (Verdruß)*. Das Wort hat offensichtlich seine Bedeutung immer beibehalten. Es gilt für körperliche wie geistige Arbeit (*trudy* dient als Titelwort für Buchreihen).
Anders steht es mit dem heutigen Synonym für *trud*, dem Wort *rabota*. Es ist in dieser Lautung ein akslav. Lehnwort (abulg. *rabota* = gr. *douleia*); aruss. *robota = Arbeit, Knechtschaft, Sklaverei*. Das Wort ist abzuleiten von idg. *orbhos*, wurzelverwandt mit got. *arbaiþs = Bedrängnis, Not*; ahd. *arabeit = Arbeit, Mühsal*.
Russ. *rabota* ist eine Abstraktbildung zu *rab = Sklave*, das ebenfalls ein kslav. Lehnwort im Russischen ist; abulg. *rab* bedeutet gr. *doulos*. Aruss. *rob* gehört zu *robja*, gen. *robjata = Kind*, nruss. *rebjonok*, Plur. *rebjata = kleines Kind*, urverwandt mit lat. *orbus = verwaist*; gr. *orfanos = verwaist*, arm. *orb, orbaj = Waise*; got. *arbi*, N. = *das Erbe*; *arbja*, M. = *der Erbe*; ir. *arbe = das Erbe*; aind. *arbhas = klein, Knabe*.
Jetzt kommen wir der Sache auf die Spur: „Die Bedeutung Knecht, Sklave konnte sich aus derjenigen von Waise einstellen, weil ursprünglich elternlose Kinder die schwersten Arbeiten im Hause zu verrichten hatten“.[10]
Heute heißt Sklaverei russ. *rabstvo. Rabota*, das ursprüngliche Wort, aber wurde zum Wort für Arbeit in synonymer Bedeutung mit *trud*. Spiegelt sich darin ein sozialer Wandlungsprozeß? Untersucht ist das meines Wissens nicht.
Im Abendland scheint es in der Tat so etwas wie eine Mediävalisierung, wenn man will: Feudalisierung, in der Begriffsgeschichte von Sklaverei und Arbeit zu geben. Jacques le Goff hat darauf immer wieder angespielt. Ganz gewiß kam das Frühmittelalter ohne Sklaven bzw. Knechte und ohne arbeitende Menschen niederen Rechts nicht aus. Was sich aber änderte, war die Auffassung von Arbeit: Die Zugehörigkeit zur Gemeinde Christi hob den Unterschied zwischen Herrn und Sklaven auf. Der antike Arbeitsbegriff – der niederen Knechts- und Handarbeit – wurde grundsätzlich in Frage gestellt.

---

8 Lieber, Hans-Joachim & Karl-Heinz Ruffmann (Hg.): Der Sowjetkommunismus. Dokumente, Bd. 2, Köln, Berlin 1964, S. 302.

9 Sie stützen sich auf das große Werk von Vasmer, Max: Russisches etymologisches Wörterbuch, Bd. I–III. Heidelberg 1953–58, hier Bd. II, S. 479 ff.

10 Vasmer: Bd. II, S. 500.

Damit änderte sich auch die Terminologie: *sclavus* als neuer Sklavenbegriff wurde jetzt von der Handelsware Sklave abgeleitet, deren Reservoir eben die Slavenländer darstellten. Vom *sclavus* zu unterscheiden war der *servus casatus*, der später *Höriger* genannt wurde. Das lag daran, daß die Handarbeit jetzt von sozialen Gruppen verschiedenen Status ausgeübt wurde. Es waren weniger Sklaven als vielmehr Unfreie und Halbfreie. So bildete sich allmählich die Gliederung der mittelalterlichen Gesellschaft aus, in der die Freien für die gehobene Arbeit in religiös-kultureller Hinsicht als *oratores*, militärisch-politisch als *bellatores* und als Handarbeit (überwiegend Feldarbeit) leistende *laboratores* tätig waren. Aber, so meint Le Goff, in mediterranen Gegenden sei die Sklaverei alten Typs länger in Kraft gewesen, teilweise bis in die frühe Neuzeit. Hingegen sei „im mittleren und nördlichen Europa die Sklaverei vor dem Ende des Mittelalters, im östlichen Europa am Beginn der Neuzeit" verschwunden.[11]

Im ganzen sieht man die stark kirchliche Prägung der Vorstellung im Abendland, muß aber auch die neuen laienkulturellen Impulse seit dem 13. Jahrhundert im stadtbürgerlichen Milieu sehr hoch veranschlagen. Der Weg von hier aus in die Standesqualität war ja aufs engste mit der Ausprägung des Begriffs bürgerlicher Arbeit verbunden.

Kann man dieses nun alles auch auf Altrußland beziehen? Es scheint, daß hier sowohl die Kirche als auch die bäuerliche Arbeit und das städtische Leben anders ins Spiel gekommen sind als in der abendländischen Welt.

„Die russisch-orthodoxe Kirche verwies den Menschen unmittelbar auf seine transzendenten Werte, sein geschichtliches und sein sozialpolitisches Leben blieben sich selbst überlassen".[12] Somit waren ein Programm oder auch nur programmatische Äußerungen zur Arbeit der Bauern und der Stadtleute sowie der Dienstleute (Adel) kaum zu erwarten. Von der byzantinischen Symphonia von Kirche und Welt, ganz zu schweigen von der weltgestaltenden Papstkirche, unterschied sich die Kirche des alten Rußland vor allem durch ihre Weltgleichgültigkeit, ihre reine Spiritualität. Eine Auseinandersetzung mit der Antike, gar eine Rezeption, fand nicht statt. Die russische Kirche hatte im Kirchenslavischen, das aus der kyrillo-methodianischen Tradition hervorgegangen war, ihre eigene Kirchensprache und brauchte sich um das Griechische und Lateinische nicht zu kümmern. So gab es auch keine Auseinandersetzung mit der Väter-Tradition, die Arbeitslehre des heiligen Augustin blieb unbekannt. Das russische Mönchtum blieb ohne Ordensverfassung und hat auch den Durchgang durch die benediktinische Strenge der Arbeitsforderung – in der

---

[11] Le Goff, Jacques: Artikel „Arbeit". In: Lexikon des Mittelalters, Bd. I, München, Zürich 1980, S. 874.

[12] Philipp, Werner: Entwurf einer religionsbezogenen Epochengliederung der russischen Geschichte. In: Ausgewählte Schriften (Forschungen zur osteuropäischen Geschichte, Bd. 33), Berlin 1983, S. 9–18.

geistigen Arbeit – nicht vollzogen. Kontemplation, Gemeinschaftsgebet und Werke der Mildtätigkeit galten mehr als das Wirken nach außen.[13] Bei den einfachen Klosterinsassen gab es viel Unwissenheit und Unbildung.

Mit dem bäuerlichen Leben und der bäuerlichen Arbeitswelt kamen die Kirche und der Klerus gleichsam auf synkopische Weise in Berührung. Der bäuerliche Lebensrhythmus beruhte auf einem scharfen Kontrast von sommerlichem Arbeitshochdruck und winterlicher Pause. Die Anforderungen der Feldarbeitssaison waren unter den klimatischen Bedingungen Altrußlands so rigoros, daß in diesem Teil des Jahres nur unablässige Arbeit – auch sonntags – zum Ziel führte. Dafür war das längere Winterhalbjahr eine permanente Pause, die als Reservoir für die „Ableistung" der kirchlichen Feiertage genutzt werden mußte. Um die Mitte des 19. Jahrhunderts gab es ca. 150 Feiertage in den zentral gelegenen Gouvernements, das heißt, die Kirche kam mit den Bauern vor allem außerhalb von deren Arbeitsalltag intensiver in Berührung.[14]

Bei den Bauern Altrußlands macht sich mit dem Ausgang des westlichen Mittelalters eine soziale Nivellierung bemerkbar, in der die Effekte der frühneuzeitlichen Gutsherrschaft, wie sie in Ostelbien und im östlichen Mitteleuropa anzutreffen sind, potenziert in Erscheinung treten.

„Leibeigenschaft", in welcher sich Schollenbindung zur Bindung an den Grundeigentümer durch Erb- und Gutsuntertänigkeit entwickelte, die schließlich auch den landlosen Verkauf von Bauern ermöglichte, war auch im alten Rußland zunächst nur bei den gutsherrlichen Bauern, also auf Adels-, Kirchen- und Klosterland, durchgesetzt worden, und zwar vornehmlich im Nordosten und Norden, wo die Bauern Frondienste (*barščina*) zu leisten hatten. Das galt der wirtschaftlichen Absicherung der Grundbesitzer. Doch im 16. und 17. Jahrhundert waren alle Bauern – auch die auf staatlichem Boden wirtschaftenden, ebenso wie die „schwarzen Leute" in den Städten (Stadtleute) – von der Minderung ihrer Rechtsstellung betroffen. Die schwarzen, einst freien Bauern, wie die Stadtleute an den Wohnort gebunden, wurden schollenpflichtig. Im *Uloženie* von 1649 ist das festgelegt.[15]

Noch weiter ging es mit dieser Angleichungstendenz im Zusammenhang mit dem *preobrazovanie* Peters des Großen am Anfang des 18. Jahrhunderts. Seit den Steuerreformen von 1722/24 zahlten auch landloses Gesinde und Knechte Kopfsteuer, genauso wie die Bauern, und in einer allgemeingültigen Leibeigenschaft – so hat es Peter gesehen – waren sie sich alle verbunden. Das ist aber bei Peter I. mit einem neuen Arbeitsbegriff verknüpft, der zum ersten Mal das *bonum commune* im Auge hat: Man muß „zum Nutzen und zum Vorteil all dessen arbeiten, was dem Volk

---

[13] Vgl. Hösch, Edgar: Die Kultur der Ostslaven (= Handbuch der Kulturgeschichte), Wiesbaden 1977, S. 92.

[14] Vgl. Pipes, Richard: Russia under the Old Regime, dt. Ausg. (Anm. 7), S. 148.

[15] Siehe Tichomirov, Michail N. & Pavel P. Epifanov (Hg.): Sobornoe Uloženie 1649 goda, Moskva 1961, Kap. 11, 19.

Erleichterung bringt".[16] Der Universalgelehrte Michail Lomonosov hat gesagt, Peters Arbeitsbegriff sei eine Demonstration der Gleichheit eines Jeglichen im Dienst gewesen. Die Rangtabelle von 1722 brachte das zum Ausdruck.[17] Und in ihr war der Militärdienst als Adelsmonopol in eins gesetzt mit dem Anspruch auf Herrschaft über Land und Leute in der Rechtsform der Leibeigenschaft.

Aber der gesetzliche Zwangsdienst des Adels, der mit Peters Neuerungen einherging, wurde bald als Last empfunden, und unter den Nachfolgern Peters verkehrte sich der allgemeine Dienstgedanke in sein Gegenteil. Der Adel holte sich seine Privilegien der Dienstbefreiung schrittweise zurück und steigerte sie bis zum Eintritt in ein „goldenes Zeitalter" der vollkommenen Dienstfreiheit, die das Befreiungsmanifest Peters III. 1762 verkündete.[18]

Diese zunehmende Lockerung der adligen Dienstpflicht unter den Nachfolgern Peters I. auf dem Weg in die Privatisierung des Dienstgutes zerstörte das Vertrauen der adeligen Gutsbauern in den Staat. Angesichts dessen verhielt sich Katharina II. von Anfang an skeptisch gegenüber dem Befreiungsmanifest von 1762. Der Gedanke, daß es „gegen die christliche Religion und gegen die Gerechtigkeit" sei, „Menschen, die allesamt mit der Freiheit auf die Welt gekommen sind, zu Sklaven zu machen" (1761), ließ sie nie los; und noch in den achtziger Jahren erwog sie, dem Gnadenbrief für den Adel einen solchen für die Bauern folgen zu lassen.[19] Auch sonst fehlte es nicht an Versuchen, eine Diskussion über die Bauernfrage in Rußland in Gang zu bringen. 1765 veranstaltete die „Freie Ökonomische Gesellschaft" ein Preisausschreiben über die Chancen einer russischen Bauernbefreiung, und in der „Großen Kommission" wurde über die sozialen Zustände auf den Adelsgütern frei gesprochen. Der Gouverneur von Novgorod, Johann Jakob Sievers, riet der Kaiserin, die Lasten der Bauern nicht unbegrenzt zu erhöhen. Auch die Lage der Kronbauern, die bis dahin in erträglichen Rechtsverhältnissen gelebt hatten, verschlechterte sich nach 1762 ständig, ebenso die der Klosterbauern. Bei den Kronbauern zeigte sich besonders kraß, daß es der Kaiserin nicht gelang, sich der massiven Interessenpolitik der Grundbesitzerklasse zu widersetzen. Unter dem Druck dieser letztlich staatstragenden Schicht sah sich Katharina gezwungen, das Interesse

[16] Näheres bei Oswalt, Julia: Die inneren Reformen 1700–1725. In: Zernack, Klaus (Hg.), Handbuch der Geschichte Rußlands, Bd. 2,1, Stuttgart 1983, S. 296–349, hier 313.

[17] Vgl. Lotman, Jurij: Rußlands Adel. Eine Kulturgeschichte von Peter I. bis Nikolaus I, Köln, Weimar, Wien 1997, S. 21ff.

[18] Vgl. Polnoe Sobranie Zakonov I, Bd. 15, Nr. 11444; Leonhard, C. S.: Reform and Regicide: The Reign of Peter III of Russia, Bloomington/Indiana 1993.

[19] Das Katharina-Zitat nach Fleischhacker, Hedwig (Hg.): Katharina II. in ihren Memoiren, Frankfurt am Main 1972, S. 400.

des Staates auf Kosten der Schwächsten sicherzustellen. Sie scheute sich nicht, die Staatsbauern als ein Reservoir ihres Gratifikationsbedarfs zu nutzen. Man hat mit ca. 800.000 verschenkten Staatsbauern zu rechnen.[20]

Alle Chancen einer Bauernbefreiung, wie sie auch sonst in Europa in die Diskussion kamen, wurden durch Katharinas Adelskonservatismus weit in die Zukunft verschoben. 1837 gab es immerhin die ersten Ansätze des Reichsdomänenministeriums, in Reformversuchen im Umkreis der Staatsbauern Impulse für das Nachdenken über eine allgemeine Bauernbefreiung zu geben. Im wesentlichen aber hatte sich die Diskussion bereits in die Literatur – von Radiščev über Puškin, Gogol, Turgenev bis zu Tolstoj – verlagert. In dieser zeigte sich jetzt, in welchem Maß sich die sozial und politisch führende Schicht Rußlands ausschließlich um ihre eigene Bildung und Lebensart gekümmert und sich damit von den bäuerlichen Massen immer weiter entfremdet hatte. Die Autokratie wiederum achtete nur darauf, Bildung und Europäisierung nicht zur Bedrohung des eigenen Regimes anschwellen zu lassen – an einem Mündigwerden der Gesellschaft war sie nicht interessiert. Doch die Niederlage im Krimkrieg machte durchgreifende Reformen unaufschiebbar.

Seit 1861 aber gab es mit einem Schlag nur noch einen bäuerlichen Stand. Der demographische Schub, der danach kam, war zeitgemäß. Bis 1897 wuchs die agrarische Bevölkerung auf 90 Millionen – die Landfrage wurde immer bedrückender. Der Loskauf des bäuerlichen Besitzes, wie ihn die große Reform von 1861 stipuliert hatte (und der allein die Schaffung eines lebensfähigen Individualbauerntums ermöglicht hätte), gelang nicht in genügendem Umfang.[21] Auch die Ausweitung der steuerhaftenden Dorfgemeinde auf ganz Rußland – also auch auf dessen *mir*-freien Westen – war ein Hemmnis der Reformwirkungen. Alle Nachbesserungen in der Stolypinschen Reform von 1906 waren erfolgreich, aber kamen zu spät. Abwanderung in die Städte war ein naheliegender Ausweg, und so nahm das anfangs verschwindend kleine Industrieproletariat erheblich zu: 1897 gehörten 40 % der Stadtbewohner ihrer

---

[20] Vgl. Fleischhacker, Hedwig: Katharina II. (Anm. 19), S. 405. Zu Katharinas Bauernpolitik insgesamt siehe das bittere Urteil von Ključevskij, Vasilij O.: Kurs russkoj istorii, T. V (Sočinenija V), Moskva 1958, S. 140ff.

[21] Zusammenfassend Beyrau, Dietrich & Manfred Hildermeier: Von der Leibeigenschaft zur frühindustriellen Gesellschaft. In: Schramm, Gottfried (Hg.), Handbuch der Geschichte Rußlands, Bd. 3,1, Stuttgart 1983, S. 14–68; Scheibert, Peter: Die russische Agrarreform von 1861. Ihre Probleme und der Stand ihrer Erforschung, Köln, Wien 1973; Zacharova, Larissa G.: Die Erfahrungen des westlichen Europa in der russischen Agrargesetzgebung des 19. Jahrhunderts. In: Beyrau, Dietrich u.a. (Hg.), Reformen im Rußland des 19. und 20. Jahrhunderts. Westliche Modelle und russische Erfahrungen, Frankfurt am Main 1996, S. 217–236.

ständischen Herkunft und Zuordnung nach dem Bauernstand an. Hier sind deutlich die sozialen Triebkräfte der drei Revolutionen zu erkennen. 1917 erfüllten sich mit dem Sturz der Autokratie endlich die Landforderungen der Bauern.[22]
Doch dieser Erfolg der Bauernrevolution (als Revolution von unten) war nur eine Etappe im bolschewistischen Konzept der Revolution von oben. Deren Umwandlung des größten Agrarlandes in das bald größte Industrieland Europas vollzog sich wiederum – wie alle bisherige russische Sozialgeschichte – auf Kosten der Bauern. In der Arbeitsverfassung war wieder „unfreie Arbeit", jetzt als neue „Leibeigenschaft" der Kolchosniki[23] und der Gulag-Insassen,[24] die kontinuierliche Grundstruktur.
Die Auflösung des sowjetischen Zwangssystems hinterläßt ein von den industrialisierten Agrarkollektiven und vom industriellen Raubbau verwüstetes Land, dessen Transformation in eine liberale Wirtschafts- und Arbeitsverfassung jetzt geleistet werden muß.
Die Anstrengungen dazu sind beachtlich, aber doppelt erschwert durch die große Krise der Arbeit in der industriellen Welt. Doch ist in den neunziger Jahren neben dem Staatsapparat eine private Gesellschaft entstanden – Rußland ist seitdem, „auf dem Weg vom Imperium zum Staat russischer Bürger... Am Ende des ersten Jahrtausends seiner Geschichte ist Rußland wieder auf der Suche nach sich selbst. Aber diesmal gibt es mehr Hoffnung, daß sein Weg nicht in Zwangsherrschaft und Machtwahn zurückführt".[25] Hat sich *rabota* von den Spuren der *douleia* befreit?

[22] Vgl. Sundhaussen, Holm & Hans-Joachim Torke (Hg.): 1917/1918 als Epochengrenze, Berlin 1999.

[23] Siehe Merl, Stephan: Bauern unter Stalin. Die Formierung des sowjetischen Kolchossystems 1930–1941, Berlin 1990.

[24] Siehe Solschenizyn, Alexander: Der Archipel GULAG. 3 Bde., Bern 1974–76.

[25] Ruge, Gerd: Weites Land. Russische Erfahrungen, russische Perspektiven, Berlin 1996, S. 477.

Rudolf G. Wagner

The concept of Work/Labor/Arbeit in the Chinese world

First Explorations

Introduction[1]

The Sekretar of the Humanities Class of the Berlin-Brandenburg Academy of Sciences has generously handed me, in my absence, this fine theme. Reading through Conze's 80 page magisterial entry *Arbeit* in the grand encyclopedia of basic German and European historical concepts, the *Geschichtliche Grundbegriffe*,[2] I learned what was possible and necessary; and his footnotes with their steady flow of references to meticulously edited sources, solid documentations and daring conceptualizations showed the level of previous work on the basis of which such an article could only have been written. The dimensions of the sinological desert dawned on me upon my realization that I could not spontaneously come up with either a clearly pertinent source, nor a single scholarly article dedicated to the concept of work/labor/Arbeit in the Chinese world. An urgent cry for help through the H-Asia Internet list with its perhaps 1200 members netted a general and awkward silence, much praise for the Sekretar's interesting choice of topic, requests to surely let it be known if I should hit upon a source, a paper, or even a thought of my own, a single fine entry by Monika Übelhör, "Arbeit im Konfuzianismus", in which Arbeit/labor/work, how-

---

1 MS Andrea Janku and Dr. Wolfgang Quirin have been kind enough to offer textual and analytical suggestions on an earlier draft. Prof. H. van Ess has helped in requesting help from the subscribers of the H-Asia list in the search for scholarly work on the subject. I owe them much gratitude and apologies for not being able to follow up on some suggestions, especially by Dr. Quirin.

2 Brunner, O., Conze, W. & R. Koselleck (eds.): Geschichtliche Grundbegriffe. Historisches Lexikon zur politisch-sozialen Sprache in Deutschland, Stuttgart: Klett-Cotta, 1997, vol. 1 sub Arbeit.

ever, only appears as 'Arbeit an sich selbst' (reworking oneself),[3] and finally, a preliminary survey of the earliest discussions on the content and status of labor from the hand of Michel Cartier, "Travail et idéologie dans la Chine ancienne".[4]

Archaeology of Chinese Labor, Layer 1

As opposed to M. Cartier's genetic approach which let him end somewhere in the first century C.E., I will try to proceed in the archaeological fashion with the top layer, and see how far back I get before my strength leaves me, and time runs out.

> "[Work/labor is the] purposeful activity through which man transforms the object of his work/labor so that it corresponds to his own needs ... Labor [I will use this term now as a shorthand] is the most basic condition for the existence and development of human society. Labor had a decisive role in the process of forming the human species. It was only through a long practice of labor that the ancestor of the human species, ape-man, transformed into man able to make tools. Under different social systems, labor has different social attributes. Under the slave-holding, feudal, and capitalist systems all laborers do hard work for the exploiters, their labor is but bond labor under different forms. Under the socialist system the laborers become the masters of state and industry, and they labor for society and themselves."[5]

This entry is from the *Cihai*, the Chinese 'Ocean of Terms' in the Shanghai 1965 edition.

In the People's Republic of China, such handbooks and dictionaries are not primarily descriptive of the actual use of the language, but prescriptive and normative. They inform the reader what and how things are officially, what one is appropriately to think and say about them at a given time, and they include the currently valid evaluation and assessment of the subject under consideration. It is therefore useful to check editions in different years, because differences in the text spotlight important changes. In order to sharpen our eyes for the particular meaning of this text, I will now adduce some entries from the period after the Cultural Revolution.

The concept of labor is part of the core concepts of the Communist doctrine, and its content has not changed too often and radically during the short decades of the People's Republic of China. But change it did. In the longer entries in the *Great*

---

3 Übelhör, M.: Konfuzianismus. In: Kloecker, M. & U. Tworuschka (eds.), Ethik der Religionen – Lehre und Leben, Koesel 1985, pp. 119–133.

4 Cartier, Michel: Travail et idéologie dans la Chine ancienne. In: Cartier, Michel (ed.), Le Travail et ses Representations, Paris: Edition des Archives Contemporaines, 1984, pp. 275–304. I am indebted to Prof. F. Bray for drawing my attention to this article.

5 Cihai (draft, Shanghai 1965). Reprint Hong Kong: Zhonghua, 1979, p. 3116.

Chinese Encyclopedia dated 1987/88 we will still find the same key terms as twenty years before; the Encyclopedia's volume on *Philosophy* adds a short history of the concept of labor. It notes that while labor was already glorified by Homer and in poems of the Chinese Chunqiu period which is approximately the time of Homer, there was neither an analysis nor a definition of this concept at the time. Only with Adam Smith, the concept of labor had been developed in its abstract sense, but he had seen labor only as a source of wealth and had not brought out the very essence of labor itself. Hegel had discovered the purposeful goal-oriented character of labor, but in his analysis the practice of labor had only been the spiritual action going into this goal-oriented activity. Marx's "historical materialism was the first in the history of human knowledge to have a correct and scientific understanding of labor". Summing up Marx's argument, this article states that man is not only passively adjusting to his environment but he transforms it purposefully through his labor according to his needs, and that in the process of labor his social relations develop. In the process of labor, man develops his hands into tools, forms language and thus propels the development of the brain from that of ape-man to that of man. A separate long article in this volume sums up the arguments by Darwin as well as those developed by Engels, probably in 1876, in "The Share of Labor in the Development from Ape to Man (Anteil der Arbeit an der Menschwerdung des Affen)".[6] In this article, Engels outlines how labor actually formed the hands of early man, how the need to coordinate action and to fashion and use tools actually formed the human brain and, how in the process of cooperation in labor, language was developed, giving another boost to the brain. The primacy of physical labor in this process is thus established as an orthodox principle. This is followed by the stock argument on the changing character of labor under different social formations. And as if history had gone to sleep between the end of the Cultural Revolution 1976 and the year 1988, we again find the ortholalic handout that only the system of socialist communal property will make the laborer into the master over his means of production as well as his products.[7] Engels' very articulate and handy little piece has been included into the official *Marx Engels Selected Works* throughout the socialist camp, it has routinely been read in schools from East Berlin to Pyongyang, and easily is the most widely read and influential single article on the topic of labor in this world. It provides the theoretical underpinning for palaeontological exhibitions showing the development from ape-man to man, for such wholesome institutions as labor camps which will

6 "Anteil der Arbeit an der Menschwerdung des Affen" was an unfinished part of Engels' unfinished Dialektik der Natur. Written in June 1876, it was eventually published in 1896 in the journal Die Neue Zeit. See Institut für Marxismus-Leninismus beim ZK der SED (ed.): Marx Engels Werke, Berlin: Dietz Verlag, 1975, vol. 20, pp. 444–455, and note 255 on p. 663. The text has been incorporated into the Marx Engels Selected Works the world over. The Chinese edition is in: Makesi Engesi xuanji, Beijing 1972, vol. 3, pp. 508–520.

7 Zhongguo da baike quanshu, Beijing: Baike quanshu Pr., 1987, volume Zhexue, pp. 447f., see also volume Jingjixue, p. 524.

transform counterrevolutionary beasts into men, and for an entire array of ritual measures linking Communist cadres to physical labor in order to make sure that they remain part of the laboring classes.

Rereading this article and realizing its importance and impact, my awe and respect for the *Geschichtliche Grundbegriffe* and the magisterial article *Arbeit* dropped, I confess, considerably. While the subtitle of this work promises it to be a 'historical dictionary of socio-political language in Germany', the article "Arbeit" manages to go completely blind on the most influential of the contributions, the Engels text, which is not even mentioned, let alone outlined in its impact.

In this longer *Chinese Encyclopedia* entry one thing stands out, the reference to Hegel's argument about all labor having a spiritual content as visible in its directedness. There was nothing of the kind in the 1965 entry, and obviously no Marx, Engels, Lenin or Stalin statement could be found to cover what in 1987 was considered an essential part of the official discourse on labor. A further check in the 1987 edition confirms the suspicion that something had happened. The entry on mental and physical labor in the *Encyclopedia* of 1987[8] says:

> "Mental and physical labor are forms of a division of labor in which one is primarily labor based on mental labor, the other labor based on physical labor; the division appears once labor of the human species has reached a certain stage."

This is followed by the decisive phrase:

> "In the process of practical work, mental and physical labor form an indissoluble unity."

With its closed grammar and threatening or pleading 'indissoluble' the entry signals that there are opinions abroad that are not at all in agreement with this statement. The rest of the entry which presents the relationship between physical and mental labor under the different social formations with their inevitable end in Socialism and Communism as constructed by Engels and made into a dogma valid for all societies and cultures by Stalin, substantiates this suspicion.

> "In class society, the class contradiction is manifest in the division between mental and physical labor, and the ruling class monopolizes the mental labor of administering the state, labor, the economy, the sciences and the arts … With the establishment of communal property of the means of production, the laborers have become the masters of the state and the contradiction between mental and physical labor has been eliminated. Although differences continue to exist between the two, they are not anymore manifesting themselves as relationships between classes."

8 Entry Naozi laodong yu tili laodong, Zhongguo da baike quanshu, Zhexue, p. 643.

The pleading tone of these denials and harmonizations points to a harsh countertext that says that in Socialism the mental laborers continue to belong to the bourgeoisie and thus to the class enemy. Given the unencumbered hegemony enjoyed by the PRC Party center over the published discourse up to this time we may assume that in other linguistic registers we should encounter similar thoughts as those found in this entry.

The final Communique of the Third Plenum of the Central Committee in December 1978 which marked the return of Deng Xiaoping and the beginning of a period of economic reform, elevated the modernization of industry, agriculture, science, and defense to top priority status, proclaimed the end of the 'grand class struggles', and defined, for the first time in a CCP Party document, the mental workers as 'part of the laborers' and thus of the 'people'. According to the 1982 constitution, the people would be exercising the 'democratic dictatorship of the people' that was to replace the 'dictatorship of the proletariat' in the name of which the Party had run things previously. After the 1978 Resolution, there was a bustle to flesh out in argument and fantasy what the status of the intelligentsia might be under this new dispensation. A Jan. 1, 1979, editorial in the *People's Daily* by a 'specially appointed commentator' (a usual code word for a high-ranking Party leader, in this case probably Hu Yaobang), that was reprinted in the other national papers, demanded in its title to "Completely and correctly understand the Party's policy towards the intellectuals". It argued that the largest majority of intellectuals now were 'intellectuals of the working class' and not in need of special Party education to qualify for this status. Party cadres who still thought them to be essentially bourgeois and in need of fundamental reeducation as had been the common view in the early years of the PRC, were succumbing to the bad influence of the people who had been responsible for the Cultural Revolution.[9] In the paper more addressed to intellectuals, the *Guangming ribao*, a discussion followed about the new priorities for higher education, in which participation in physical labor was bluntly discounted as a waste of time. And we see some scholars testing the new argumentative leeway. In May 1979, the leading social science journal of the country, *Sociological Front* (*Shehuikexue zhanxian*), published an article "On the Explosion of Knowledge and the Question to what Class the Intellectuals Belong". The editors of the journal were careful to preface it with a little careful note that "this article about the question to what class the intellectuals belong in capitalism and in our country expresses only a personal opinion. Our journal publishes it here to foster a scholarly debate".[10] The article outlines the rapid

[9] Wanzhengdi zhunjuedi lijie dang de zhishifenzi zhengce. In: Guangming ribao, Jan 4, 1979, pp. 1–2.

[10] Sun Yuesheng: Mantan chishi baozha he zhishifenzi de jieji shuxing wenti (On the Explosion of Knowledge and the Question to what Class the Intellectuals Belong). In: Shehuikexue zhanxian 2 (1979), pp. 111–116.

growth of salaried intellectual professionals since the late 1950s, their decisive influence on the various industrial revolutions (such as the one brought about by the spread of the computer), and points out that some of them have become independent entrepreneurs marketing their own discoveries. As this intelligentsia is directly involved in the labor of developing their product which now often has the form of software, circuit design or the like, they in some way belong to the working population and are decisive in the further development of the productive forces. The author pushes very far ahead when he writes "From this we can see, that the ultimate reason why the broad masses of intellectuals of New China are a part of the proletariat is not whether or not they have received an effective education by the Party for twenty or thirty years, and also does not hinge on the degree to which they have reformed their own thinking under correct guidance, but hinges on their own position in production and their economic position."[11] Here, in the form of a personal opinion for scholarly discussion only, the intellectuals are statutory members of the proletariat because they do a modern and decisive form of 'labor' and will not only join the proletariat when they have abandoned their bourgeois ambitions and submitted to reeducation by the Communist Party. Within this new environment of Party and 'scholarly' argumentation, intellectuals could again become Party members, an avenue that had closed to them since the founding of the PRC except for a few months in 1956/57 and 1961/62. Our countertext thickens.

The call for harmony is not just directed at those for whom all true labor is physical labor and all intellectuals are bourgeois to be fought; such people might not have lost their opinion, but they had by this time lost their public voice. It is also directed towards the new intellectual heroes of the Four Modernizations. They, too, cannot state their opinions on a textual level directly confronting the normative discourse. But in the unstable situation of 1977–1980 they found in a low-register genre an outlet for their self-presentation: Science fiction. Being 'literary' works, science fiction stories used a different linguistic register than the normative texts of the highest register. But as texts written by brain workers about brain workers for brain workers they were able to articulate for a while the common aspirations of what in Eastern Germany was called the 'scientific-technical intelligentsia'.

These science fiction texts depict niches of the future such as laboratories, research stations, or space ships, inserted into a rather backward Chinese environment. The large areas between these niches, in which probably farmers are producing millet, carpenters wooden chairs, and cadres directives, remain undescribed and are routinely crossed by helicopter. But while evidently these are niches where brain labor dominates, even within these niches a division of labor recurs. Someone has to do the routine work in the labs, scrub the floor, cook the food, and repair the space craft. These activities are associated with the 'workers and peasants' who had been ennobled by their physical labor to become the nominal masters of new China. In

[11] Ibid., p. 115.

these science fiction niches of the future, however, these workers and peasants have been made utterly superfluous: they have been altogether replaced by robots. The relationship between these robots and their brainworking masters is, in all naiveté, strictly and explicitly defined according to the rules set up by the American science fiction author Asimov: robots have to be depicted as being completely subservient to their masters and to be fully under their direction. The complete elimination of the physical workers from the future is also visible in the area of reproduction. The brain workers in these enclaves are all children of brain workers, marry brain workers, and have children who with this genetic and educational background quite naturally also become brain workers. Those engaged in physical labor are not even needed to send the best of their offspring to replenish the niches of the future. The brain workers in these enclaves are furthermore all imbued with a fervent patriotism. This allows them to administer even highly sensitive programs without the need for Party cadres to protect them against the enemy and themselves. The cadres who in the real world of Chinese science and scholarship are present at every level and wield enormous institutional power, are written out of these niches as much as the workers and peasants. These science fiction works field the daydreams of a class of brainworkers who have for the most part just been rehabilitated after the Cultural Revolution and now find a satisfying vengeance in reducing their former masters to obedient robots. By pleading with this class that even those engaged in physical labor were doing some mental labor, and that the two formed an indissoluble unity, the Party communique tried to counter the black memories and hard apprehensions we see surfacing in this marginal register of the science fiction stories.[12]

Before continuing our dig, allow me a moment of reflection. It has become evident that a concept of labor is occupying the public discourse which does not in any way claim roots in the Chinese past. The terminology as well as the patterns of argumentation of all participants in this debate are new; their immediate origin is mostly Soviet Russian, and is a hold-out from Stalin's time. The 1965 *Cihai* entry quoted above is a nearly verbatim translation of the article *robot*, labor, in the 1936 *Sovjets'kaja Enciklopedia,*[13] the longer entry in the 1987 *Great Chinese Encyclopedia* largely, but not in the Hegel part, follows the material and outline presented in Soviet teaching materials from the 1930s and does not seem to be based on any form of independent research with original or translated sources. This Soviet mediation decontextualizes and reduces to normative matter what had originally been developed as analytical proposals by writers such as Adam Smith, Hegel or Marx. The

[12] See my: Lobby Literature: The Archaeology and Present Functions of Science Fiction in the People's Republic of China. In: Kinkley, J. (ed.), After Mao: Chinese Literature and Society 1978–1981 (Harvard East Asian Monographs 115), Cambridge: Harvard University Press, 1985, pp. 17–62.

[13] I refer to the translation of the Sovjets'kaja Enciklopedia now available, The Great Soviet Encyclopedia, New York 1981, vol. 26, pp. 90–92.

writers expressing themselves through science fiction follow the same track. Science fiction has received its legitimate status and field of operation (science popularization) in the Soviet Union. The loan from Asimov, himself of Russian origin, has clearly tactical motives because it allowed to present as rules of the genre what in fact was the happy fictional elimination of the hypothetical as well as the real ruling class of the country, the workers and peasants on the one hand, and the Party cadres on the other. Read as a serious inquiry into the role of labor in the formation of individual and social life in China, the arguments are provincial and tactical with the decontextualization and essentializing of the core concepts facilitating such tactical and reductive application.

The assumption that such conceptual dried fruit would neither cause blood to rush through the veins, nor to be spilled, is not confirmed. The signs of stress in grammar, rhetoric, and symbolic expression in such diverse media as party documents, dictionary entries and science fiction stories after the Cultural Revolution force on us the assumption that the countertext outlined above must have had a long and hard rule. Indeed, the Cultural Revolution that had just ended marked the culmination of a decade-long development and controversy in China. Physical labor was a signal of a good 'class status'. As class status was noted in the individual's papers, this was no mean attribute. The reasons come from the Soviet argumentative arsenal. They refer to the discipline and collective spirit of cooperation imposed by industrial production on workers engaged in physical labor. This involuntary education makes them into natural candidates for the roles of disciplined revolutionaries who battle for the collective good and/or docile 'cogs and screws' in the revolutionary machinery directed by the Great Leader. Mandatory participation in physical labor thus becomes the device to reeducate the 'petty bourgeois intelligentsia' so that, instead of becoming allies of the bourgeoisie and counterrevolutionaries, they join in with the laboring classes; and labor is the device that is to prevent Communist cadres from turning into bureaucrats concerned only with feathering their own beds, and from eventually forming a 'new bourgeoisie' in the middle of the Communist Party.

This faith in the magical powers of physical labor has led to Chinese intellectuals' being sent for years and decades to factories, state farms or People's Communes, regardless of whether they were engineers, palaeontologists, Marxologists, or teenagers with some school education. These measures were to 'help' them in overcoming a quite real traditional revulsion against physical labor and the noise and smells coming with it. While being proffered in this benevolent manner, the argument was also accompanied by a demonization of mental labor; mental labor was 'bourgeois', politically unreliable, and even dangerous, and there was the latent threat of a forced 'reeducation' in 'reform-through-labor, *laogai*, camps' into which to this day PRC citizens considered politically or socially undesirable by the Party are being sent without trial. This line of argument, strongly associated with Mao Zedong personally, has led to the entire Party leadership joining in shoveling earth for building a dike near the Ming tombs during the frenzy of the Great Leap Forward in the late 1950s, has led to a change in the Party statutes making it mandatory for all cadres to join in physical labor, and ended up, during the Cultural Revolution, in a big propaganda push for the glorification of physical and the denigration of mental labor.

A major archaeological exhibition was mounted in Shanghai in the middle of the Cultural Revolution in 1972 to illustrate Engels' argument about labor making man into man with the fossil record showing the increasing suppleness of the hands, the change of the mouth structure for better articulation, and, above all, the expansion of the brain. Shanghai being the stronghold of the 'left' later denounced as the 'Gang of Four', it is a foregone conclusion that the exhibition in turn talked back to a countertext. This was provided from the center in Beijing, where Zhou Enlai made an attempt to return China to a more orderly and traditional path of development under the catchword 'four modernizations' which included a rehabilitation of the positive role the intelligentsia and its mental labor might play in Chinese socialism. As this line reasserted itself with the [temporary] rehabilitation of Deng Xiaoping, the Party's propaganda machine, much of it controlled by Jiang Qing and her associates from Shanghai, went into high gear. Two films released with much fanfare in 1975, '*Spring Shoots*' (Chunmiao) and '*Breaking with Old Ideas*' (Juelie) show the brain workers, cadres as well as intellectuals, mostly ending up as criminal enemies of the revolution. The new intelligentsia coming forth from the laboring classes continues with physical labor as the mainstay even after finishing their studies. In a dramatic scene in the second film, the Party Secretary of a university resuscitates the application of a peasant student that had been rejected because of his poor schooling. Holding up the hands of the young man who had declared his object of study to be '*tuolaji*' ('tractor'), the Secretary declared the calluses on the young man's hand to be his real 'qualification' to enter university, worth much more than a high school diploma.

Against this background, the post-Cultural Revolution texts quoted above become legible. The self-reproduction of the intelligentsia in the science enclaves in the science fiction stories is but the inversion of the strategy to breed a new 'proletarian intelligentsia' from among the laboring classes without the participation of the old intelligentsia. The transformation of workers into robots bound by the Asimov rule is but the inversion of the Cultural Revolution slogan that the intellectuals had to 'learn from the workers, peasants, and soldiers' and accept their guidance. The Party plea for an end to class struggle between mental and physical laborers and the theory that both forms of labor were an indissoluble unity is but an appeal to both sides to forget the past and find accommodation in this new compromise.

One might ask whether the conflict between mental and physical labor mapped out here does not have a different core altogether. In socialist states with their rigidly controlled media, social contradictions rarely find a direct way to become articulated in the public sphere and pop up in sometimes unexpected corners. It seems that workers or peasants in fact were little involved in the conflict. Since 1949, however, there had been a series of skirmishes and battles between the cadres who had made their careers in the military or Party organizations as generalists, and the new breed of students graduating with specialized degrees and a claim to specialized competence of greater relevance to socialist construction than the military or organization experience of their Party elders. To fend off this threat, the cadres had to pay a price. The strategy to have the Party cadres join in physical labor was a tactical move to reclaim for them the legitimacy of representing the 'best of the laboring classes', which were exercising their dictatorship in China through them. This allowed them to demonize the 'mental workers' as separated from the laboring classes, as politically unreliable, and therefore as unfit for Party membership.

Archaeology of Chinese Labor, Layer 2

The Party cadres leading the PRC have not suddenly emerged from the villages. For decades they had been part of the political contention, many of them already since the May Fourth Movement in 1919 with its student demonstrations against the Versailles Treaty and its advocacy of a 'new culture' for the masses based on a Chinese vernacular. The PRC is only the concretization – awkwardly mediated with Chinese realities – of a construct developed previously in the imaginaire of the CCP leading cadres out of the anarchist dreams of their youth, the military organization of the war, the Soviet institutional setup and administrative routines, and the potted ideological tidbits from partial translations of Soviet handbooks and dictionaries. The leadership of the Guomindang, a party also set up along the Soviet model, shares most of this imaginaire. It might be beneficial to deepen our understanding of the 'concept of labor' in the Chinese world by leaving the decidedly overcharged PRC material and explore the next layer, the Republic.

The notion of labor received an important boost from the anarchist quarter. In the first decade of the new century, the Chinese anarchists developed from three centers, Paris, Tokyo, and Canton. All three had their share in promoting labor as a key ingredient of a dignified human being. The Tokyo group started from a notion of the sacredness of agricultural labor it had taken from Count Tolstoy's social experiments. The Paris group was instrumental in organizing workers who were to come to France for a fare of 'diligent work and frugal study' during World War I; eventually, students moved into this program. They would do the same, but worked mostly to finance their stay in France. The Canton group emphasized education of workers through night-schools so as to enable them to develop unions led by educated workers. The common agenda for all was a notion that the division of mental and physical labor was detrimental not just for society, but also for the individual. In 1918, the Paris and the Canton group cooperated in setting up a journal entitled *Laodong* (Labor) that used the new Japanese character for *dong*. It was published in Shanghai and advocated "reverence for labor and the promotion of laborism (laodongzhiyu)". Labor was described here as "the greatest obligation of human life" and "the source of civilization". It was "the means to avoid moral degeneration and help moral growth, to forging spiritual will-power". "With work and study combined, workers will become scholars, scholars will become workers to create a society that will realize the goal 'from each according to his ability, to each according to his need'."[14]

The idea gained currency and credence in broader circles because some of the most prominent members of these groups such as Cai Yuanpei moved into important positions in the educational field. Cai himself became Minister of Education and President of Peking University, and he hired quite a few of his earlier associates to teach at this school. But we also find among the early anarchist activists and/or participants in the work/study program for France later Communist leaders such as Mao Zedong, Zhou Enlai and Deng Xiaoping.

In emulation of European efforts to set up utopian communities in which the members would both work and study, similar plans were made in China in the early 1920s and some short-lived communes were actually established. The Japanese New Village movement (atarashiki mura) which integrated work and study in its utopian communities was introduced to China through Zhou Zuoren and found many amateurs.[15] The last of these efforts was the Shanghai Labor University (Shanghai Laodong daxue) which ran for the short years from 1927–1932. It was clearly inspired by anarchist ideas and the model of the Charleroi Labor University in Belgium.[16] It folded when its usefulness had faded in the eyes of the Guomindang government, but the idea of a university combining study and labor was revived in the Communist areas, and eventually in the People's Republic in the radical decades between 1957 and 1977.

The Chinese lexeme for labor is *laodong*. It consists of two parts, *lao*, 'to exert oneself', 'to wear oneself out', and *dong*, 'to move', together something like 'to move with exertion'. The concept does not imply an easy go, but signals with the *lao* the sweat routinely running down the faces of actors impersonating workers and peasants laboring in Chinese films. The presence of the *dong*, 'to move', in the compound, inscribes the word into a highly-charged series of notions at the time defining [and glorifying] a life of active exertion. Since the end of Imperial China 1912, the call for *dong*, movement, became the rallying cry for both reformers and

---

14 The translation follows Chan, Ming & Arif Dirlik: Schools into Fields and Factories. Anarchists, the Guomindang, and the National Labor University in Shanghai 1927–1933, Durham 1991, pp. 33–34, the Chinese text is in: Wusi shiqi qikan jieshao (Peking 1979), p. 168 and 178.

15 See Müller, Gotelind: China, Kropotkin und der Anarchismus. Eine Kulturbewegung im China des frühen 20. Jahrhunderts unter dem Einfluss des Westens und japanischer Vorbilder, Wiesbaden 2001, pp. 370–386.

16 Chan, Ming & Arif Dirlik: Schools (see note 14).

revolutionists.[17] It appeared in the *yunDONG* or even *qunzhong yunDONG*, the political protest 'movements' or 'mass movements' such as the May Fourth Movement in 1919; *yunDONG* could also be intellectual 'movements' that pushed new thoughts that eventually may become the common denominator; and, finally, the *yunDONG* marks the movement of the active body in sports with the *yunDONG chang* being the sports arena. This concept of *yundong*, "movement", is in line with the glorification of constant movement and change first been elevated into the very principle of the universe by d'Alembert in his article "mouvement" in the *Grande Encyclopédie*; this thought became generally accepted during the nineteenth century in Europe and North America. This is how this reads in an 1917 article entitled "Motion and Human Life" (*HuoDONG yu rensheng*) in the *New Youth* (*Xin Qingnian*), a journal widely read among educated youths and very influential at the time:

> "Everything in space is in motion. According to Newton's law of inertia, a body moving will be continuously in movement as long as no other force has an impact on it ... Many hundreds of millions of years ago, the universe started with motion, and after further hundreds of millions of years it will end with motion ... As the world may be destroyed and the universe smashed but matter in space cannot go under, motion continues endlessly. Thus within time all matter is in motion. Furthermore, once there is motion, there is change, once there is change, the old and new separate and this is differentiated from the other. Without motion, the universe would stay the same without change. Staying the same, spatial differentiation would disappear, and being without change, time differentiation would vanish. Thus, without motion there would neither be a universe nor entities, and that means that motion is the basic characteristic of the universe and the source of entities ... We humans with our heads round [like heaven] and our feet square [like the earth] pride ourselves to be the spiritually most nimble (ling) among the ten thousand beings. But what makes us so? That we alone are good at being in motion."

Man's motion is superior to that of stones who are only put in motion by other forces, to plants who while developing their own motion, have no spiritual force to guide it, and to birds who while having their own motion and a spiritual force, have no consciousness.

> "If the [Neoconfucian scholar] Cheng Yichuan (1033–1107) said: 'Among all that is imbued with life between heaven and earth, it is man who is most richly

[17] The following paragraphs on the concept of movement, yundong, take up some of my studies on this concept in my: The Canonization of May Fourth. In: Dolezelova, M. (ed.), The Appropriation of Cultural Capital, Cambridge: Harvard Univ. Press, 2001, pp. 69–82.

> endowed with the five elements; his root is true and tranquil',[18] I dare replace his 'tranquil' with 'in motion' ... Therefore I dare make the unconditional statement that the basic character of man is but motion. Without it, he is weak and fearsome, unable to fully live out his human nature. Such a one is called a cripple. And one who goes against heaven, deviates from his nature and [thus] is not able to live out his natural endowment is called a sick body."

After a few lines praising the high pitch of movement and motion in Europe which was just occupied with the first world war, the article ends with the application of this general rule to China:

> "In short, success or failure of an individual can be garnered from the strength or weakness of his drive ['motion power'], and, inferring from this, the flourishing or demise of a state can also be garnered from the strength or weakness of the motion power of the citizens. The weakness of our state hinges simply on our citizens not being good at motion. I make this statement not in order to oppose the quietism of the old philosophers. Man is not a trunk or stone, who would not enjoy some peace and happiness? I just wished that our citizens would strive for rest in the midst of progress, and would strive for peaceful happiness in the midst of motion – would it then be possible to fundamentally change this climate of rot and decay?"[19]

We see the observation confirmed that has been made by several scholars that the newly imported natural science ideas found more favor with political and social reformers and revolutionists than with Chinese natural scientists. The former would mine them for metaphors giving their quest for social and political change the aura of conforming to the laws of nature. In this scenario with its strong social-Darwinist overtones, China is the Sick Man of the East, weak and fearsome because her citizens are lacking in the motion and drive for change. The teachings of her old philosophers with their emphasis on unperturbed inner calm was prompting them to go against

---

18 The statement is quoted by Zhu Xi in the beginning of the second chapter of his *Jinsi lu*, see Chen Rongjie: Jinsi lu xiangzhu jiping, Taipeh: Xuesheng, 1992, p. 68. See also Wing -tsit Chan trsl.: Reflection on Things at Hand. The Neo-Confucian Anthology, New York: Columbia University Press, 1967, p. 36. Irritation at this statement about human nature goes back some while in China, and it was read as not referring to humankind altogether but to China in particular. What once was a borrowed Buddhist concept of ultimate spiritual calm, now returns as the fetters preventing China from taking its rightful place among the nations. This is how it is presented, for example in a Shenbao editorial in 1898, "Lun Zhongguo zhi ruo youyu minzhi bu kai" (On China's Weakness being Due to the Lack of Development of the People's Knowledge', 論中國之弱由於民智不開), Shenbao 28.9.1898, which says that the Chinese 'are in a quiet repose and cannot move (jing er bu neng dong)'.

19 Zhu Ruyi: Huodong yu rensheng, Xin Qingnian 3.2, April 1917, pp. 193–194.

heaven and their own nature and to end up as sickly cripples. In order to live out their endowment as men they would have to join into what the aspiring new leaders described with the neologism *yundong*, social and political "movements".
There is nothing in these early texts of the glorification of the laboring masses and of the political and social talents growing out of their involuntary education in the production process. The inverse is the case. In the loud and muscular writings of the national saviors of the first two decades of the twentieth century, we rather find a general habit of cursing their countrymen for their passivity, toleration of national humiliation and petty concerns in an effort of shaming them into joining the political movement for change. The hopes that a selective import of Western technology would allow the country to become strong had been dashed in the Sino-Japanese War, and a few years later, in 1898, the hopes for a modernization drive led by the Qing court had to be buried as well.
Only since the 1910s with the growing impact of anarchist and socialist ideas, the notion of a particular dignity and value of labor beyond its immediate uses was articulated. In July 1917, Cai Yuanpei who shortly thereafter was to become minister of education and president of Peking University, developed in a manifesto for an educator's union the notion that all forms of labor whether those of the farmer, the worker, the merchant or the educator were 'labor', *gong* 工.

> "All those who with appropriate strenuous efforts make use of the skills in which they have been trained and the results of whom are of benefit for mankind, I call 'laborers'."[20]

The dignifying element in this labor was not the physical effort but its benefit to mankind as a whole. This work needed education so as to fully contribute to the national development, the educators also labor, and thus they form a 'labor union', *gonghui* 工會, and not a club for men of letters. A year later, on November 16, 1918, Cai joined the celebrations of the victory of the Entente powers in the First World War in front of the Gate of Heavenly Peace with a short speech that was to become famous and the title of which marks a new stage in the appreciation of labor: "Laborers are Sacred", Laogong shensheng 勞工神聖.[21] Proud that, for once, China had been on the winning side, Cai squarely claimed that China's contribution to this victory had been the work done by the 150 000 Chinese laborers who had dug trenches in France, not the manoeuvring of some politicians. "The World from this moment on will altogether be the world of laborers!" he cried. Into this new hallowed category he inserted anyone whether working with the brain or the hands.

---

[20] Cai Yuanpei: Jiaoyu gonghui xuanyanshu (Manifesto for the Educators' Union), July 1917. In: Cai Yuanpei quanji, Hangzhou: Zhejiang jiaoyu Press, 1998, vol. 3, p. 104.

[21] Cai Yuanpei: Laogong shensheng (Laborers are Sacred), Beijing daxue rikan, 27.11.1918, reprinted in many places, once as a model of the new writing in the vernacular in Yan Wenbiao, Baihuawen zuofa (Writing in the vernacular), Shanghai, March 1920, pp. 24–25. See Cai Yuanpei quanji, vol. 3, pp. 464–465.

"We all are laborers. We ourselves have to appreciate the value of laborers! Laborers are Sacred!" These laborers who again got this dignity by 'doing a job that is of benefit to others' include the farmer, the worker, the merchant and the teacher, but not their parasitic variants, the dandy with his inherited wealth, the political operator who sells out the country, the swashbuckling warlord, the speculator on the stock exchange, the deputy who sells his vote or the consultant who is pocketing fat sums. These latter might have grabbed much, but their conscience is not at ease. The particular element of labor here is the good conscience of earning one's living in a manner also benefiting others.

Cai is speaking against the background of a very young industrial working class that is just beginning to form. The educators' union actually preceded workers' unions, and Cai is quite aware that the workers in the narrower sense of the word have hardly entered this realm. His claim that the merchants and educators also are laborers is not made in the context of an official doctrine emulating the working class; the opposite is true. His description of the educators as laborers is designed to give value and glory to all honest pursuits including those of lowly manual workers.

In 1919, we find for the first time that papers such as the *Chenbao* in Peking would have a special issue on May 1. But, as Li Dazhao, one of the founders of the Communist Party, was to write another year later in his introduction to the history of this sanctified day of the labor movement, May 1 was still a matter of a few journalists and intellectuals in tune with international events, not of Chinese workers.[22] Li used the term laodong 勞動 throughout as the equivalent of labor and Arbeit. Within the socialist/communist environment this usage eventually carried the day. The issue of the journal New Youth (Xin qingnian), which came out in May 1920 and in which Li published his history of May 1st, was entitled "Special Issue in Commemoration of Labor Day", Laodongjie jinian hao 勞動節紀念號, and among the flurry of supportive messages from many intellectuals and politicians, it carried the inscription 'Laborers are Sacred', laogong shensheng, from Cai's speech on its inside cover in Cai's calligraphy. The issue is full with reports about the 'workers' movements' all over the world with the exception of China, and carries a number of preliminary reports on labor conditions in different Chinese industries and places. In the utopian plans and communities the division mental/physical labor was abolished, but as the participants in these experiments were mostly intellectuals, the main innovation even here was the regular participation of these people in physical labor, not the regular participation of workers in intellectual study.

Until the late 1920s, the focus remained on politics and the establishment of a viable and unified nation state. Only with the success of the northern campaign against the warlords in 1927, conditions changed. The Guomindang, which had absorbed many

[22] Li Dazhao: 'Wuyi' May Day yundong shi (A History of May First, May Day). In: Xin qingnian, 7.6, May 1920, article 1, p. 11.

of the May Fourth rebels and had received its own dose of Marxist education from its Communist allies and the Soviet Union, set up a government in Nanjing which could lay claim to be national in scope. Only now an ideology was developed that was to suit a state, not just a political party.

In the schools administered by this new government we find the original impulse for 'movement' and 'motion', namely the anarchist push for the recognition of the 'sacredness of labor', and the influence of the Soviet model translated into elements of a polytechnic education. The students of these schools with their school fees were a small minority of their age group, and were the recruiting pool for the elite of the country. Probably under Soviet influence, these schools had a regular subject called *laozuo* 劳作, 'hard [physical] work'. The official terminological handbook of the time, the *Cihai* of 1936 says its purpose was

> "to prompt students through instruction in practical work to approach things in a practical manner, to instil into them the habit of hard work as well as an understanding that all laboring people are equal and to develop in them the mental attitude and capacity for well-planned creative action."[23]

The entry reflects the same mind-set we found in the PRC dictionaries. Physical labor is to educate mental workers in work attitude, political attitude and systematic and creative approaches. The object of this *laozuo* education is the young person who is still under the impact of the 'old philosophers'. This young person is not a doer, thinks himself superior and muddles along with the drift of the times instead of imposing his will in a planned and systematic manner. The *laozuo* program gives institutional expression to the political polemics against the 'Confucius shop' that has been made responsible for the weakness of China. Compared to this line, the PRC entries contain some new elements, especially the stress on the discipline imposed by the interaction of many participants in a high division of labor in industry, and the subordination under the collective purpose, both of which reflect the stronger CCP emphasis on subordination to central party control. The handbooks of the 1930s also contain entries on *laodong*. These entries treat it as one of the three essentials of production, namely land, labor, and capital. The term has gained a broad leeway with subdivisions of mental and physical labor, directing and executing labor as well as independent and non-independent labor all fitting under this broad umbrella.[24] PRC definitions and uses greatly reduced this leeway under the impact of the ideological importance of physical labor.

It is evident that the dig of this layer barely mapped some big contours. The conceptualization of labor as well as that of its linguistic and argumentative environment seems to be completely lacking in traditional Chinese elements. The creators of the

---

[23] Cihai (1936), repr. Taiyuan: Shanxi guji, 1995, p. zi, 429.

[24] (Chongbian)Riyong da baike quanshu, Shanghai: Commercial Press, 1934, pp. 617f.

modern Chinese dictionary obviously felt that nothing in their traditional terminology would fit the new requirements, and thus labor, Labor Day, the laborer and the Labor Party all belong to the new world of imported conceptualizations for a new order of things.

Origin of the Term for Labor, laodong

The Chinese term for labor, *laodong* 勞動, is a Japanese import. The Japanese term *rôdô* is written with the same Chinese characters as the Chinese term, although sometimes a standard Japanese variant for the *dô/dong* with the radical *ren* to the left is used, which also found its way into China. A substantial part of the modern Chinese vocabulary in all fields of modern knowledge has been brought back to China by students returning from their studies in Japan since the beginning of the twentieth century. This includes nearly all the key terms that organize experience such as history, society, state, philosophy, literature, science, experience, practice, or theory. For a number of these terms, Chinese translators of Western books between 1895 and 1905 had made up Chinese equivalents, but few of them survived in the competition with the Japanese-educated students and the terms they brought back upon their return. The Japanese effort at creating new terms came with the Meiji restoration and its big push for catching up with the West. In creating these binomes for translation, Japanese translators used two sources. First, terms created decades earlier in the century by missionaries in China in their translations of Western works or introductions of Western technologies. In China, these texts seem to have had very little impact at the time, but once the Meiji drive started in Japan, these Chinese translations were among the first to be made available in Japan. The second source were expressions with a more or less similar meaning that occurrred here and there in old Chinese texts. The old content of these expressions, however, was fully replaced by the implications of the Western term they now translated. Japanese translators and the government office in charge of new terminology also used dictionaries that had been prepared earlier, as we shall see.[25] The Japanese choice of Chinese characters to represent the Western concepts is surprising, coming at a time when the number of Chinese characters in Japanese texts was dramatically reduced to increase accessibility of written texts for broader audiences. At the same time, it followed a traditional procedure because many of the terms written with Chinese characters and pronounced in the *kambun* pronunciation derived from their Chinese pronunciation had originally been imported from China as new concepts. For Japanese eyes, terms written in Chinese characters were thus marked optically

[25] For this process see Masini, F.: The Formation of Modern Chinese Lexicon and its Evolution Toward a National Language: The Period from 1840 to 1898, Berkeley 1993.

and phonetically as high-register imports much like words with distinct Latin or Greek roots in German or English signal academic and technical language. I presume that the decision went against the use of the *katakana* nowadays normally used in Japan to phonetically transcribe foreign terms because of the inability of *katakana* to communicate the register to which these terms belonged, quite apart from the fact that the phonetic rendering does not signal to a Japanese reader the realm to which the term belongs, something the Chinese characters do. Once, however, these Chinese characters are inserted into a Chinese text, they lose all markers of being translations for foreign terms. For Chinese readers growing up with these terms, it is often exceedingly shocking to learn to what degree their language is made up and organized by such translation terms, and there has been substantial resistance against the very idea that the key terms of the modern Chinese vernacular have been made up in Japan as translation terms.

In the case of labor, Japanese *rôdô*, the story is still more complicated. According to the excellent handbook of Meiji terminology, the *Meiji no kotoba jiten*, the term is regularly listed in Japanese dictionaries since 1872.[26] In the second edition of the first dictionary for the translation of foreign philosophical works in 1881, it is proposed as the translation for 'labor' and has from there entered translations of compounds such as Labour Party or labor insurance. The term did not suggest itself to Hepburn who compiled handbooks for translations into Japanese as a translation for labor in either 1867 or 1886. He proposed a number of terms, among them *rô suru* 労する, 'to toil hard', the *rô* of which is the same as in *rôdô*.[27] This suggests that the equation between labor and *rôdô* had not yet stabilized.

The term, however, is an older Japanese creation. In the framework of the Rangaku ('Holland learning', the 'ran' transliterating the 'land' in 'Holland'), a current of 'Western learning' in Japan during the eighteenth century when the only permitted contact with the outside world was through a few Dutch traders allowed onto a specially created artificial island in Nagasaki, *rôdô* was created to translate the Dutch term *slooven*. According to the *Meiji no kotoba jiten*, it seems to be listed in the 1812 'Translation key', *Yakken* 譯鍵.[28] I have not seen a copy of this work which is a 'corrected extract' by Fujibayashi Fuzan 藤林普山 (1781–1836) from the 1796 translation of the *Nederduits Franse Woordenboek* by F. Halma (1653–1722) done by Inamura Sanpaku 稲村三伯 (1758–1811) and others, the *Haruma wage* 波留麻和解. Another work – this one not known to the editors of *Meiji no kotoba jiten* and surviving in the Trautz collection in the Institute of Japanese Studies at Bonn University – coming with a similar title, the *Zôho yakken* that was put out in 1796 in Edo and

---

26 Masaaki, Sogo (ed.): Meiji no kotoba jiten, Tokyo: Tokyodo shuppan, 1989, pp. 603–605.

27 Hepburn, J. C.: A Japanese and English Dictionary, Shanghai: American Presbyterian Mission Press, 1867, sub. labor in the index, p. 56. Hepburn, J. C.: A Japanese-English and English-Japanese Dictionary (1886) repr. Tokyo: Maruya, 1903, p. 866. He does not have 'rôdô' among the Japanese words in his dictionary.

28 Meiji no kotoba jiten (see not 26), p. 604c.

Ōsaka by Hirota Kenkan (1718–1788) and might be independent and not based on Fujibayashi Fuzan's translation, also lists *slooven*, but instead of giving the equivalent *rôdô* 勞動, it gives the equivalent 勞勤 which is graphically very similar and would have the meaning 'exerting oneself to exhaustion'.[29] The term *slooven* is a dialect term in Dutch that refers to heavy work at sea. In other words, the term *rôdô* originally translates a fairly marginal local Dutch term that referred to hefty labor probably connected with boats. It was later appropriated for the uses of a completely different term on a much higher register, labor, when this had recommended itself as a modern term that referred to what was seen as a new phenomenon, industrial labor.

As we have seen, the element *dô/dong* had by the early 1900s already entered different neologisms used in China, but *laodong* seems to have made its way only with the development of a modern industry in China and the massive reflux of students from Japan. I have seen it first listed in a dictionary of new terms used in the papers in 1915 in the construction *laodongjia*, laborer, vs. *zibenjia*, capitalist.[30] In this form, it also was included into Hemeling's *English-Chinese Dictionary* in 1917,[31] the supplement to which also included *laodong* in the Japanese writing of *dong* as a 'neologism'.[32] By that time, however, various newly crafted and old terms were still competing. Hemeling still gives *lao* 勞 and *laoku* 勞苦 as translation terms for labor, and the traditional *qinlao* 勤勞 for laborious, while the Ministry of Education, for one, approved in 1912 a list of translation terms – without ever publishing them –,[33] in which it settled for *gong* 工 (worker) as the core ingredient for all terms related with labor, making the Labor Party into the Gongdang 工黨 instead of the Japanese version which would have read Laodong Dang in Chinese. As opposed to the various terms for labor, this creation survived the onslaught of Japanese terms and is still in use today, splitting the field right in the middle.

---

29 Kenkan, Hirota: 廣田憲寛, (Kaisei) Zôho yakken 改正增補譯鍵 (1796), repr. 1857. I am much indebted to Mr. Woldering from the Institute of Japanese Studies, University of Heidelberg, to help me get a copy of this entry from Bonn and to make available relevant bibliographical information.

30 Mateer, A.: New Terms for New Ideas. A Study of the Chinese Newspaper, Shanghai: Methodist Publishing House, 1915.

31 Hemeling, K.: English-Chinese Dictionary of the Standard Chinese Spoken Language (官話) and Handbook for Translators, including Scientific, Technical, Modern, and Documentary Terms, Shanghai: Statistical Department of the Inspector General of Customs, 1917, p. 761.

32 Ibid., p. 1715.

33 This list was put together by a committee headed by the famous translator Yan Fu, who himself had created many of the – eventually unsuccessful – new terms for Western concepts. As far as I can see, the only accessible form of this list are the terms marked 'buding', 'approved by the Ministry' in the Hemeling dictionary.

The term labor, its content, its antonym and its value are thus parts of an import discourse that has its mother, logic and environment in the West and comes into the Chinese situation as a modern ready-made product to be imposed over a Chinese reality ordered in quite different ways, but to which it has given a new and now generally accepted order.

Archaeology of Chinese Labor, Layer 3

In the Chinese modernization discourse with its stress on the need for *dong*, motion, and *gai* or *bian*, change, premodern China is reduced to its own caricature. It is, in the friendly words on Lu Xun's *Diary of a Madman* (1918), a cannibal society bragging about its pervasive humaneness; its officials are selected in examinations that primarily test their ability to write beautiful Chinese characters and follow certain dead and stiff rules of composition; the male members of its elite mark their freedom from all physical labor and exertion by having the nails on their small fingers grow to lengths up to 70 centimeters (protected, to be sure, by special fingernail-protection-satchels); the dominant beauty ideal of small 'lotus feet' prompts mothers to make their daughters into cripples by binding their feet, making them unable to walk properly, not to mention working in the fields; all important discoveries which have prompted the surprising rise of the Western world have been made in China, but were either promptly forgotten like the compass, used for amusement purposes, such as black powder, or not properly exploited in an industrial manner like paper and printing. In this view it remains a perfect mystery how such a bizarre body like the Chinese state could have survived more or less intact over more than 2000 years, quite apart from reaching its greatest territorial expansion at the moment of its most manifest weakness. This hostile discourse on old China which covered all registers from the high essay and editorial to the cartoon and pamphlet to the street corner harangue is part of the rhetoric of a new beginning that contrasts the moribund and stagnating 'old' to highlight the promise of the active and focused 'new'. In this radicalism, the advocates of a New China have been so successful in twentieth century China that it is hard today to get away from this overdocumented caricature. The recent efforts of the PRC government to invoke China's 'five thousand year old history' as an authentic justification for its ongoing heavy-handed control of the public sphere and to even find some good in Confucian ethics in their most reductive variant does not help much to reset this image of the past, because it evinces tactical motives rather than any real familiarity with, or respect for, the traditional Chinese culture.

In the lower registers of social practice, changes in matter of 'labor' had been long underway before the new voices documented above were ever heard from. In Hong Kong and the Treaty Ports a new coastal culture grew that was quickly absorbing and appropriating international ways. Among the earliest pieces of evidence I have found is a curious essay written in English in 1845 by a Chinese student at Morrison's school in Hong Kong to testify to his teacher Brown his mastery of English, and of Protestant doctrine:

> "According to my own opinion, and with reference to what God has designed, I think it is necessary that we should work with our own hands, and secure happiness by our own labour: for we love and enjoy those things produced by our hands a great deal more that that which is granted for nothing ... In order to secure our happiness, it is necessary that men should labour. It is the inevitable lot of men, but it is a blessing, which lays the foundation of future happiness as well as present. Now let us labour; labour not for riches: Labour for good: Labour for our Fellowmen: Labour for the glory of our Creator: and remember that our labour will not be in vain. The Lord will reward us in this world, and that which is to come."[34]

The unusual success of this group of students in Hong Kong society during the next decades certainly signals that this paean on the merits of hard work was not just an obedient repetition of their teacher's message. But it is still too much of a statement of purpose in a foreign tongue to really serve as evidence of a Chinese sea change. Neither in the conceptual organization nor the value system within which this text is situated, however, do we find a trace of earlier Chinese notions, quite apart from the fact that the text by this young Chinese boy is written in English.

Very quickly, the key role Canton and Hong Kong had played in the early days in Sino-Western trade as well as in cultural interaction was taken over by the International Settlement in Shanghai. There we see the development of a multiethnic metropolitan culture in which different conceptions of work and labor confronted each other, and were forced to come to some explicit understanding and accommodation as we are dealing here not just with conceptual problems but with the organization of everyday life. The earliest of the Shanghai industries were the printing houses with their book, journal, and newspaper publishing that started to blossom since the 1870s. These firms, the pioneer of which, the *Shenbaoguan*, was managed by a young Englishman with superb Chinese, Ernest Major, offered professional opportunities to Chinese men of letters outside the clogged channels of official careers.[35]

---

[34] Chinese Repository XIV (1845), p. 512, quoted in Smith, Carl T.: Chinese Christians: Elites, Middlemen, and the Church in Hong Kong, Hong Kong: Oxford University Press, 1985, p. 31.

[35] I am preparing a monograph about E. Major. See also my: The Role of the Foreign Community in the Chinese Public Sphere. In: China Quarterly 142 (June 1995), pp. 423–443; The Shenbao in Crisis: The International Environment and the Conflict between Guo Songtao and the Shenbao. In: Late Imperial China 20.1 (1999), pp. 107–138; Commercializing Chinese Culture: Ernest Major in Shanghai, paper presented at the Conference The Formation of a Multiethnic Urban Culture: The Shanghai Concessions 1850–1910, Heidelberg 1998.

But especially the newspapers with their daily rhythm required an utterly new work routine; to a lesser degree this was true too for the merchant firms which were staffed with foreigners and Chinese, but ran on fixed urban timetables. The *Shenbao* newspaper itself adjusted to the weekly time rhythm of its main market, Shanghai, by not having an edition on Sunday. The conspicuous consumption of time that had for a long time been the cultural marker of the Chinese educated elite, had to give; and so had the older habit of handling the factual sponsoring of men of letters by wealthy merchants by means of 'presents' and of giving them the status of 'guests' in their houses. The salaryman who was *mai wenzi*, selling words, made his appearance. The fixing of an ever more rigid time table for work at the same time opened the space for another 'modern' Western feature, leisure. Already in 1874, the most important early Chinese-language paper, Ernest Major's *Shenbao*, printed a half-ironical article about a conversation between one of the many visitors from inland China to the International Settlement and an oldtimer journalist there. The visitor claims that all the Chinese in Shanghai seem to have converted to the Christian faith.

> "He said, words were quite incapable of adequately rendering the impression the width and cleanliness of the streets, the majestic buildings of the foreign companies, the spaciousness of the Chinese theatres, the elegance of the wine and tea shops, and the amazing features of the Western coaches and paddle-wheel steamers had made upon him. But then, he shook his head and said: 'But there is one thing that is still more extraordinary than all this, and I am at a loss how to account for it. How come that all Shanghainese have converted to the Christian faith?"

Asked on what basis he made this assertion, he said:

> "The other day, I asked a friend to handle something for me at the customs office. He told me it was Sunday and customs was closed. Now, the customs office is a Chinese institution and even if the foreign ships are not traveling on Sundays, this does not mean that the customs office has to be closed."

For this visitor, Sunday was a Christian institution. The journalist told him the reason for the custom office's being closed was that many foreigners worked there [as a matter of fact, the inspector general was a Westerner in the employ of the Qing court], but the guest insisted:

> "This is only an example. Sunday is in everybody's mouth. One friend invites me to the theatre, and no doubt, the performance is on Sunday afternoon or Sunday evening; another invites me to a tour of the city, and mentions Sunday as a proper day for this – as if Sunday was different from any other day. On the morning of that day, I wanted to buy a newspaper, but there were none, because it was Sunday … And not only the common people adjust to this Sunday, the Chinese officials also do it. I wanted to visit the Shanghai Arsenal with a friend to have a look at the technical wonders there, but he told me it was closed on Sunday."

The journalist now explains to the visitor from the interior the difference between the Chinese and Western concept of work:

> "My dear friend, you only see one side of the matter. We have many foreign craftsmen and merchants living in the Settlement here [in Shanghai], and the number of Chinese employed by them is quite considerable. Let us first have a look at the foreigner. He works every day a [fixed] number of hours and, apart from lunch, he has no leisure to rest. He absolutely cannot now work and now rest with a pipe or a tea in between as is done by the Chinese. The Chinese working for him works like this foreigner, without interruption and rest. It would be quite impossible [given this strenuous work] not to provide a day for rest, and that is Sunday. The two systems in the end are rather similar, it does not make a big difference whether one rests in small droplets of an hour or two a day, or if one gets an entire day of rest after six days. Someone taking short holidays every day, never can go on a longer trip or deal with his private business; accordingly, his holidays are wasted. It certainly has an advantage to have a full day off every week to handle personal affairs or have a day for fun. That is why the foreigners call Sunday a day of rest, and officials, merchants and others all go along. The Chinese who are involved with foreigners also have learned to appreciate this custom."[36]

I have quoted this article at length because there is not much more that I have to go by at this stage of the research where so much depends on a *trouvaille* – and a good memory. Still, it shows that by 1874 the seven-day week with a twelve hour work day without other interruptions than lunch and with Sunday as day of rest had become rather widely accepted not just in the 'Western' segment of the population with its fair share of non-Christian British subjects from India (such as Baghdadi Jews from Bombay, Parsees, Gurkhas), but also by Chinese, and that even Chinese officials and institutions were following the rhythm. This gave Sunday a high legitimacy as a day of healthy, beneficial and even necessary leisure without any of the opprobrium attached to laziness. The meaning of Sunday is quite disconnected from its Christian background, the only leftover being that even God had to rest after six days of hard work. The concentration of rest and leisure on Sunday legitimized a pressure to fully concentrate on work during the rest of the week. This separation of time into periods of work and of leisure, a separation also adopted by the Shanghai factories that went up after 1900, defines modern urban labor and work as a concentrated effort over a fixed number of daily and weekly hours, interrupted by days of rest and leisure that are necessary to recuperate the energy needed for the week.

The article also shows that already by this early time many of the leisure activities for both Chinese and foreigners were concentrated on Sunday. It took a few more years with the introduction and popularization of gas and then electric lamps in the

---

36 Shenbao, Dec. 11, 1874.

streets and eventually in the places of entertainment and even homes to open the evening for leisure activities; the Shanghai courtesans were among the most active early advocates of this innovation which gave their entertainment business a big boost.

The success of this invention of peculiar times set aside for leisure and work – an arrangement that crossed not only class but also ethnic divisions – is visible in the gradual rise of a new industry eager to fill this leisure time with its products. The publications of the Shenbaoguan had since 1872 included books for serious reading such as materials needed for the preparation of the state examinations, and books for leisure such as very fine editions of novels and personal reminiscences on entertainment quarters in cities old and new. The format of these books which were to set the standard for modern publishing in China was modeled on the small handy format of the traditional Chinese travel books as well as those printed in the European railway libraries that were light and easy to take on a trip; their advantage against the earlier Chinese books of this type was their metal font print that, other than woodblock prints, remained precise and readable even in very small formats. Major occasionally mentioned that his books were easy to peruse during travel; this signals that he was looking for the space in the time economy of his customers where his books would be read, and he tried to meet these requirements with his format. His illustrated paper, the *Dianshizhai huabao*, which came out since 1884, was again something to have a glance at "after drinking tea or wine",[37] as he said in the preface, but it inserted itself consciously into a more traditional literati lifestyle with fluid boundaries between work and rest; as a consequence, the paper did not follow the weekly rhythm, but came out in a traditional ten-day rhythm, although the *Shenbao* newspaper did go by the weekly rhythm.

A decade later, the practice of alternating work and leisure within a weekly timeframe had become ubiquitous all over Shanghai to the point that a market opened for print products specifically geared towards filling this time segment in an affordable manner.[38] In 1897 the Chinese-language paper *Hubao* started a supplement, the *Xiaoxianbao*, 'Leisure time paper'. The earlier use of the term *xian* 閑, leisure, defined any moment at whatever time of the day or year when someone was not directly involved with regular business. As we shall see further down, it clearly carried the opprobrium of laziness, and was often used for the lifestyle of the merchant and trader which was thought to be non-productive, and therefore not 'work' at all. Now, 'leisure' was fitted into a particular time slot left free by its complementary opposite, work. An article – another *trouvaille* this time by C. Yeh – in the second issue of this now exceedingly rare paper, "Explaining the Meaning of the Name of our Paper", is written by the editor himself.

---

[37] Meicha (E. Major): Preface. In: Dianshizhai huabao, 4th month, 1884.

[38] For the development of the concept of leisure see Yeh, Catherine V.: Shanghai as Entertainment: The Cultural Construction and Marketing of Leisure, 1850–1910, paper presented at the Conference The Formation of a Multiethnic Urban Culture (see note 35).

> "Leisure is the opposite of work. If one would throw oneself with all one's energy into managing the state or would be so occupied with notes and books that one would not insert phases of rest, this would go against the principle to treat one's spirit with care. That is why in antiquity it was said that 'every ten days there should be a rest'. The Westerners nowadays have a day of rest every seven days, and they have fixed times in the morning and evening when they rest. This resting time is 'leisure'. Where there is leisure, there are ways to while away this time. If, having just started to read an article, one already bursts out laughing, this might not be the recipe to restore one's spiritual powers, but it certainly helps in forgetting one's worries and sorrows. And this [reading such articles in our paper] could very well become the pastime of you all!"[39]

Without any high register rhetoric, the Chinese in Shanghai, clearly aided in this by artificial sources of light, have developed a new urban relationship to work. The work referred to here is called *lao* 勞, hard work, the first element used in the term *laodong*. When the above-quoted article was written, Shanghai neither had the industry nor the readership among people engaged in demanding physical labor such as riksha kulis or transport workers that this term could meaningfully refer to physical work. The examples given of the foreigners' work signals that *lao* here refers mostly to office work, and the 'hard work' implication refers to the high concentration with which this work is pursued during the time set aside for it. The mutual intensification of both work and leisure through the strict separation of the two even created a new market for entertainment products to fill the vacuum of leisure time. While the subsequent years have produced a flurry of new entertainment papers such as the *Youxi bao* or the *Shijie fanhua bao*, both of which edited by the famous novel writer Li Boyuan,[40] I have not seen any source, not to mention study, describing the new urban work ethic implied in this new time economy in Shanghai, or China altogether. But there is no question that the Shanghai model, with which the largest part of the Chinese elite of the next decades was familiar from many years of life in the city and which had spontaneously spread to other treaty ports as well as to the Jiangnan region, set the tone for urban life in twentieth century China. It may be meaningfully argued that the inconspicuous transformation of the routines of everyday life had a deeper impact on the new order of things in China than many discussions by men of letters, reformers, and revolutionaries about the necessity to get moving, or about the relative merits of mental and physical labor.

---

39 Xiaoxian bao 2, 1997, quoted in Ying, A.: Wan Qing wenyi baokan shulüe, Shanghai: Gudian wenxue, 1958, p. 66.

40 On the Shijie fanhua bao and the Youxi bao see the fine studies by Yeh, Catherine V.: "Li Boyuan and his Shanghai Entertainment Newspaper Youxi bao", and "Deciphering the Entertainment Press 1896–1920: The Youxi bao, the Shijie fanhua bao and their Descendants". In: Wagner, R. (ed.), Studies in the Chinese Public Sphere I, in press.

Archaeology of Chinese Labor, Layer 4

We return to the Neoconfucian philosopher Cheng Yichuan with his claim that truth and calmness are at the root of human nature. The logic involved has been succinctly presented by Prof. Übelhör. Human society is the one very fragile part of the otherwise orderly universe. While the rest finds order through some sort of pre-stabilized harmony, human society is capable of and prone to disorder and chaos with the most devastating consequences for the rest.[41] The Neoconfucian project puts the burden on the court and on officialdom to become the calm core keeping the social realm under control, to give to the family, the district, the province or the empire a model and a calm point of orientation into which all the nastiness and greed, envy and egotism of horizontal competition with others could disappear. The result is a government by non-interference. To reach this state of being able to perform as the calm core required a complete remaking of the bureaucrat's self. It required imbibing the heritage of the Sages through endless study, meditation in forms adapted from the Chan-Buddhists, giving the diary listing one's weaknesses to friends to get help in overcoming them – it required a reworking of the self to be able to carry this huge burden and to perform this stressful role of the non-interfering creator of social and even cosmic order. The object of "work" here is the transformation of the self, not of nature; the purpose is order, not progress. Neoconfucians describe this transformation of the self not in terms of work or labor, but of grooming and nourishing. Their actual work as officials with all the hectics of sitting in court, writing memorials, securing dikes, and collecting the taxes is at best a helpless and notoriously deficient replacement that might create some order here and there, but neglects the very basis of order and stability, and thus is in the constant danger of creating the class it wants to abolish.

Against this current we find a growing clamor of voices. They are first heard of in the sixteenth and seventeenth centuries, and opt for a practical and efficient administration as the duty of the state to its people. They would publish their administration handbooks and guides for magistrates, but never managed to get a voice in the highest register of doctrine.

While the duties of the high officials thus remained circumscribed by the lofty ideas of self-transformation, this was not true for government expectations of the common folk. For their work and labor, we find good directions in the highest register of officially promulgated state doctrine.[42] The founder of the Ming dynasty (reg. 1368–1398) tried to condense the essence of Confucian state doctrine into six simple maxims that could be used as the basis for public lectures and government dispen-

[41] Cf. note 3.

[42] I am greatly indebted to Dr. Joanna Handlin (Harvard University) for her suggestion to look for indications of official thinking about labor and work in the framework of the Shengyu.

sations of moral advice. By the time of the Kangxi emperor's revision in 1670, this *Sacred Edict*, *Shengyu*, had grown to sixteen maxims. These maxims were distributed by government printing offices, and were used as the basis for regular lectures by members of the local elite in the villages; there were illustrated editions together with many examples for the proper application of these maxims, and the work was available both in the classical language and a breathtakingly modern vernacular.[43] This was imperial propaganda material for popular consumption. Herbert Giles described it in a fine series of lectures in Oxford in 1877 as "imperial Confucianism".[44] This *Sacred Edict* remained to the end of Imperial China the text with the highest normative status. The addressee of the Sacred Edict as well as the commentaries from the hands of the Yongzheng Emperor are not the officials and the gentry, but primarily the 'soldiers and the people'. The officials are to bring the message of these maxims to the people. Their own conduct, however, is guided by a much larger, and quite different, code.

Being a normative text, the *Sacred Edict* has an instable relationship to social practice and can most certainly not be read as its direct depiction. One might go so far as to argue that the stronger the emphasis on the need for a certain behavior in the *Sacred Edict*, the less it is current practice in society.

The *Edict* accepts a division of labor first articulated by Mengzi, a Confucian scholar from the late fourth century B.C.E. whose work by the same name rose to the rank of a classic of great importance in the Neoconfucian mass education project of the twelfth century. In the *Mengzi* we read:

> "Some toil with the minds, others toil with their physical strength. It is a generally accepted principle in the world,
> – that those who exert their brains get others to behave in an orderly fashion;
> – that those who toil with their bodies are induced by others to behave in an orderly fashion;
> – that those who are induced by others to behave in an orderly fashion feed the others; and
> – that those who get others to behave in an orderly fashion are fed by others."[45]

The division between those who toil with their minds and those who toil with their strength is repeated elsewhere in the *Mengzi*, but also in other pre-Qin texts. M. Cartier has rightly pointed out that this statement occurs in a polemics against an advocate of agricultural egalitarianism who would even ask the artisan and the

43 See Mair, V.: Language and Ideology in the Written Popularizations of the Sacred Edict. In: Johnson, R., Nathan, A. & E. Rawski (eds.), Popular Culture in Late Imperial China, Berkeley: University of California Press, 1985, pp. 325–359.

44 Giles, H.: Imperial Confucianism. In: The China Review, VI.3 (1877), pp. 147–158.

45 Mengzi yinde, Harvard Yenching Institute Sinological Index Series, repr. Taipei, 1966, 3A4.

ruler to produce their own food and clothing.[46] Within this argument, Mengzi is at pains to show that there is a necessary and justified division of labor between the farmer, the artisan, and the state administrator, and that the latter is in no way a parasite. Far from reducing the farmer to a subordinate and purely menial function, the line-up of the argument stressed the mutual dependency of the two types of labor, and the dignity of the farmer's work.[47] This line of argument is maintained by most commentators of this passage which has become a locus classicus. Mengzi's first commentator Zhao Qi in the second century C. E. further specifies the contribution of those who toil with their minds, whom he identified with the rulers. "The rulers dispense education so as to regulate and order the [people]; the people exert their strength to till the public fields so as to provide nutrition for their superiors."[48] The Neoconfucian reformer Zhu Xi (1130–1200) stressed in his commentary of the passage that Mengzi is here quoting an old and widely accepted statement, and adds: "If the ruler does not have small people, he will starve, if the small people have no ruler, they will be in chaos; in this manner they benefit each other."[49] But this division of labor might be too simple, leaving out as it does, the merchants and traders, as well as the potential lure they might present to a peasantry wary of endless labors and exactions. One might argue, however, that they are not just left out, but are present as the latent lure for farmers whose work year furthermore leaves long idle stretches during the cold season. Since the earliest times "the agricultural sector has been in their [the Confucianists' and Legalists'] eyes a fragile sector in need of legislation preventing the peasants from deserting their land for more remunerative commercial and artisanal pursuits".[50]

Within the *Sacred Edict*, there is no maxim that deals with the officials. If they are mentioned at all, the qualifications for their duties are defined in moral and ritual terms, not in terms of administrative or managerial skills needed for their handling of official duties. They are not part of a modern highly invasive state, but are to make sure that the self-regulative forces of society are developed to the utmost.

In Maxims 4 and 10, the *Sacred Edict* directly deals with the agricultural work done by the largest part of the population. It in no way remains content with the simple contrast hallowed through the words of Mengzi. Maxim 4, the grammar and rhetoric of which is repeated in all other maxims, runs:

> "Put emphasis on agriculture and sericulture so that there will be enough food and clothing."

[46] Cartier, M.: Travail (see note 4), pp. 277–282.
[47] Ibid., p. 295.
[48] Zhao Qi: Mengzi zhangju. In: Zhuzi jicheng, p. 219.
[49] Zhu Xi: Sishu zhangju, Mengzi jizhu, Shanghai: Shanghai shudian, 1987, p. 70.
[50] Cartier, M.: Travail (see note 4), p. 299.

Sufficient food and clothing are key ingredients in a stable social order. The role of the state officials is to project, through their personal behavior, social norms and priorities in a manner that this goal may be reached; then, the men will plant the fields, and the women will spin. The maxims were commented upon by the Kangxi Emperor's successor, the Yongzheng Emperor in 1724. He comments:

> "We have heard the basis for the people's upkeep is clothing and food."

The implied subject which brings it about in this sentence that the people's upkeep is secured is the emperor himself and the administration that he represents. He feeds the people. He clothes the people. As he is not taking over tilling and weaving from the men and women in the villages, what might be his contribution? The commentary illustrates this:

> "Since olden times, the Emperor has been personally plouwing and the Empress has been personally taking care of the mulberry trees. Although they personally enjoy the highest honors, they have not shied away from hard labor, *qinlao* 勤勞, thus providing a model so that the myriad clans and families would lay due stress on this basis [of agri- and sericulture]."

Obviously, the myriad clans and families have no spontaneous urge to take care of agriculture and sericulture. The Imperial couple itself has to publicly demonstrate through its annual ritual agricultural act that agri- and sericulture are the 'basis' of everyone's livelihood, and to convince the peasantry to take care of this 'basis' instead of following more profitable and less toilsome pursuits. The strange turn of the 'although they personally enjoy the highest honors they have not shied away from hard labor' signals that a problem is lurking here, and that the Imperial couple has to come up with propaganda perks to keep people in agriculture.

> "Generally it is true that the way of [producing] food and clothing consists in [the raw materials] being produced in the earth, growing with the seasons, and being harvested with [human] toil. If one is neglectful with regard to this basis [of agri- and sericulture] and does not toil, one will harvest penury while sitting inactive. Thus it is in the nature of things that the man who toils, *qin* 勤, will have rice in abundance and the woman who toils will have cloth in abundance. If they do not toil, they will neither have enough to serve their parents nor to take care of the women and children."

The result of this common toil of women and men for the 'basis' is the stable family unit that continuously manages to take care of the basic needs of all members, the old and the young included. There seems to be no gendered differentiation here, men and women are equally involved in this toil.[51] The Imperial couple engages in agri-

[51] Cf. on this point especially Bray, Francesca: Technology and Gender. Fabrics of Power in Late Imperial China, Berkeley: University of California Press, 1997, pp. 175ff.

cultural toil not to demonstrate the dignity of physical labor but to emphasize the importance of agriculture as the 'basis' of the country and to highlight the priority of agriculture. In fact, this old ritual had all but ceased by the Song dynasty. Bray writes that "the attempts at revival of the ceremony in the Ming and Qing [dynasties] coincided with other official attempts to repudiate commercialization and to reinstate a more old-fashioned economic (and political) order".[52] Labor receives its value as part of a state concept of social order which needs the fulfillment of the basic needs of the population as a fundament.

It should be remembered that when this commentary was written, living standards in China were markedly superior to those in England. This certainly was not only, as the Emperor might have thought, the result of a long peace and good harvests in agriculture, but also of a very sizeable commercialization of society. In the Imperial eye, this commercialization was a threat to the pursuit of the 'basic endeavor', and the normative language of the Emperor now takes on the tone of a desperate plea:

> "I wish that my people should devote all their strength to agriculture and sericulture, *jinli nongsang* 盡力農桑. Do not prefer laziness while disdaining hard labor, *wu hao yi e lao* 勿好逸惡勞! Do not make big efforts in the beginning and become neglectful afterwards! Do not because of a bad season lightly abandon fields and gardens. Do not hastily give up your old profession just because you are lusting after the multiple profits coming from trade!"

The temptation is undeniable, and, while the Emperor accords to the merchant and trader in another passage a limited usefulness, nowhere the trader is said to be toiling or laboring.

> "If you fully devote yourself to the basic endeavor it might be true that only a very small surplus remains after public and private expenses have been paid; but if you collect this as the days and months go by, and if your own wealth is maintained over generations by your sons and grandsons, this surplus will be a solid support forever."[53]

The economic doctrine that declares agriculture to be the basic endeavor has remained dominant in China ever since the founding of the central state. The Emperor is honest enough not to try to fool his audience by claiming that they will strike it rich if they stay in agriculture. They are familiar enough with the actual situation.

---

[52] Ibid., p. 251. See also Will, P. E.: Développement quantitatif et développement qualitatif en Chine à la fin de l'époque impériale. In: Annales Histoire, Sciences Sociales 49.4 (July–August 1994), pp. 863–902.

[53] Shengyu guangxun, 1850, I. 28a–29a. Cf. Milne, W.: The Sacred Edict, containing the sixteen maxims of the Emperor Kang-he, amplified by his son the Emperor Yoong-ching; together with a paraphrase on the whole by a mandarin, London 1817, pp. 85ff.

In the above lines, the Emperor asks his peasant subjects to forfeit more profitable occupations with their 'multiple profit' so that the 'basic endeavor' can be fulfilled; in recompense, he offers them the prospect of being able to do their modest duties to their family and clan, such as making the ancestral sacrifices, taking care of the parents and children, and leaving to the latter a modest property. The labor required for this basic endeavor receives dignity and importance alone from this larger framework of state and family, but the attraction of the argument seems to be strong enough to make the Emperor rest his case on it. A subcommentary to the Yongzheng commentary by Wang Youpu (1681 – after 1760), which is written in the colloquial and has been appended as the 'Straightforward Explanations', *zhijie* 直解, to most Qing editions, bolsters his efforts at making this sacrifice of hard labor more attractive:

> "What I have thus accumulated, toiling and suffering with drop after drop of blood and sweat, will give me a happy contentment. And when the children witness from their early years on your [the parents'] thousand labors and ten thousand toils, they will also appreciate how difficult it is to get to some money, and they will neither ruin their families not squander their inheritance – and this is the way to build a solid and permanent basis."

The subcommentator then quotes the example of the easygoing braggart 'who loves leisure', eats well and dresses well. The term for 'leisure' here translates the yi 逸 in the Yongzheng text with the very same *xian* 閑 used in the juxtaposition of work and rest in the late nineteenth century newspaper article quoted above. In the present context, it clearly denotes a lazy disposition to which strong opprobrium is attached. The local officials are directly encouraged by the Yongzheng Emperor to 'reprove the vagrant idlers, *fuduo* 浮惰, and encourage those who labor diligently, *qinku* 勤苦'. It is noteworthy that neither labor nor leisure have hardened into a firm terminology, a large variety of terms being used on both ends.

In order to free leisure from this opprobrium and make it legitimate recreation, the character of work had to be hardened into a concentrated and uninterrupted long effort; the hierarchy of work furthermore had to be abandoned in which merchants and traders were considered economic parasites who did not contribute any value of their own so that they did not do any 'work' at all. The lazy laggard in our present texts is this trader and merchant. He might enjoy a few fat years, but is sure to end up in jail. Hard toil secures social respectability and the model of the hard working parents prevents the children from going astray so that there is the satisfaction of securing the long term stability and respectability of the family.[54] In his comments on the next maxim which is encouraging people to be parsimonious, the same subcommentary notes that the Kangxi Emperor, notwithstanding his enormous wealth,

[54] Shengyu guangxun (see note 53), I. 32a–33a.

had practiced parsimony because "he thought that since olden times the best habits were eagerness for work and parsimony" and had wished to provide a model.[55] In the Yongzheng commentary to maxim six, "let schools flourish so as to make scholars correct", the scholar is presented as being the "head of the four classes of the people", standing above farmer, craftsman, and merchant. The scholar's social effect is a moral one, "once his studies are correct, his environment will take him as a model for correct behavior and the customs will adjust to his [practice]". If all that he reads and does is correct, if "he has preserved in himself a sense of shame so that he is only afraid lest he might cover through his own ruin the walls of his school with shame, and that he only fears that, all his great public fame notwithstanding, he will secretly feel guilty and shameful under the covers", he can truly be a scholar. These scholars, shi 士, are persons with moral standing, and they are the pool from which the officials are being recruited, although in the passage under consideration their renown does not at all hinge on this career.
In the attempt to elevate the dignity of the farmer at a time of substantial temptations to go after the faster money of the merchant, and to increase the attractiveness of farm labor, the Yongzheng Emperor goes so far as to put the scholar and the farmer onto the same moral level. He writes:

> "The scholar and the farmer do not have different occupations. If someone who is working the fields is able to devote himself comprehensively to the basic endeavor, this farmer in truth is also a scholar."[56]

The special quality of the scholar is his carefully groomed capacity for correct behavior. If a farmer or someone from another useful realm such as the soldier manages to match this standard in his own realm of life, he too will reach the status of a *shi*. The physical labor devoted to the basic endeavor and the labor of the scholar transforming himself belong to the same moral continuum. They have the same countertext in a commercialized, loud urban life with its frivolous pursuits, its leisure, its luxury, and its neglect of the economic and moral bases of order. At the same time, this use of the term *shi* in the general sense of the 'moral elite' seems to foreshadow a much broader use we find late in the nineteenth century in texts, for example, by Liang Qichao, as pointed out by Andrea Janku. Here, the term simply refers to the best qualified in each realm of activity. In his "On Schools I" Liang writes in 1896:

> "The people of any given country consist of five classes, the scholars, *shi*, the peasants, *nong*, the craftsmen, *gong*, the merchants, *shang*, and the soldiers, *bing*. Everybody knows that *shi* 士 is the term for scholars, *xuezi* 學子. But among peasants, there is the elite of peasants, *nong zhi shi* 農之士, among

[55] Ibid., I. 39.
[56] Ibid., I. 44a–b. Milne, W.: The Sacred Edict (see note 53), p. 115.

> craftsmen, there is the elite of craftsmen, *gong zhi shi* 工之士, among merchants, there is an elite of merchants, *shang zhi shi* 商之士, and among soldiers, there is the elite of soldiers, *bing zhi shi* 兵之士."[57]

Although Liang's argument here has all the markers of an explicit resetting of the agenda and of distributing the old honorary term *shi* to all qualified to make first class contributions to the country after the original owners of the title had failed so miserably, there is a certain continuity of argument here. In the reasoning of the Yongzheng Emperor's comments, the farmers shared the basic moral agenda with the *shi*, and their contribution to the economic, moral and social well-being of the country was certainly not undervalued. Much in the same way as in Liang Qichao, the farmers (and, in the next phrase the soldiers) do not get the title of *shi* as a class; it is reserved for the best among them.

Afterword

I will break off my foray at this point. In the few items that have been analyzed more in detail, labor was not a subject matter commanding its own environment. It became a pawn in the long battle between Communist generalist cadres and their feared nemesis, specialized professionals who threatened to steal their revolution. It was a didactic device to help young Chinese school kids to get more active, organized, lively, and modern. It appeared as the negative foil to the great new discovery of metropolitan Shanghai, a time set aside for fun and entertainment, leisure. And it was even said to have on the practitioner the same effect as learning would have on the mind of the scholar, making them correct, a contribution to the order of family and society, and eminently respectable. Labor became a modern word and concept not in the countryside, but in the modern city, and there in the very area which in the *Shengyu* was still held up as the very epitome of dissipation if not outright parasitism, namely commerce and trade. In the same turn, its negative opposite, leisure, was rehabilitated into the wholly legitimate effort at restoring one's strength for the next round of labor.

There is no continuity or cohesion in this discussion, or I have been unable to discover it. Labor is not a topic sufficiently important and talked about to create its own story. The different discourses are disjointed, with the international reform school and Communist International dimension adding to this feature. Modern writers on the topic do not seem to have heard of earlier writers or developments, and have not cared to look for them. Even in the PRC where a well-documented study on the

[57] Liang, Qichao: Lun xuexiao I. In: Shiwubao 5 (1896), p. 271. Cf. Janku, A.: Nur leere Reden. Das Genre 'Leitartikel' in der chinesischsprachigen Tagespresse Shanghais (1884–1907) und die Revolutionierung des 'Weges der Rede', PhD dissertation, Heidelberg 1999, p. 204.

dignity physical labor might have had in the eyes of the laboring population could well have had a market for quite some years, it seems that no such study was ever undertaken. It is amazing that an activity of that importance for the state, the family, and the individual, not to mention the soul, should be buried in such silence. The popular documentations such as Hommel's "China at Work"[58] or King's "Farmers of Forty Centuries"[59] have certainly documented the richness and diversity of Chinese labor, but have not helped us with the topic. The only more detailed studies are on the anarchist movement's concept of labor. Labor in its modern Chinese usage, value, and environment, is an utterly modern and foreign creation, bound up with the rise of modern industry, industrial classes, and urban behavior. The term that came to denote it comes from the order of things installed invisibly, and mostly unperceived by the users, in the Chinese language and mind together with a plethora of other new terms, most of whom were crafted or hardened into this form in Japan.
My own effort clearly is bricolage, depending all too much on the happily discovered tidbit. I do hope that it will arouse enough frustration and anger to quickly prompt a more systematical, and a better documented, study to supersede this first archaeological foray.

58 Hommel, Rudolf: China at Work. An Illustrated Record of the Primitive Industries of China's Masses, Whose Life is Toil, and thus an Account of Chinese Civilization, New York: John Day, 1937.

59 King, Franklin H.: Farmers of Forty Centuries. Or, Permanent Agriculture in China, Korea and Japan, orig. publ. New York, 1911, repr. Emmaus: Rodale, 1973.

Ulrich Haarmann

Arbeit im Islam

1 Arbeit und islamische religiöse Normen

Wenn jemand aus sunnitisch-islamischem Gebiet in ein Land reist, in dem die Schia gilt, zum Beispiel von Saudi Arabien in den zayditischen nördlichen Jemen, nimmt er dies sogleich an der Formel des jeweiligen Gebetsrufs wahr. In den siebengliedrigen Text wird bei den Schiiten hinter den Imperativen „auf zum Gebet“ (arabisch: *ḥayy 'alā ṣ-ṣalāt*) und „auf zum Heil“ (*ḥayy 'alā 'l-falāḥ.*) zusätzlich der folgende Satz eingefügt: „auf zum besten Tun“ (*ḥayy 'alā ḫayr al-'amal*)[1]. Mit dem „besten Tun“ – und für „Tun“ wird der geläufige arabische Begriff für ‘Arbeit’, nämlich *'amal*, verwendet – ist wiederum das Gebet gemeint. Der historische Grund für dieses divergierende Ritual, dies sei eingefügt, ist eine Episode frühislamischer Geschichte. ʿUmar, der zweite Kalif und für die späteren Sunniten der wohl angesehenste Prophetengefährte, und ʿAlī, der Imam der Schiiten, hatten sich darüber entzweit, ob in einer für die junge muslimische Gemeinde von Medina bedrohlichen Situation zu den Waffen gegriffen werden (so ʿUmar, der sich auch durchsetzte) *oder* aber statt dessen unerschütterlich das gebotene „Beste“ verrichtet werden müsse bzw. dürfe, nämlich das zu dieser Tagesstunde fällige Gebet. Dieser symbolträchtige Vorgang, über dessen Historizität wir nicht zu befinden haben und der an ähnliche Konflikte in Zusammenhang mit dem Sabbathgebot des Judentums gemahnt, konnte schließlich zum Schibboleth zwischen den beiden großen Glaubensrichtungen des Islam werden.

Diesen Gedanken will ich aber nicht weiterverfolgen. Mir geht es hier um etwas anderes: Für alle Muslime, ob Sunniten, Schiiten oder die heute zahlenmäßig eher unbedeutenden, aber für unser Thema wegen ihrer kapitalistischen Werkethik nicht unwichtigen Ibāḍiten, von denen noch die Rede sein wird, gliedert die fünfmalige

---

1 Vgl. Gibb, H. A. R. & J. H. Kramers: Shorter Encyclopaedia of Islam, Leiden und London 1961, S. 16 s.v. Ad͟hān.

Gebetspflicht, an die jeder Gläubige durch den *aḏān*, den Gebetsruf, vom Minarett gemahnt wird, den Tag. Wie in der benediktinischen Klosterregel strukturiert der geordnete, genau bestimmte und voraussagbare Wechsel zwischen Ritualgebet und Arbeit, zwischen Andacht und tätigem Wirken, gleichberechtigt das Alltagsgeschehen. Das eine erfährt erst durch das andere sein Gewicht und sein Profil. Beides entspringt Gottes Wille, beides ist Gottesdienst und Einheitsbekenntnis (*tawḥīd*)[2]. In der 62. Sure, die nach dem Freitag benannt ist, dem islamischen wöchentlichen Feiertag, der – anders als im Juden- und im Christentum – *kein* Ruhetag ist, heißt es hierzu (Vers 10): „Doch wenn das Gebet zu Ende ist, dann geht eurer Wege und strebt danach, daß Gott euch Gunst erweist (indem ihr eurem Erwerb nachgeht)." Deutlicher könnte der Segen, der über *beiden* Handlungen, Beten und Arbeiten, ruht, kaum benannt werden.

Arbeit und islamische Glaubens- und Gesetzeslehre sind denn auch harmonisch miteinander verbunden. Arbeit ist so selbstverständlich im Leben des Gläubigen als Pflicht und zugleich Routine verankert, daß nirgendwo in den normativen religiösen und juristischen Texten von ihr als einer eigenen Kategorie die Rede ist. Der Begriff 'Arbeit' im Sinne einer reflektierten und geregelten, aber auch kreativen Tätigkeit des Menschen hat kein präzises Pendant im mittelalterlichen Islam und den dazugehörigen Sprachen. Hierbei spielt es sicherlich eine Rolle, daß der Mensch gemäß islamischer Mehrheitsauffassung über keine freie und autonome Schöpferkraft verfügt, brächte diese ihn doch in Konkurrenz zu Gott. Heute bedient man sich im Arabischen und in anderen davon abgeleiteten Sprachen in einer höchst plausiblen Metonymie des eingangs im Sinne von „praktischem Tun" erwähnten arabischen Wortes *'amal*, um unseren modernen Arbeitsbegriff wiederzugeben. Also hören wir vom *'āmil* als dem „Arbeiter", dem *ṣāḥib al-'amal* als dem „Arbeitgeber", dem *ḥizb al-'ummāl* als der „Arbeits-(Labour-)Partei" usf. In modernistischen islamischen Schriften, in denen die Realitäten unserer Tage als schon im klassischen Islam vorgegeben – oder doch wenigstens angelegt – nachgewiesen werden sollen, werden die Begriffe *'amal* und 'Arbeit' denn auch ohne Bedenken gleichgesetzt[3].

Das arabische *'amal* bezeichnet dreierlei. Ein jedes ist aufs engste mit unseren Vorstellungen von Arbeit verbunden, aber damit nicht deckungsgleich. *Einmal* ist es der Gegenbegriff zu Theorie oder Spekulation, meint also Praxis oder Anwendung. Es fungiert in diesem Sinne als Antonym bzw. Ergänzung zu *'ilm* „Wissenschaft, Lehre", einem arabischen Wort, dem *'amal* übrigens durch Konsonantenmetathese

---

[2] So auch die Formulierung von Tworuschka, Monika: Arbeit im Islam. Begriff und Ethik, CIBEDO-Texte 33, 15. Mai 1985, S. 3 und S. 5. Vgl. auch dies.: „Islam". In: Klöcker, Michael & Udo Tworuschka (Hg.), Arbeit. (Ethik der Religionen Bd. 2), München 1985, S. 62–84.

[3] Bazargan, Mahdi: Work and Islam, Teheran 1978, zitiert von M. Tworuschka, Arbeit im Islam (Anm. 2), S. 6.

und damit nach der eigentümlichen Ansicht der arabischen Philologen in essentieller Weise (und zwar in der Konstruktion des sogenannten *išti-qāq kabīr*, der „großen Etymologie") verbunden ist. In spätmittelalterlichen Texten liest man immer wieder davon, daß jemand ein Gewerbe oder eine Technik, zum Beispiel das Bogenschießen, theoretisch-wissenschaftlich (arabisch: *'ilman*) und zugleich praktisch (*'amalan*) gemeistert habe. *'Amal* kann *zweitens* auch ein Konkretum benennen, das entsprechend in den Plural *al-a'māl* gesetzt werden kann, bezeichnet also so etwas wie die einzelne „Tat", das einzelne „Werk". Dieser letztere Sinn ist geläufig aus der jeglicher islamischer Ethik zugrundeliegenden Formel: *al-a'māl bi'n-niyyāt*, „die Taten messen sich an den ihnen zugrundeliegenden Intentionen". Auch der von letzterem abgehobene *dritte* Sinn „Tätigkeit, Aktivität", also das zentrale Element unseres heutigen Arbeitsbegriffs, ist in *'amal* angelegt. Das mittelalterliche arabische Analogon, das unserem umfassenden und vielschichtigen Arbeitsbegriff am nächsten kommen möchte, dürften so auch Begriffs*reihungen* sein, zum Beispiel die Sequenz von erstens „Handel" (arabisch: *tiǧāra*), zweitens „herstellendem Gewerbe" (arabisch: *ṣinā'a*) und drittens „praktischem Tun" (also *'amal*), wie sie uns zum Beispiel in dem Titel des einschlägigen Traktats aus dem zehnten Jahrhundert begegnen, von dem später noch ausführlicher die Rede sein wird[4].

Lassen wir aber die müßige Suche nach perfekten Entsprechungen für den Arbeitsbegriff in klassisch-islamischer Lehre beiseite. Die Arbeit, das praktische Tun des Menschen, als Mittel zur Gewährleistung der Subsistenz ist als gottgewolltes Betätigungsfeld vorgegeben und bedarf als solches keiner gesonderten Erwähnung. Lohn will erarbeitet sein, im *Dies*seits wie im *Jen*seits. So jedenfalls läßt sich Koran[5] 53/39 lesen, wo davon die Rede ist, „daß dem Menschen nichts anderes zuteil wird als das, wonach er strebt". Der Wert der Arbeit also ist unbestritten. „Derjenige, der den Tag müde von seiner Hände Arbeit beendet, dem sind seine Sünden vergeben", heißt es in einem Ḥadīṯ, also einem auf den Propheten Muḥammad zurückgeführten Ausspruch[6].

Wie sich der Mensch allerdings *in* seiner Arbeit erlebt, wird *nicht* thematisiert – er genügt arbeitend nur seiner Pflicht[7]. Die Arbeitskraft ist ein von Gott anvertrautes Gut, mit dem der Mensch verantwortungsvoll umzugehen hat. So verpflichtet die von Gott gemäß der ältesten, der 96. Koransure gelehrte Kunst des Lesens und Schrei-

4 Abū Bakr al-Ḫallāl: al-Ḥaṯṯ ʿalā 't-tiǧāra wa'ṣ-ṣināʿa wa'l-ʿamal wa'l-inkār ʿalā man yaddaʿī 't-tawakkul fī tark al-ʿamal wa'l-ḥuǧǧa ʿalayhim fī ḏālik, Damaskus: Maktabat al- Qudsī wa'l-Budayr 1348 [= 1929].

5 Zum koranischen Arbeitsbegriff ganz und gar aus der Perspektive eines christlichen Theologen s. Lapis, Bohdan: Die Anschauungen über die Arbeit im Koran. In: Zeitschrift für Religions- und Geistesgeschichte 25 (1973), S. 97–111.

6 Tworuschka: Arbeit im Islam (Anm. 2), S. 9, mit Verweis auf die Ḥadīṯliste bei Lewis, Bernard: Islam from the Prophet Muhammad to the Capture of Constantinople. II: Religion and Society, New York u. a., 1974, S. 126.

7 Siehe Tworuschka: Arbeit im Islam (Anm. 2), S. 3.

bens (Vers 4) ausdrücklich dazu, diese Fertigkeit zu nutzen. Von hier rührt der hohe Rang gelehrter Arbeit in der islamischen Lehre. „Suche das Wissen und sei es in China", heißt ein berühmtes Ḥadīṯ. Wissen und Arbeit sind in der Werteskala und im Normenkatalog des Islam eng aufeinander bezogen; von der etymologischen Verwandtschaft der entsprechenden arabischen Begriffe, die über dieselben Wurzelkonsonanten, wenn auch in anderer Reihenfolge, verfügen, war schon die Rede. In der differenzierten Wirklichkeit sind die Bezüge zwischen Wissen(schaft) und Erwerbsarbeit natürlich komplex. Im allgemeinen setzte eine wissenschaftliche Tätigkeit ein aus anderen Quellen, vornehmlich Handwerk und Handel, gespeistes gesichertes Auskommen voraus[8]. Gelehrsamkeit konnte erst mit der Entfaltung des Pfründen- und vor allem des Stiftungswesens und der Schaffung beamtenähnlicher Positionen an Moscheehochschulen und ähnlichen Einrichtungen im Laufe des hohen und späten Mittelalters zum Brotberuf werden, wobei mit der Wissenschaft (damit ist im allgemeinen *Rechts*wissenschaft gemeint) immer Lehr- und Gutachteraufgaben verbunden waren. Dies wäre ein eigenes Thema.

Zurück zu den koranischen Weisungen. Der Mensch muß die Hilfsmittel und Talente, die ihm Gott gegeben hat, nutzen, um seinen privaten Unterhalt wie auch – im Rahmen seiner Möglichkeiten – das Wohlergehen der islamischen Gemeinde zu sichern. Wer arbeiten *kann*, *muß* auch arbeiten. Bettelei ohne Not ist verwerflich. Der Koran nennt konkrete berufliche Fertigkeiten, in denen Gott Menschen unterwiesen hat und die diese als seine Knechte (*'abd allāh*) und zugleich Stellvertreter (*ḫalīfat allāh*) erlernen und lehrend weitergeben sollen. Allein an drei Koranstellen (Sure 21/80, Sure 34/11 und Sure 57/25) zum Beispiel ist es die Herstellung von Waffen bzw. Panzerkleidung.

Daß Handel und Wandel und die Mehrung des eigenen Reichtums aus verantwortungsvollen und gerechten Geschäften – vorausgesetzt dabei kommt niemand zu Schaden – nach dem islamischen Gesetz legitim sind, ist wohl bekannt. Die in der Sunna Norm gewordene Überlieferung vom Tun und Lassen des Propheten Muḥammad, der im Auftrag seiner späteren Frau Ḫadīǧa Fernhandelsgeschäfte weit über Mekka hinaus führte, gibt die Hochachtung vor dem Beruf des Kaufmanns wieder. Die Tradition „Der ehrliche und aufrichtige muslimische Kaufmann wird am Tag des Jüngsten Gerichts neben den Märtyrern stehen", ist beredt[9]. Die Sprache des Korans ist gespickt mit Metaphern und Bildern aus der Arbeitswelt des Kaufmanns. So heißt es in Sure 17/35: „Und gebt, wenn ihr zumeßt, volles Maß und wägt mit der richtigen Waage"[10]. In diesem Zusammenhang steht auch das Wucher-(nicht: Zins-)verbot des Islams (Sure 2/276; 3/130; 30/39). Zur Welt des Warentausches gehört auch die koranische Aufforderung: „Und sei nicht wohl-

---

8 Vgl. Cahen, Claude: Arbeit. D. Die islamische Welt, Lexikon des Mittelalters, Zürich, München 1979/80, Band I, S. 878–9.

9 Lewis: Islam (Anm. 6), S. 126.

10 Zur Bildersprache des Wiegens vgl. auch Koran 55/9 und 83/2.

tätig in Erwartung von Gegengaben, so daß du (statt dich zu verausgaben) dir (letzten Endes) mehr (Vermögen) verschaffst" (74/6). Vergeudung von Besitz wird mißbilligt (17/26) und Armut ist *kein* Ideal[11]. Freilich hat der Wohlhabende auf unbeherrschte Anhäufung seines Reichtums zu verzichten (Sure 70/18; 89/20) und dem Bedürftigen zu helfen. Bemerkenswert ist die vermittelnde Weisung von Sure 25/67, wonach beim Spendengeben der goldene Mittelweg zwischen Verschwendung und Knauserigkeit gesucht werden müsse. Geiz wird schon in einer der ältesten Suren als Erzübel angeprangert (Sure 92/8; s. auch 20/131). Dem sozialen Ausgleich dient die zu den „Pfeilern der Religion", den religiösen Grundpflichten, rechnende Obliegenheit der Almosensteuer, der *zakāt*. In festen, wenn auch abweichenden Sätzen, in denen sich nach meiner Überzeugung der unterschiedliche Respekt für die diversen Wirtschaftsformen spiegelt, wird der im Ackerbau, der Viehhaltung und eben im Handel erworbene Reichtum an verschiedene Empfängergruppen umverteilt. Der Bauer zahlt den Zehnten seiner Feldfrüchte, der nomadische Herdenbesitzer gibt jedes zwanzigste neugeborene Tier ab, und der Inhaber von Geld- und Warenvermögen ist nur noch gehalten, ein Vierzigstel, also 2½ Prozent seines ruhenden Vermögens an den Fiskus abzuführen.

Persönliche Bereicherung aus Arbeit, handle es sich hierbei um Warenproduktion oder Handel, ist völlig rechtens. In einer prophetischen Überlieferung heißt es geradezu, der Gewinn aus erlaubten Geschäften sei ein *ǧihād*[12]. Der Begriff *ǧihād*, hierzulande meist eingeengt-technisch im Sinne von „Heiliger Krieg" bekannt und eher notorisch, meint allgemeinsprachlich die Anstrengung, die Leistung, die Gott vom Menschen erwartet, ohne daß freilich die Grenzen des Zumutbaren überschritten werden dürfen. „Gott verlangt von niemanden mehr als er (zu leisten) vermag" (*lā yukallifu 'llāhu nafsan illā wus'ahū*), sagt der Koran (Sure 2/286). Der Begriff des menschlichen Leistungsvermögens, arabisch: *ṭāqa*, steht im Mittelpunkt jeglicher islamischer Anthropologie. Selbstkasteiung und die Gefährdung der von Gott geschenkten Körperkräfte durch Maßlosigkeit in Arbeit und Pflichterfüllung werden im Gesetzesislam also nicht nur nicht geachtet, sondern ausdrücklich mißbilligt, verliert doch der unter Gottes Gesetz stehende Gläubige (*mukallaf*) durch solche unnötige Erschöpfung die Fähigkeit, die ihm auferlegten Pflichten im Wechselspiel von Broterwerb und Gottesdienst angemessen zu erfüllen. Der Schwangeren oder dem Kranken wird nicht nur nicht angeraten, sondern regelrecht verboten, zu fasten oder die Wallfahrt zu unternehmen, also zwei der rituellen Grundpflichten zu erfüllen. Jemand, der unmäßig fastet, auf arabisch ein *ṣā'im ad-dahr*, untergräbt seine Kraft, Gott umfassend zu dienen. Umfassend heißt: in Gebet und mit der Hände Arbeit.

---

[11] Tworuschka: Arbeit im Islam (Anm. 2), S. 8.

[12] Siehe Rodinson, M.: Islam und Kapitalismus, Frankfurt/Main 1971, 1986, S. 41; vgl. auch Tworuschka: Arbeit im Islam (Anm. 2), S. 7.

2 Arbeit gleich Arbeit?

Die Umsetzung der normativen Arbeitsethik des Korans, der Sunna und des auf diesen beiden materiellen Rechtsquellen aufbauenden religiösen Rechts des Islam – der Šarīʿa also – im historischen Prozeß läßt sich nun aber *nicht* mit der eben geübten Eindeutigkeit und Eindimensionalität weiterschreiben. An die Stelle des Offenbarungsaktes tritt der Wandel. Im übrigen, dies sei betont, gibt und gab es ganz generell *den* Islam in Geschichte und Gegenwart überhaupt nicht: Relevanter als die dogmatische und konfessionelle Binnengliederung der durch die islamische Religion kulturell geprägten „islamischen" Welt waren und sind dabei die unterschiedlichen regionalen und lokalen Traditionen. Diese hängen unter anderem stark von den Umständen und der Durchschlagskraft der jeweiligen Islamisierung ab, was – wie der Soziologe und Ethnologe Clifford Geertz dargelegt hat – die Suche nach dem gemeinsamen „islamischen" Nenner zum Beispiel der Gesellschaften Marokkos und Indonesiens alles andere als leicht macht[13]. Dieser Befund größter sozialer und kultureller Heterogenität vor dem Hintergrund gemeinsamer religiöser Werte und juristischer Vorschriften ist im übrigen banal und stellt den Islam als geschichtsbildende Kraft nur gleichberechtigt neben andere Weltreligionen. Im folgenden sollen darum auch nur zu ausgewählten Aspekten des Arbeitslebens in ausgewählten Regionen der islamischen Welt (nämlich den Kernlanden) zu ausgewählten Perioden Beobachtungen vorgetragen werden, deren Vorläufigkeit und Unvollständigkeit nicht zuletzt mit dem eher beklagenswerten Forschungsstand zusammenhängt[14].

Der einzige Bereich des Arbeitslebens, in dem die normativen islamischen Vorgaben wirklich geschichtsprägend werden konnten, sind die Aktivitäten, für die das Religiöse recht rigorose, im allgemeinen koranisch sanktionierte Vorgaben bereitstellt. Nicht nur der Genuß von Schweinefleisch ist dem Muslim verboten, sondern als Folge natürlich auch dessen Verarbeitung und Verkauf. Obgleich ähnlich reglementiert, hat sich die Ächtung des Weingenusses nicht in gleichem Maße durchsetzen lassen, der Weinhandel freilich war in den in früher Zeit islamisierten Zentralregionen die Jahrhunderte hindurch fest in christlicher oder zoroastrischer Hand. Vergleichbare Berufsverbote für Angehörige der eigenen Religion kennen wir aus dem Judentum und dem Hinduismus. Die eingangs formulierte Maxime, wonach Arbeit Pflicht ist, blieb allerdings im Zuge der islamischen Geschichte nicht unwidersprochen. Gewiß sind bloße Kontemplation und klösterliche Introvertiertheit

---

13 Siehe Geertz, C.: Islam Observed. Religious Development in Marocco and Indonesia, Chicago, London 1968.

14 Erst vor wenigen Jahren ist ein erster Versuch gemacht worden, Hauptlinien einer historischen Soziologie der Arbeit im vormodernen Islam zu skizzieren: Shatzmiller, Maya: Labour in the Medieval Islamic World. (Islamic History and Civilization 4), Leiden 1994. Diesem Werk, das von den Rezensenten zuweilen recht ungnädig behandelt wurde, verdanke ich wichtige Wegweisungen.

dem dogmatischen Islam suspekt. Der dem Propheten Muḥammad zugeschriebene Satz „es gibt kein Mönchtum im Islam" ist eine wichtige Aussage, die wohl nicht nur gegen die von den christlichen Nachbarn gutgeheißene oder sogar gepriesene Ehelosigkeit gerichtet war, sondern sicherlich auch dazu diente, dem gläubigen Muslim die sittliche Höherrangigkeit der islamischen *vita activa* plausibel zu machen.

Schon früh in der islamischen Geschichte kamen, gespeist aus mannigfaltigen Quellen, asketische Strömungen auf, die den Verzicht auf weltliche Besitztümer und in Folge dann sogar die Enthaltsamkeit von jeglichem wirtschaftlichen Tun auf ihre Fahnen schrieben[15]. Diese, wenn man so will, arbeitsfeindliche Gesinnung faßte auch Fuß in der islamischen Mystik. Der Sufi beherzigte die uns auch aus der Bibel vertraute Lehre vom *rizq*, von der Nahrung, die Gott nicht nur den Vögeln unter dem Himmel, sondern all seinen Geschöpfen zugeteilt hat, und um die sich diese in ihrem Gottvertrauen[16] (arabisch: *tawakkul*) darum auch nicht zu bemühen brauchen. Es gab Mystiker im Islam, die sich bewußt über die Gesetze der Šarīʿa und den allgemeinen Sittenkodex hinwegsetzten, da diese nach ihrer Überzeugung nur für die einfachen, nichtinitiierten Gläubigen, nicht aber für sie selbst als Auserwählte galten. Also handelten diese provokant – zum Beispiel durch Nichtstun und Schnorrerei – den gesellschaftlichen Normen zuwider und wurden dafür mit dem von ihnen selbst als Auszeichnung geführten Titel der Tadelnswerten (*al-malāmatiyya*) etikettiert. Wer auf Broterwerb durch Arbeit verzichtet, wurde, je nachdem in welchem ideologischen Lager man sich befand, beargwöhnt oder beklatscht. Bekannt ist die Überlieferung von Ibn Bābašāḏ, einem bedeutenden ägyptischen Grammatiker des 11. Jahrhunderts, der angesichts der von ihm beobachteten Fürsorge einer Katze für ihren kranken Artgenossen gut sufisch seinen auf Sicherung des eigenen Lebensunterhalts gerichteten Beruf aufgab und wegen dieses Verhaltens von den Zeitgenossen mal als Sonderling abgetan, mal als Vorbild gepriesen wurde[17]. Selbst für den Theologen, Juristen und Philosophen al-Ġazzālī (st. 1111), der sich ansonsten so erfolgreich um eine Synthese zwischen sufischem Islam und Gesetzesislam bemüht hat, stehen Mystiker und Werktätige idealtypisch einander gegenüber. Man kann nach seiner Überzeugung nicht zugleich Sufi und Bauer, Sufi und Kaufmann oder Sufi und Dienstmann sein[18]. Die energischsten Fürsprecher des Arbeitsgebots für jedermann waren die Hanbaliten, die Anhänger des Gründers der jüngsten heute

---

[15] Vgl. Shatzmiller: ebenda, S. 377.

[16] Zum Gegenstand des Gottvertrauens vor allem aus mystischer Sicht besitzen wir die enzyklopädische Monographie Benedikt Reinerts: Die Lehre vom tawakkul in der klassischen Sufik. (Studien zur Sprache, Geschichte und Kultur des islamischen Orients 3), Berlin 1968.

[17] Ǧalāl ad-dīn as-Suyūṭī: Buġyat al-wuʿāt fī ṭabaqāt al-luġawiyyī wa'n-nuḥāt, Kairo 1326 [= 1908], S. 272.

[18] Vgl. Shatzmiller: Labour (Anm. 14), S. 385.

noch existierenden sunnitischen Rechtsschule, die sich rigoros am prophetischen Präzedens orientierten und sich eifrig gegen die Asketen als Gruppe und gegen den von diesen geübten Mißbrauch der Vorstellung vom Gottvertrauen wandten. Ein berühmtes Ḥadīṯ war ganz nach ihrem Geschmack. Muḥammad wird gefragt, ob man denn nicht im Vertrauen auf Gott darauf verzichten könne, das Kamel anzupflocken; er werde doch nicht geschehen lassen, daß dieses weglaufe. Verlasse dich auf Gott *und* pflocke das Kamel an, war die weise Antwort des Propheten. Nach hanbalitischem Credo habe jeder für sich selbst zu sorgen, wenn er dies könne. Nichts sei verwerflicher, als auf Kosten anderer sein Dasein zu fristen, obgleich man zu eigener Arbeit fähig sei. „Mach Dich unabhängig von den Mitmenschen" (*istaġni 'an an-nās*) ist der kategorische Imperativ, der in vielfältiger Weise artikuliert wird[19]. Was dir von Gott gegeben ist, gilt es durch eigene Anstrengung zu vervollkommnen (*iṣlāḥ*)[20]. Aḥmad b. Ḥanbal zum Beispiel, der hochverehrte Stifter der Rechtsschule, habe eigenhändig den Lehmboden seines Hauses geglättet[21].
Die letzteren Apophthegmata finden sich in Abū Bakr al-Ḫallāls hanbalitischer Sittenlehre aus dem späten zehnten Jahrhundert nach Chr., in der alle die Vorbehalte gegenüber den frommen Müßiggängern artikuliert sind. Wir lesen hier nicht nur, daß diejenigen, die nicht arbeiten und dies mit dem Argument verteidigen, sie verließen sich auf Gott, schlechte Neuerungen mit sich bringen (*hum mubta-di'a*), sich also in die Nähe der Ketzer rücken[22]. Der Begriff „schlechte Neuerung" (*bid'a [šanī'a]*) ist geradezu Anathema für den Frommen. Wir lesen in dieser Schrift sogar, daß derjenige, der die Pilgerfahrt nach Mekka, immerhin eine der fünf rituellen Grundpflichten des Islams, ohne ausreichende eigene Mittel beginne, fehle[23]. Energisch setzen sich al-Ḫallāl und seine Gesinnungsgenossen gegen die nicht nur von Sufis, sondern auch von manchen Theologen propagierte „Ächtung bezahlter Arbeit" (*taḥrīm al-makāsib*) zur Wehr[24].
In dem Text wird impliziert, es gebe keinen grundsätzlichen Unterschied bei der Bewertung von Handel und Handarbeit. Diese Gleichsetzung war alles andere als selbstverständlich und unumstritten. Unter dem Einfluß der antiken Vorgängerzivilisation, aber auch dank des prägenden Vorbilds der vom Fernhandel lebenden Mekkaner Gesellschaft hatte sich im frühen Islam eine Gesinnung der Geringschät-

---

19 Ḥaṯṯ, S. 7, Zeile 14.
20 Ebenda, S. 7, Zeile 16.
21 Ebenda, S. 8, Zeilen 10–13.
22 Ebenda, S. 29, Zeile 16.
23 Ebenda, S. 22–23.
24 Vgl. van Ess, Josef: Theologie und Gesellschaft im 2. und 3. Jahrhundert Hidschra, Bände I–VI, Berlin 1991–97, hier Band III, S. 132–33 und Band II, S. 574; ders.: Sufism and its opponents. Reflections on topoi, tribulations, and transformations. In: de Jong, Fred & Bernd Radtke (Hg.), Islamic Mysticism Contested. Thirteen Centuries of Controversies and Polemics. (Islamic History and Civilization 28), Leiden 1999, S 22–44, hier S. 25; Sobieroj, F.: The Mu'tazila and Sufism. In: de Jong & Radtke, S. 68–92, hier S. 69.

zung der Handarbeit festgesetzt. Diese gleichsam apriorische Polarisierung der Arbeitswelt in eine höhere, edlere, und eine minderwertige Sphäre war dann noch überlagert worden von dem Gegensatz von Arabern und Nichtarabern und von Freien und Sklaven.

Man muß sich hüten, nun leichtfertig an noch gar nicht erhobenen differenzierten historischen Befunden vorbei Gleichungen zu formulieren und dadurch in mittelalterlicher Zeit gepflegte Typologien und kollektive Stereotype auch noch zu stützen. Dennoch ist es gewiß zulässig, von einer jahrhundertelangen Dominanz von Arabern und anderen freien Muslimen, vor allem Persern, im prestigereichen Handel, namentlich *Fern*handel zu sprechen. Die unattraktiven, mit harter Handarbeit verbundenen Tätigkeiten wiederum waren konzentriert auf die Bevölkerungsgruppen am Sockel der frühislamischen Gesellschaftspyramide, also Unfreie, in deren Rängen die schwarzen Sklaven den niedrigsten Status besaßen. Die gefürchteten Plantagenarbeiten im Südirak, einer Art Haiti und Mississippi des islamischen Vorderen Orient, zum Beispiel wurden von Negersklaven verrichtet, die sich auch prompt in einem durchaus an Spartakus gemahnenden Aufstand gegen ihr Elend zur Wehr setzten. Auch der Kriegsdienst wurde nach einer allerdings nicht unumstrittenen These[25] bereits früh als nicht mehr mit der Würde (und natürlich vor allem der Bequemlichkeit und der Sicherheit) des freien Arabers vereinbar betrachtet und führte ab der Mitte des neunten Jahrhunderts zu der in historischer Perspektive so bedeutsamen Praxis, von nun an kontinuierlich mehr oder minder oberflächlich islamisch akkulturierte Türken aus Innerasien als Prätorianer oder Mamluken anzuwerben.

Zurück zu der Polarisierung von Gewerbe und Handarbeit und zu den den beiden Bereichen jeweils zugeordneten ethnischen und sozialen Gruppen in der früh- und hochmittelalterlichen Wirtschaftswelt der zentralen islamischen Gebiete. Die literarischen Wortführer der neu zum Islam gestoßenen Perser und Andalusier setzten sich vehement gegen Zuordnungen zur Wehr, wonach der Handel das Privileg der Araber, die schmutzige und mühevolle Land- und Handarbeit hingegen Sache der anderen sei. Wie wäre es wohl um die glanzvolle islamische Zivilisation ohne die von ihresgleichen beigesteuerte Technologie bestellt, fragten sie ihre arabisch-nationalistischen Widersacher. Diese sahen sich nun gezwungen, die Verdienstlichkeit von Handwerk und Körperarbeit anzuerkennen und listeten ihrerseits die körperlichen Tätigkeiten auf, in denen sich die Prophetengefährten hervorgetan hatten. Die so gut wie ausnahmslos arabischen Prophetengenossen – dies sei zur Begründung dieses Arguments eingefügt – sind nach islamischer Auffassung die Garanten des rechten Lebenswandels, da sie sich noch an dem verbindlichen Vorbild Muḥammads hatten persönlich orientieren können.

---

[25] Ausgebreitet von Daniel Pipes in seinem Werk: Slave Soldiers and Islam. The Genesis of a Military System, New Haven, London 1981.

In der oben angesprochenen hanbalitischen Maxime, es gebe keinen essentiellen Unterschied zwischen Handel und Handarbeit, klingt das deutliche Bemühen wider, diesen Zwist beizulegen, also beiden Sphären, Handel und Handwerk, gleiche Würdigkeit zuzusprechen. Manche Autoren stellten – vielleicht um bewußt Gegenbilder zu stiften und so dem sozialen Wandel Rechnung zu tragen – die bisherige Rangordnung sogar auf den Kopf und priesen den Handarbeiter als von Gott dem Kaufmann bevorzugt[26]. Bekannt ist die von den ismailitischen, philosophierenden „Brüdern der Reinheit" (*iḫwān aṣ-ṣafā*) in einer eigenen Denkschrift zur Arbeit vorgetragene Auffassung, manuelle Arbeit sei heilig, weil der Handwerker gleich Gott aus ungeformtem Rohmaterial kraft seiner Klugheit und geistigen Anstrengung etwas Neues gestalte[27]; für den gläubigen Muslim des Mainstream war diese These, wie oben angesprochen, natürlich Ketzerei. Schöpferkraft besitzt nur Gott nach der Auffassung der Ašʿariten, deren okkasionalistisches Dogma für die sunnitische Orthodoxie bis zum heutigen Tag verbindlich geblieben ist. Der Mensch ist Gottes Geschöpf, das nach seinem Willen handelt und nur unmittelbar vor der Tat die Wahl des von Gott handlungsgerecht vorbereiteten Tuns oder aber des Unterlassens erwirbt.
Solche unkonventionellen Thesen vom besonderen Rang der Handarbeit oder auch nur von der Gleichrangigkeit aller Tätigkeiten mögen Reflex der uns allen bekannten Einheit von Produktion und Handel in den „orientalischen" Marktstraßen von Damaskus bis Granada oder auch bewußter Ausdruck der Einsicht in die Unentbehrlichkeit der manuellen Berufe gewesen sein. Diese egalitären Auffassungen konnten sich aber auf die Dauer auch im „Überbau" nicht gegen die tief verwurzelten Vorurteile zu Lasten der manuellen Berufe behaupten. Bereits im 14. und 15. Jahrhundert finden wir in zwei voneinander abhängigen syrischen und ägyptischen Gesellschaftspiegeln, Tāǧ ad-dīn as-Subkīs *Muʿīd an-niʿam wa-mubīd an-niqam*[28] und Abū Ḥāmid al-Maqdisīs *Baḏl an-naṣā'iḥ aš-šar'iyya fī-mā 'alā 's-sulṭān wa-wulāt al-umūr wa-sā'ir ar-ra'iyya*[29], in denen alle denkbaren Tätigkeiten der Zeit verzeichnet sind, insgesamt 114 an der Zahl (so viele Suren hat auch der Koran), also vom Sultan bis zum Schuster, vom Oberrichter bis zum Kloakenreiniger, vom Arzt bis zum Vergolder, vom Berufszeugen bis zum Hundeführer, die Inhaber handwerklicher Berufe am Ende der Liste. Und diese Position ist bekanntlich verinnerlicht geblieben und ist im übrigen levantinisches Gemeingut. Wer von uns hat sich auf einer Orientreise noch nicht über den in einem Büro arbeitenden Ge-

26 Vgl. Shatzmiller: Labour (Anm. 14), S. 381, sie zitiert Makkīs *Qūt al-qulūb*.
27 Vgl. ebenda, S. 380.
28 Ed. David W. Myhrmann, London 1908, Nachdruck New York o.J. Wesentliche Teile dieses Buches liegen in deutscher Übersetzung vor: Rescher, Oskar (Reşer, Osman): Gesammelte Werke, Abteilung V, Band 2, Osnabrück 1980, S. 691–855.
29 Hs Berlin Arab. (Ahlwandt) Nr. 5618.

sprächspartner amüsiert, der sich als Zeichen dafür, daß er seine Hände nicht mit irgendwelchem Werkzeug oder Material beschmutzen und wirklich zupacken muß, den rechten Fingernagel ins Unermeßliche wachsen läßt?
Ein Name darf in diesem Überblick über mittelalterliche islamische Haltungen gegenüber den unterschiedlichen Tätigkeiten und Arbeitsfeldern allerdings *nicht* unerwähnt bleiben, nämlich derjenige des 1406 verstorbenen nordafrikanischen Historikers und Soziologen Ibn Ḫaldūn. In seiner Gesellschaftslehre hat Arbeit einen prominenten Platz. In seinen berühmten *Prolegomena zur Geschichte* stoßen wir im Kontext der ihn zugleich amüsierenden und irritierenden ewigen Spolienjägerei und Schatzsucherei der Ägypter in den Ruinenstätten aus pharaonischer Zeit auf die ironische Bemerkung, selbst wenn diese Schatzsucher einmal das große Glück hätten, in den Mastabas auf einen kostbaren Gegenstand aus heidnischer Zeit zu stoßen, so könne man doch sicher sein, daß der Gegenwert dieses Fundes fast nie auch nur den dafür geleisteten Arbeitsaufwand amortisieren könne[30].
Arbeit ist für Ibn Ḫaldūn der Nenner und die Bezugsgröße jeglichen Wirtschaftslebens. Arbeit gewährleistet das Überleben der Menschheit. Arbeit ist für ihn, wie Jahrhunderte später für Adam Smith, die Quelle des Wohlstands[31]. Ibn Ḫaldūn differenziert zwischen „natürlichen“ und „unnatürlichen“ Gewerben bzw. Tätigkeitsfeldern. Landwirtschaft und Handwerk zählen für ihn zu den ersteren, während Handel, Dienstleistungen (wie zum Beispiel die Finanzverwaltung) und rein intellektuelle Tätigkeiten „unnatürlich“ sind. Quer zu dieser Gliederung steht seine Einteilung von Arbeiten in höher- und minderwertige. Hier finden wir auch bei ihm die anstrengende Landarbeit am Ende der Leiter, die anderen Gewerbe hingegen mehr oder weniger hoch angesiedelt, je nachdem wie viel Geisteskraft zu ihrer befriedigenden Ausführung vonnöten ist. Daß die Erträge individueller Arbeit von gesellschaftlichen Rahmenbedingungen mitgesteuert werden, hat Ibn Ḫaldūn ebenfalls hervorgehoben. Zur Arbeit, mag sie auch noch so spezialisiert und hochwertig sein, muß ein Umfeld treten, in dem sie angemessen genutzt und gewürdigt werden kann. Dazu rechnen Sozialprestige und – kein Wunder angesichts der damaligen Herrschaftsverhältnisse – sich der Ausbeutung enthaltende politisch-militärische Eliten. Letztere stellen auch für ihn – wie für all die anderen zeitgenössischen Betrachter – die unangefochtenen Spitzen der Gesellschaftspyramide dar. Deren willkürliche Wirtschafts- und Handelspolitik kann auch die verheißungsvollste individuelle oder kollektive Leistung ersticken[32].
Davon abgesehen kam der Obrigkeit, egal wie autoritär sie sich darbot, in der Tradition des Hellenismus auch eine vom islamischen Recht nostrifizierte ordnende und regulierende Funktion zu. Eine städtische Autonomie auf den Säulen sich selbst

[30] Vgl. Rosenthal, Franz: The Muqaddimah. An Introduction to History, Band II, London 1958, S. 319–26.
[31] Vgl. Shatzmiller: Labour (Anm. 14), S. 394–5.
[32] Vgl. ebenda, S. 396.

verwaltender spätmittelalterlicher europäischer Zünfte hat es im islamischen Orient nicht gegeben. Der Staat führte unangefochten Regie. Er erhob die Abgaben, er verpachtete die städtischen Immobilien, in denen, wie schon betont, die Produktion und der Vertrieb häufig, um nicht zu sagen meist, unter einem Dach vereinigt waren, er steuerte das städtische Wirtschaftsleben über den von Byzanz ererbten Markt- und Sittenvogt (*muḥtasib, agoránomos*), dem für die einzelnen, traditionell auf engem Raum zusammengeballten Gewerbe Inspektoren zur Seite standen. Diese juristisch geschulte Gewerbeaufsicht achtete darauf, daß Maße und Gewichte stimmten, daß nicht gegen Sitte und Anstand verstoßen wurde und sich keine Ketzereien regten. Die Landarbeit gehorchte anderen Gesetzen. Die nur in bescheidenem Umfang an der Geldwirtschaft beteiligte Bauernschaft trat im späten Mittelalter, das ich etwas besser kenne, mit den Militärs und Staatsbeamten, denen die Erträge eines oder auch eines halben Dorfes oder einer Ölmühle als Lohnersatz für ihre Dienste zugeteilt waren, meist nur über Mittelsleute zusammen. Diese sammelten den Zehnten und andere Abgaben, auf die hier nicht näher eingegangen werden soll, ein und leiteten sie den Benefizienten zu, die aus diesen Einkünften sich selbst und – im Falle von Militärs – die ihnen unterstehenden Soldaten ausrüsten und alimentieren mußten.

3 Kapitalistische Werkethik: Der Sonderfall der Ibāḍiten

In den bisherigen Ausführungen ist, so ist zu hoffen, bereits deutlich geworden, daß keine Rede davon sein kann, daß die islamische Religion als Moral- und Rechtsordnung leistungsfeindlich sei und den Gläubigen angesichts eines für sie alles bestimmenden Gottes vom persönlichen Ringen um die Früchte seiner Arbeit entbinde. Im Gegenteil. In wirklich frappanter Parallele zum Calvinismus finden wir in bestimmten streng deterministischen bzw. prädestinatianischen Kreisen des Islams sogar eine besonders hochentwickelte Werkethik. Ich denke an die ganz zu Beginn erwähnten Ibāḍiten, die heute längst marginalisierten Reste der sogenannten Charidschiten, egalitärer Aufsässiger der islamischen Frühzeit, die rigoros die These vom Herrschaftsanspruch des Frömmsten vertraten und durch ihre Intransigenz bereits unter den Umayyaden, also im ersten Jahrhundert islamischer Geschichte, ihren eigenen politischen Niedergang beförderten. Nur in abgelegenen Regionen der islamischen Welt, in denen eine zerklüftete oder sogar regelrecht segmentäre und akephale Gesellschaftsstruktur solchen Egalitarismus als geeignete Legitimation verwenden konnte, vermochte sich die ibāḍitische Lehre bis zum heutigen Tag zu behaupten.

Es handelt sich bei diesen Gegenden einmal um das gebirgige Hinterland Omans, zum anderen um Rückzugsgebiete Nordafrikas, nämlich um die tunesische Insel Dscherba, um den Ǧabal Nafūsa in Libyen und vor allem um die fünf bzw. sieben Oasenstädte des abgelegenen algerischen Mzāb am Nordrand der Sahara.

Namentlich über die letztgenannte Region und ihre Menschen ist viel geschrieben worden[33]. Diese durch unglaublichen Gewerbefleiß, durch Entsagungsbereitschaft, vielfältige Selbstverpflichtungen, Sauberkeitsideal, aber auch durch rigorosen Gruppenzwang und durch für Außenstehende höchst irritierende Auserwähltheitsideen von den anderen Muslimen geschiedenen „Puritaner des Islams" vertreten die uns aus dem abendländischen Puritanismus (oder zum Beispiel auch von den Amish, den pennsylvanischen Wiedertäufern) wohlbekannte Auffassung, daß Gott seine Gnade für diese auserwählte Gemeinschaft, die sich bezeichnenderweise schlicht als „die Muslime" (*al-muslimūn*) bezeichnet, an deren Wohlergehen sichtbar mache. „Armut und Elend sind Zeichen der Verworfenheit, sind Strafe für Sünde"[34]. Harte Arbeit ist gefordert. Der dafür fällige Lohn, der von jedem einzufordern ist, zeigt Gottes Huld. Unter den lebensfeindlichsten Umständen, die man sich nur denken kann, haben die Mozabiten ihre Oase zum Blühen gebracht und haben dank ihres überragenden Arbeitsethos in Algerien eine weit über ihren winzigen Anteil an der allgemeinen Bevölkerung herausragenden Rang im Wirtschaftsleben des Landes erworben und auch verteidigt. Als Fernhändler haben sie jahrhundertelang gemeinsam mit Angehörigen anderer ibāḍitischer Gemeinschaften aus weiter östlich gelegenen Regionen den höchst risikoreichen, aber auch ungemein lukrativen Transsaharahandel betrieben. Die Erträge wurden zum großen Teil in Immobilien investiert. Außerhalb ihres Siedlungsgebietes üben die Mozabiten bis heute ganz bestimmte Tätigkeiten zuweilen nahezu im Monopol aus, die der ibāḍitischen Obsession mit religionsgesetzlicher und körperlicher Reinheit entgegenkommen. Wir finden sie als Straßenfeger und Badewärter, aber auch in Backstuben und Metzgereien, also an Stätten, an denen mit kultisch reinen Lebensmitteln gehandelt wird[35]. Die Existenz dieser streng religiösen Ibāḍiten mit ihrem kompromißlos und zuweilen auch gnadenlos[36] kapitalistischen Erwerbsethos hat übrigens viel dazu beigetragen, die Muslime insgesamt von der mentalen Hypothek zu befreien, sie seien aus *innerreligiösen* Gründen zu kapitalistischer Wirtschaftsweise nicht in der Lage gewesen und hätten deshalb vom Spätmittelalter bis zur Neuzeit das erfolgreichere Europa an sich vorbeiziehen lassen müssen. Welche Faktoren auch immer für den Triumphzug des Westens verantwortlich gewesen sein mögen, sagen sie, der Islam als *solcher* könne dafür nicht haftbar gemacht werden.

---

33 Hervorgehoben zu werden verdient Holsinger, D. C.: Migration, commerce and community: The Mīzābīs in Eighteenth and Nineteenth Century Algeria. In: Journal of African History 21 (1980), S. 61–74.

34 Halm, Heinz: Ethischer Rigorismus im Islam: die Ibaditen des Mzâb. In: Gladigow, Burkhard (Hg.), Religion und Moral, Düsseldorf 1976, S. 191–202, hier S. 196.

35 Vgl. Halm, ebenda.

36 Vgl. Haarmann, U.: The Dead Ostrich. Life and Trade in Ghadames (Libya) in the Nineteenth Century. In: Die Welt des Islams 38 (1998), S. 9–94, hier S. 62–65.

4 Ritualgesetz und moderne Arbeitsgesellschaft

Zum Abschluß sei in einem kurzen Ausblick noch auf die spezifischen Probleme verwiesen, die sich aus der Kollision des islamischen Rechts insgesamt, vornehmlich des besonders tief in der religiösen Praxis verankerten islamischen Pflichtenkatalogs, mit den Erfordernissen der modernen Welt ergeben. Inwieweit lassen sich westliche Arbeitsauffassungen mit dem eingangs geschilderten organischen Rhythmus zwischen Gottesdienst bzw. ritueller Pflichterfüllung einerseits und dem, wie wir gehört haben, nicht minder „gottesdienstlichen" Erwerbsleben andererseits harmonisieren?
Wir stoßen hier auf die Grundfrage des islamischen Modernismus. Gibt es religionskonforme Wege, die fortschrittsverheißende westliche Lebensformen ohne weiteres mit dem islamischen Gesetz in Einklang bringen? Dürfen zwar „*un*zeitgemäße", aber explizite Weisungen des islamischen Ritualgesetzes historisiert, das heißt im Kontext der Verhältnisse des Frühislams gelesen und dann umgedeutet werden? Ein strenger Muslim wird hier entschieden mit Nein antworten. Freilich löst sich für diejenigen, die „islamische" Gesellschaften durch die Klippen der Moderne steuern sollen, mit diesem honorigen Beharren auf dem Buchstaben des Gesetzes ihr Dilemma durchaus nicht; hierin stehen muslimische Regierende übrigens in der Welt der allerorten, wogenden religiösen Fundamentalismen, vom „bible belt" über Mea She'arim bis Ayodhya, nicht allein. Also wird der in jahrhundertelanger rechtsdogmatischer Praxis eingeübte Versuch gemacht, innerhalb und mit den Mitteln des Systems Šarīʿa und Pflichtenlehre einen Ausgleich zu schaffen. Ein beredtes Beispiel ist der letztendlich kläglich gescheiterte Versuch der tunesischen Regierung in den Jahren 1959 bis 1961 gewesen, die die Volkswirtschaft beeinträchtigende Fastenpflicht gegen eine übergeordnete Pflicht des „Heiligen Krieges" (Fasten wie *ǧihād* zählen zu den sogenannten „Pfeilern der Religion") für die Wohlfahrt der Gemeinschaft und die nationale Entwicklung auszuspielen, dergemäß auf das Ramaḍān-Fasten verzichtet werden dürfe[37].
Der nunmehr in mehr als 1.400 Jahren islamischer Geschichte eingeübte Wechsel zwischen Arbeit und religiöser Pflichterfüllung, den beiden Formen des Gottesdienstes, wird wohl Bestand haben, so zeitaufwendig Gebet, Wallfahrt und Fasten auch sein mögen. In bestimmten Bruderschaften haben sich islamische Normen und eine differenzierte, durchaus an die modernen Erfordernisse angepaßte strikte Arbeitsethik eng miteinander verbunden[38]. Im Herbst 1997 war ich als Schleswig-

---

[37] Siehe Haarmann, U.: Die Pflichten des Muslims – Dogma und geschichtliche Wirklichkeit. In: Saeculum 26 (1975), 95–110, hier S. 102.

[38] Zu diesem Gegenstand gibt es äußerst anregende neuere Studien aus ethnologischer Feder, vgl. Beck, K.: Islam, Arbeitsethik, Lebensführung. In: Beck, K. & Gerd Spittler (Hg.), Arbeit in Afrika. (Beiträge zur Afrikaforschung 12), Hamburg 1996, S. 161–78, und Seesemann, R.: Islam, Arbeit und Arbeitsethik: die *zawiya* der Tijaniyya in el Fasher/ Sudan. In: ebenda, S. 141–60.

Holsteiner zur Wahl aufgerufen. Es ging um die Frage, ob der Buß- und Bettag, ein arbeitsfreier Tag, der zur Stärkung der Volkswirtschaft, konkret zur Finanzierung der Pflegeversicherung, abgeschafft worden war, als solcher wiedererstehen solle, damit, so der von den Befürwortern der Wiederherstellung des Bußtags zitierte Wortlaut des Grundgesetzes, Zeit bleibe für „seelische Erhebung“. Mit dem Appell an solch übergeordnete Werte könnte auch ein frommer Muslim seinen Einsatz für den Fortbestand arbeitshinderlicher Normen in der modernen säkularen Leistungsgesellschaft rechtfertigen.

Georg Elwert

Wissen, Freude und Schmerzen
Über Arbeit in einer afrikanischen Gesellschaft

Einleitung

Am Beispiel einer afrikanischen Bauerngesellschaft soll an Altersordnung, Bewertung und Einbettung von Arbeit gezeigt werden, was zu unserer industriellen Arbeitsgesellschaft kontrastiert. Manches in diesem Kontrast läßt die europäische Arbeitsverfassung „alt aussehen", obwohl die geschilderte Gesellschaft, die Ayizo-Bauern im westafrikanischen Bénin, als vorindustriell kategorisiert wird. Ziel unserer in diesem Band dokumentierten Forschungen ist die Beschreibung eines Möglichkeitsraumes. Nicht um Zeugnis von Wissenschaftlerfleiß in seiner zentrifugalen Vielfalt zu geben, schreiben wir von Arbeit, sondern weil wir Möglichkeiten der Zukunft von Arbeit erkennen möchten. Dies setzt voraus, daß wir die Vielfalt der Formen des menschmöglichen Seins thematisieren.
Da die folgenden Beschreibungen nur Arbeit in einer bestimmten afrikanischen Gesellschaft schildern, ist es angebracht, auf die große Diversität von Formen und Einbettung der Arbeit in afrikanischen Gesellschaften hinzuweisen. Die Unterschiede zwischen afrikanischen Gesellschaften sind größer als die zwischen west-, ost- und südeuropäischen. Die Arbeit von Wildbeutern (Jägern und Sammlern), Hirten, Kleinbauern, Plantagen- oder Minenarbeitern läßt sich nicht auf einen Nenner bringen.
Es gibt aber nicht nur große Unterschiede und starke Kontraste (die der folgende Text akzentuiert), sondern auch überraschende Ähnlichkeiten[1]. Spittlers Schilderung von Hirtenarbeit bei den Tuareg zum Beispiel zeigt meines Erachtens überraschende Parallelen zu intellektueller Arbeit (Spittler 1996). Der Umgang mit der Zeit ist von flexiblen Rhythmen geprägt. Oft arbeitet man „gegen die Zeit". Angst und Lust, die unsere europäische Gesellschaft soweit als möglich aus Arbeitsprozessen ausgrenzt, sind bei Hirtenarbeit wie bei kreativer intellektueller Arbeit ein nicht verdrängbarer Teil des Tuns und zum Teil Bedingung seiner Effizienz.

---

[1] Vgl. Wallman 1979 und Beck & Spittler 1996.

Die beiden Themen, welche aus der Sicht der Ayizo auffallen, ja sogar befremden, wenn sie etwas über Arbeit in Europa hören – die Altersordnung der Arbeit und das Arbeitswissen – stelle ich voran. Dann erst behandele ich die beiden klassischen Themen der Wirtschaftsanthropologie „Einbettung“ (Polanyi 1944) und „Entfremdung“ (Marx 1968). Vor diesem Hintergrund kann dann der Begriff der Arbeit, so wie er emisch, das heißt kulturimmanent, bei den Ayizo gefaßt ist, erläutert werden.

1 Der Lebenszyklus der Arbeit

Als ich im Februar 1999 in dem Ayizo-Dorf Ayou Bekannte begrüßte, fragten sie mich nach meiner Arbeit. Erstaunt faßte einer nach: „Was, bist du immer noch in demselben Beruf wie vor 20 Jahren?“ Sofort begannen die Umstehenden über meinen Kopf hinweg zu diskutieren. Ob ich vielleicht die Frage falsch verstanden hätte? Nein, auch andere hatten es so vor nicht allzu langer Zeit von mir gehört. „Du bist also immer noch in Lohn tätig?“ vergewisserte sich ein anderer. – „Wäre es nicht an der Zeit, eine eigene Plantage anzulegen oder ein Handelsgeschäft aufzumachen?“ – „Wissen die im Lande der Weißen (*yóvotòmɛ*) nicht, daß jede Arbeit ihr Alter hat?“ – „Du gehörtest doch mit uns zusammen vor 20 Jahren zur Altersklasse der jungen Männer (*dɔnkpɛ̀*). Und jetzt sind wir in der Altersklasse der Großen!“ Da entgegnete einer: „Aber im Lande der Weißen haben die eine Medizin, die sie trinken. Die hält ewig auf 25!“ Andere widersprachen und hielten fest, daß in Europa offensichtlich eine absurde Ordnung der Arbeitsalter herrsche.

Dies Gespräch verweist auf eine Selbstverständlichkeit der Arbeitsordnung der Ayizo[2]. Für sie gehört zu jeder Altersklasse eine typische Form von Arbeit. Der Begriff der Altersklassen wurde zuerst an ost-afrikanischen Gesellschaften entwikkelt[3]. In Abhängigkeit von der Generation des Vaters und vom Lebensalter werden dort in vielen Gesellschaften die Knaben durch ein Übergangsritual zu jungen Männern und steigen dann alle acht Jahre mit den Leuten ihrer Klasse durch ein neues Übergangsritual in jeweils höhere Klassen auf. Zum Teil bestehen ähnliche Rituale für Mädchen und Frauen. Jede Klasse hat spezifische gesellschaftliche Aufgaben und Rechte – insbesondere Eigentumsrechte. In Westafrika finden sich ähnliche Formen. Bei den Ayizo bestehen zwar keine Übergangsrituale, die den Zugang zu bestimmter Arbeit eröffnen, Altersklassen mit spezifischen Aufgaben finden sich aber auch[4]. Die *dɔnkpɛ̀* (jungen Männer) sind zuständig für die Verteidigung, für

---

[2] Die Ayizo (phonetisch *áyizɔ*) leben im Süden der Republik Bénin. Näher habe ich sie in Elwert 1983 geschildert.

[3] Zu Lebenslaufstrukturen in nicht-westlichen Gesellschaften siehe Elwert, Kohli & Müller 1990.

[4] Die Bezeichnung ‘Altersklasse’, die ich hier verwende, wird von anderen Autoren (z. B. Ernst W. Müller 1983) in einem restriktiven Sinn gebraucht. Müller würde hier nur von

inszenierte Scherze und insbesondere für die harte Arbeit des Schwendens (Urbarmachens) der Felder. Beim Schwenden müssen die Bäume und Sträucher abgeschlagen werden, bevor sie verbrannt werden. Diese Arbeit wird dann, wenn Urwald zu Feld verwandelt wird, metaphorisch als Krieg (*ahwán*) bezeichnet[5]. Körperkraft und Geschicklichkeit sind gefragt. Sie geben die dominanten Leistungsparameter vor. Auch die Tänze ordnen sich dieser Bewertung unter, wie wir am Beipiel der Prestigeordnung sehen werden.

Junge Erwachsene als „Krieger"

Andernorts (etwa bei den von Westermann [1935] geschilderten Glidyi-Ewe[6]) war es vor der Kolonialzeit die selbstgestellte Aufgabe dieser Altersklasse, Raubzüge in die Fremde zu unternehmen. Den Ertrag hatten sie dann heimzubringen. Bei den Xulanu, die wie die Glidyi-Ewe südwestlich der Ayizo leben, lag und liegt das „Kriegsziel" weder im Urwald noch bei den Fremden, sondern jenseits der gefährlichen Atlantikbrandung. In schmalen Einbäumen paddeln sie durch die hohen, sich überschlagenden Wogen, um auf dem offenen Meer ihre Netze auswerfen zu können. In allen drei Gesellschaften haben die *dɔnkpɛ̀* eine Selbstorganisation mit selbstgegebenen Regeln und gewählten Repräsentanten. Bei den Xulanu ist es die Aufgabe der Dorfgemeinschaft oder der Verwandtschaftslinie, für das junge Fischerkollektiv den Einbaum – die kostspieligste Investition – zu kaufen. Wir haben hier einen intergenerationellen Eigentumstransfer unter Lebenden, der im Ausmaß dem Erbe – dem Eigentumstransfer nach dem Tode – entspricht, wie ihn die europäischen Gesellschaften praktizieren. Hier, bei den Xulanu, muß man von einem „Vor-Erbe" sprechen. Ähnlich – ebenfalls als Vor-Erbe – verläuft der Eigentumstransfer bei vielen ostafrikanischen Hirtengruppen. Dort allerdings wird man erst dann „Herden-Unternehmer", wenn man vorher Krieger war und so möglicherweise schon durch Raub zur Akkumulation von Vieh beitrug.

'Stufen' sprechen. Durch meinen Sprachgebrauch möchte ich das Phänomen der Selbstorganisation der *dɔnkpɛ̀* hervorheben. Siehe Elwert 1990.

5 Auch nach dem Abholzen der letzten Urwälder in den 70er Jahren des 20. Jahrhunderts ist das Schwenden noch erforderlich. Denn im tropischen Klima wächst die Spontanvegetation – außer auf ausgelaugten Böden – in der Zeit zwischen Ernte und neuer Aussaat wieder etwa einen Meter hoch. Nach mehreren Jahren Feldbestellung muß man zudem das Feld zur Regeneration brach liegen lassen, so daß ein mehrere Meter hohes Buschwerk emporwächst. Nach dem Schwenden wird der Boden nicht mehr bearbeitet. Zum Säen werden Löcher in den Boden gestoßen. Er wird in ihrem eigenen Siedlungsgebiet nur selten umgegraben und nie gepflügt. Die nach dem Schwenden anstrengendste Arbeit ist das Jäten.

6 Die Glidyi-Ewe leben an der Grenze von Togo und Bénin.

Die Idee, daß man als junger Mann (und zum Teil auch als junge Frau) außerhalb der eigenen Grenzen akkumulieren sollte, um dann zu Hause zu investieren, findet sich auch bei den Ayizo und ihren Nachbarn. Sie gründen Arbeitskollektive (*ajɔ̀lu*), die sich als Lohnarbeiter auf anderer Leute Felder verdingen und als Gruppen bis ins Innere von Nigeria ziehen, um dort ihnen hoch erscheinende Löhne zu erzielen. Einige wenige dieser *dɔnkpɛ̀* sind als Schwarzarbeiter schon bis nach Deutschland gelangt. Sie sehen sich nicht als ausgebeutet, sondern sprechen von „Krieg“ auf Kosten ihrer Arbeitgeber und -vermittler, sie betreiben – subjektiv – räuberische Akkumulation. Betrügerische Arbeitsvermittler und – in Nigeria – Straßenräuber schaffen für sie allerdings auch kriegsähnliche Risiken. Auch eine Anzahl junger Frauen zieht in die Ferne, in Städte oder reiche nigerianische Dörfer. Sie bilden aber keine Gruppen, sondern folgen anderen Frauen. Nicht alle kommen wieder. Manche verheiraten sich dort. Daß die Mehrheit noch im Dorf bleibt, könnte damit zusammenhängen, daß denen, die in der Ferne für Lohn arbeiten, nachgesagt wird, sie verkauften auch Liebe. Da seit den 70ern des zwanzigsten Jahrhunderts keine Urwälder mehr zu schwenden sind, wurde bei den Ayizo die Wanderarbeit zum normalen Element des Lebenszyklus aller jungen Männer und eines großen Teils der unverheirateten jungen Frauen.

Selbständige Arbeit der „großen“ Erwachsenen

Nach der Phase harter physischer Arbeit wird man selbständig. Man wird dann eine alte oder große Person (*mɛxó*) genannt. Bei vielen reicht es nur zur Landwirtschaft auf dem eigenen Feld oder – bei Frauen – zum Kleinhandel im eigenen Wohnviertel. Manche aber können mit dem ersparten Geld eine Pflanzung anlegen – oder als Frau vor allem – in den überregionalen Handel einsteigen.
Der Einstieg in die selbständige Tätigkeit hat kein festes Alter. Eine Zeitlang kann man auch zwischen beiden Bereichen pendeln. Es gibt sogar Frauen, die nach kurzer Ehe, unzufrieden mit ihrer ökonomischen Lage, wieder die Ferne suchen und erst wiederkommen, wenn sie reich geworden sind – unter Umständen nachdem sie einen zweiten Ehemann hatten. Die Arbeitskräfte folgen der Konjunktur. Die Hoffnung auf einen neuen Boom in Kakao läßt junge Migranten ins Dorf zurückkehren und eine Pflanzung anlegen. Eine durch Wachstum der nahen Großstadt gestiegene Chance, als Fahrer eines Motorradtaxis Geld zu verdienen, läßt sie wieder in die Stadt zurückkehren. In diesem System gibt es keine Arbeitslosen. Man steht entweder in Lohn oder man ist Unternehmer, bisweilen armer Unternehmer. Eigenarbeit ohne Erwerbszweck ist immer dabei. Sie kann die Subsistenz verbessern. Als Arbeit gilt sie immer.
Die Arbeit endet nie. Auch ein alter Mensch wird sich bis zum Ende des Lebens mit einem Werkzeug in der Hand jede Woche in der Vegetationsperiode auf den Weg zum Feld oder Garten machen, zumindest um zwei, drei Pflanzen zu jäten.

Ich sah einen etwas über 100jährigen Mann, der für die 30 Meter Weges trippelnd den größten Teil seiner anderthalb Stunden „Arbeit" (die nur wir in Anführungszeichen setzen) brauchte.[7] Wer nicht zur Arbeit auf dem Feld oder dem Markt geht oder – etwa als Schmied – in der Werkstatt mit seinem Rat dabei ist, der ist krank oder – mit einem Euphemismus – „es beugt sich ihm der Hals" (er ist ermattet, *nú cì kɔ́ nì*).

Die formende Kraft der Arbeitsmarktgrenzen

Die Bedeutung des Wortes Arbeitsloser, auf französisch „chômeur" (gesprochen *comɛ́*)[8], ist unter den Ayizo verschwommen. Man verwendet es gegenüber Fremden, um diesen eine Suche nach Kooperation zu signalisieren. Mal bedeutet es armer junger Mann oder arme ledige Frau, mal heißt es, daß jemand als Tagelöhner so erfolgreich ist, daß er mit Selbstbewußtsein eine neue Arbeitsstelle suchen kann. Untätig ist keiner, der sich als „chômeur" bezeichnet. Nur wenn er krank ist, ist er untätig und würde das auch so benennen.

Aus dieser Perspektive sehen wir die Grenzen der Arbeitsmärkte, wie wir sie in Europa erleben, deutlicher: es gibt Grenzen des Lebensalters, Staatsgrenzen und Formgrenzen des Übertritts zur Arbeit als Unternehmer, Händlerin oder Hausfrau. Die in Europa und Nordamerika gängige Methode, Arbeitsmärkte zu thematisieren, indem das Verhältnis Lohnarbeit versus Arbeitslosigkeit in den Vordergrund gerückt wird, erscheint aus dieser „afrikanistischen" Sicht als dogmatisch.[9] Gewiß, für kurz- und mittelfristige Prognosen macht es Sinn, die Grenzen des Arbeitsmarkts allein bezogen auf dem Lohnarbeitssystem immanente Größen zu betrachten: Produktivität, Nachfrage, Zahl der Beschäftigten und Arbeitsuchenden. Es gibt jedoch auch formative Grenzen („kulturelle Grenzen") des Arbeitsmarkts: die Entscheidung, ab wann ein Kind arbeiten kann, die Bewertung, ob es schicklich für Ehefrau oder Ehemann ist, sich zu verdingen, und nicht zuletzt die Möglichkeit, als Bauer, Händler oder gewerblicher Unternehmer selbständig tätig zu werden. Aus der Sicht des Sozialanthropologen sind diese formativen Grenzen mittelfristig nicht weniger, sondern eher stärker beeinflußbar als die durch Konjunkturfaktoren gesetzten Grenzen des Arbeitsmarktes.

[7] Beobachtung 1970 in Azohé-Aliho unter Leuten, die sich sowohl als Ayizo als auch der Abstammung nach als Xweda bezeichnen.

[8] Etwas häufiger wird dieser Ausdruck von in die Stadt gewanderten Ayizo mit einer sexuellen Konnotation im Sinne von 'partnerlos sein' verwendet, ohne daß den Sprechern, die kaum Französisch beherrschen, dies als Metapher bewußt ist.

[9] Vgl. hierzu auch Ganßmanns Vergleich (2000: 252–254) von Raten der Arbeitslosigkeit und der Nicht-Beschäftigung (welche Arbeit beinhalten kann).

Ein flexibler Übergang – in beiden Richtungen – zwischen Lohnarbeit und Selbständigkeit war auch in Deutschland in der frühen Wachstumsphase der Industriegesellschaft eines der Merkmale, das Entwicklung ermöglichte (Lutz 1989). Krisen wurden abgepuffert, „unternehmerisches" Selbstbewußtsein hielt sich über Phasen von Lohnarbeit und Arbeitslosigkeit hinweg.

Die Effizienz der altersbezogenen Arbeit

„Jede Arbeit hat ihr (spezifisches Lebens-)Alter." Diese Einsicht, aus der Sicht der Ayizo eine Banalität, stand am Anfang dieses Beitrages. Typen von Arbeit tendenziell oder rigide bestimmten Lebensaltern zuzuordnen, ist keine exotische Bizarrerie. Unter Bedingungen von unfriedlicher sozialer Umwelt, prekärer sozialer Absicherung und zwischen Dürre und Flut wechselnder tropischer Natur wird jede Gesellschaft in der evolutionären Konkurrenz prämiert, die ihre Arbeitskräfte optimal einsetzt. Wir wissen aus der Altersforschung, daß Körperkräfte, Geschicklichkeit und ein bestimmter Typ der Intelligenz, die fluide Intelligenz, ungleich über die Lebensalter verteilt sind (Baltes 1989). Witz, Kreativität und Assoziationskraft lassen ab 30–35 nach (und werden durch die kristalline Intelligenz der Erfahrung zu einem Teil kompensiert); die Fähigkeit, rasche Bewegungen im Raum zu koordinieren, wie sie der braucht, der mit einer Machete Bäume fällt (oder Basketbälle treffsicher in einen Korb befördert), schwindet spätestens ab 40 dramatisch; ein weiter mögliches Wachstum der Muskelkraft wird ab 30 durch sinkende Elastizität der Sehnen und Muskelfasern entwertet.
Vor diesem Hintergrund macht das afrikanische Modell der altersbezogenen Arbeit Sinn. So (finanziell) erfreulich (für Orthopäden) die altersgrenzenlose sportliche Betätigung in Europa ist, so unerfreulich kann für Arbeitgeber wie Arbeitnehmer die Beschäftigung einer Person sein, die den Zenit der Kreativität und Geschicklichkeit überschritten hat. Daß die europäische Industrialisierung den Identität stiftenden „lebenslangen" Beruf zum Modell hatte, beruht meines Erachtens nicht auf der Konstanz unserer geistigen und körperlichen Kräfte. Es sind vielmehr die sozialintegrativen Effekte dieser Lebensberufe und ihre soziale Absicherung (Kohli 1987), die dieses Modell durchsetzen. Dies ist aber nicht notwendigerweise ein Indiz für eine produktionsbezogene Effizienz der relativ altersneutralen Lebensberufe. Die flexible Lebenszyklus-Ordnung der Arbeit mit je nach Fähigkeiten wechselnden Aufgaben und Chancen ist aus dieser Sicht mehr als nur ein Modell des fernen Afrika, sie könnte unsere Zukunft sein.

2 Wissen als Teil des Arbeitens

Im Vorwort thematisierte Manfred Bierwisch zu Recht den Zusammenhang von Arbeit und Technologie in der Moderne. Aus der Sicht meiner afrikanischen Gesprächspartner heißt Modernisierung allerdings, daß Arbeit idiotischer wird. Die Arbeitseffizienz eines Schwendbauern hängt entscheidend von seinem Wissen ab. Um zu wissen, wo er welches Saatgut ausbringt, muß er den Bodentyp und das Mikroklima bewerten. Beim Jäten muß er nicht nur die ausgesäte Frucht an den Keimblättern erkennen (das heißt zum Beispiel Mais oder Reis von sehr ähnlichen anderen Gramineen unterscheiden), sondern er muß auch die in der Spontanvegetation vorkommenden Nutzpflanzen sofort erkennen und beim Jäten aussparen. Eine ganze Reihe der wichtigen Arzneipflanzen und ein Teil der Soßenkräuter kommen als Spontanvegetation auf dem Feld vor. (Da ich diese Differenzierungen nur schwer erlernte, war meine teilnehmende Beobachtung – eine Feldforschungsmethode – für den Besitzer des Feldes ein Schaden.) Wer, wie jetzt in den Agrarfachschulen gelehrt, mit dem Pflug arbeitet (und nicht wie diese Bauern nur mit Hacke und Saatstock) und vom Landhandel bezogenes standardisiertes Saatgut nutzt, braucht dieses Wissen nicht. Er muß nur den Pflug gerade führen können und wissen, wo man Saatgut kaufen kann.

Ein nicht zu unterschätzender Vorzug des Übergangs zum Ackerbau mit Pflug oder gar zu mechanisierter Landwirtschaft und Fließbandarbeit ist, daß man auch ungeschickte und geistig behinderte Menschen beschäftigen kann. Im Zuge einer Modernisierung mit zunehmender Arbeitsteiligkeit steigt – aus dieser Sicht – die Idiotensicherheit des Arbeitens. Daß auch als minderbegabt auffallende Personen durch Bestechen oder den Zufall der Examen in den Staatsdienst gelangen können und dort mehr verdienen, als wenn sie in der Landwirtschaft geblieben wären, wird von manchen Ayizo gern als Beleg für die sinkenden intellektuellen Anforderungen der „modernen" Arbeit zitiert.

Besonders deutlich ist den Ayizo die Intelligenzanforderung ihrer traditionellen Arbeitsweisen beim Jagen[10] und Sammeln. Hier ist nicht nur Geschicklichkeit, sondern auch akkumuliertes Wissen (kristalline Intelligenz) gefragt. Nicht jeder oder jede hat die Voraussetzungen, um hier erfolgreich zu sein. Problematisch ist es, wenn man längere Zeit aus der Übung kommt, etwa durch Lohnarbeit als Wanderarbeiter fern der Heimat. Das Wissen von Spuren der Tiere und Zeichen der Vegetation ist dann häufig nicht mehr parat.

Oft wird vermutet, durch die Entwicklung von hybridem und transgenem Saatgut würde lokales Wissen entwertet. Bisher läßt sich dies noch nicht feststellen. Im Gegenteil, die Züchtung neuen Saatguts – bisher schon der Stolz einiger weniger besonders „wissender" (*tún*) und gut situierter Bauern – erhielt durch die neuen,

[10] Diese Intelligenzanforderung an Arbeit gilt weniger für das Fallenstellen, wohl aber für die Jagd mit dem Bogen, der Armbrust, dem Pfeilkatapult oder dem Vorderlader.

von internationalen Forschungsstationen entwickelten Saaten Auftrieb. Die Bauern machten selbst Experimente mit von den Stationen gestohlenem Saatgut und entwickelten neue Sorten (Elwert & Séhouéto 1999). Aus diesen erfolgreichen Versuchen kann man allerdings nicht eindeutig auf zukünftige Entwicklungen – etwa eine Aufwertung oder Entwertung – des lokalen Wissens schließen. Für den jetzigen Zeitpunkt erscheint es als untergenutzt, als vergeudete intellektuelle Ressource.

Ein Defizit in der Versprachlichung des Wissens

Vom Wissenstyp handelt es sich bei dem bäuerlichen Wissen zu einem großen Teil um Wissen, das man im Griff hat (enaktives Wissen), Wissen, das man spürt, schmeckt oder riecht (sensuelles Wissen) oder Wissen, das man vor Augen hat (ikonisches Wissen) (Vygotski 1964). Diese Wissenstypen sind vom sprachlich ausdrückbaren Wissen (symbolischen Wissen) getrennt. Sie in Sprache zu übersetzen, setzt ein Vokabular voraus.

Daß die Kultur der heutigen Industriegesellschaften ein entsprechendes Vokabular besitzt – und darüber hinaus eine Syntax, welche den Dialog von Frage und Antwort in einen erklärenden Monolog transponiert –, verdankt sie der Schriftkultur (Elwert & Giesecke 1987). Um abwesenden Personen differenziertes Wissen mitzuteilen, muß dieses Wissen versprachlicht werden. Wenn dies geschieht, kann man durch schriftlichen Text anderen Menschen arbeitsrelevantes Wissen (Technologie im weiteren Sinne) mitteilen. Es steigt die „Intelligenzkapazität" des Mediums Schrift. Das Fehlen einer Schriftkultur wirkt sich bei den Ayizo bei jenem Wissen aus, welches sie in der Arbeit einsetzen und durch anschauliche Demonstration lehren. Als nonverbales Wissen wird es höchstens von Fall zu Fall (akzidentiell) versprachlicht, aber kaum in sprachlicher Form gespeichert und standardisiert. Es wird nie schriftlich kommuniziert. Von arbeitstechnischen Innovationen in anderen Gegenden erfährt man nur durch Zufall. Man kann in keiner Bibliothek oder Website danach suchen.

Um das große Kapital des nonverbalen Wissens zu vernetzen, zu vergleichen und durch Selektionsprozesse weiterzuentwickeln, wäre eine Versprachlichung erforderlich. Das geschieht aber in Bénin nicht. Das Bildungssystem geht auf dieses Wissenspotential nicht ein. Selbst im Rahmen dessen, was man mit den europäischen Schulsprachen erreichen kann, sind die Schulen Bénins suboptimal. Das Auswendiglernen anwendungsferner kanonischer Bildung entwertet die Schule zur reinen Vorbereitung auf ritualgleiche Examina. Die meisten Kinder beenden sie nicht und werden nach kurzem wieder Analphabeten.

So bleiben die Wanderarbeiter der Ayizo (und der Xulanu) im Ausland Spezialisten für körperliche Arbeit, welche Kraft und Geschick erfordert. Wenn es darauf ankommt, rasch ohne Worte komplizierte Handgriffe zu erlernen und subtil mit komplizierten Materialien umzugehen, schlagen sie in Anlernberufen ihre europäi-

schen Konkurrenten. Wir finden sie mit anderen Afrikanern als Schwarzarbeiter auf deutschen Baustellen im Innenausbau oder (die Xulanu) als Seeleute auf ausgeflaggten Frachtern.
Wer Arbeitsprozesse in vorindustriellen Gesellschaften beobachtet, ist oft von der in die Arbeit investierten Intelligenz fasziniert. Menschen, die man noch wenig zuvor als Analphabeten geringschätzte, bewältigen hochkomplizierte Arbeiten, ja entwickeln sogar kreative Lösungen. Diese Erfahrung läßt das meiste der alltäglichen Arbeit in der eigenen Gesellschaft, der Industriegesellschaft, öde und stupide erscheinen. Wenn man dann jedoch erlebt, wie diese afrikanischen Arbeiter ihr Wissen nur begrenzt austauschen und vernetzen können, erkennt man, daß sie ohne Schriftkultur in einer Sackgasse der Wirtschaftsentwicklung gefangen sind. Daher muß sich der Blick von den individuellen Leistungen abwenden und auf ein selbstverständlich erscheinendes Element unserer gesellschaftlichen Ordnung richten: die durch Institutionen vermittelte Versprachlichung und Verschriftlichung des Wissens, eben Schriftkultur. Vielleicht ist es uns nicht bewußt genug, wie sehr unsere Wirtschaftsentwicklung davon abhängt, daß die Versprachlichung und Verschriftlichung ein Allgemeingut ist, welches in jeder Generation neu wieder verbreitet werden muß.

3 Die gesellschaftliche Einbettung der Arbeit

Arbeit ist immer Handeln, das in mehr oder minder starkem Maße der Gewißheit über die Zukunft bedarf. Eine gesellschaftliche Einbettung der Arbeit kann diese Gewißheit schaffen.
Unter einer Einbettung wirtschaftlichen Handelns verstehen wir einen normativen Rahmen, der zweiseitig Vorhersehbarkeitsräume eröffnet. Einerseits werden Risiken ausgeschlossen und andererseits werden die Langfristigkeit von Zulieferung und Absatz von Gütern und Leistungen und die Stabilität der Verträge und normativen Rahmen garantiert. In einer Marktwirtschaft kann zum Beispiel eine Korruption der Richter ausgeschlossen werden, die verhindern würde, daß die Vertragseinhaltung erzwungen werden kann. Vertrauen in Wirtschaftspartner kann Ausdruck einer Einbettung sein. Im präzisen Sinne des Begriffs der Einbettung geht es jedoch nicht um Vertrauen, sondern um Vorhersehbarkeit. Daß die gesellschaftliche Einbettung keine Selbstverständlichkeit ist, sondern immer wieder neu geschaffen werden muß, kann man bei den Ayizo für die zweite Hälfte des 20. Jahrhunderts an der Arbeit der Selbständigen deutlich machen.

Rechte, Netzwerke und Klientelismus

Investive Arbeit ist in bezug auf die Stabilität der Einbettung besonders sensibel. Wenn ein Bauer eine Pflanzung anlegt – eine besonders harte Arbeit, da er die Wurzeln konkurrierender Baumarten ausroden muß – braucht er eine langfristige

Sicherheit. Die Enteignung bäuerlicher Ölpalmpflanzungen 1960–62 zugunsten einer Staatsgesellschaft ließ die meisten Ayizo vor neuen Pflanzungen zurückschrecken. Erst fünf Jahre nach der Liberalisierung von 1989/90 begann man wieder größere Pflanzungen anzulegen.

Freilich ist auch bei defizienter Einbettung ein Wirtschaften oder sogar ein Boom möglich. Bei hohen Profiten können auch größere Risiken eingegangen werden. Ein Beispiel hierfür, von dem die Ayizo hören, das aber meines Wissens noch keiner von ihnen erkundet hat, sind die Gewaltmärkte. Als Söldner und gleichzeitig Räuber kann man derzeit in Sierra Leone und Liberia schneller reich werden als mit anderer Erwerbsarbeit. Die Risiken allerdings sind hoch.

Quantitativ gesehen fußt die meiste Arbeit im ländlichen Raum auf zwei sozialen Beziehungen, die wir Langfristrechte nennen: dem Eigentum am Boden und der Ehe. Der größte Teil der Ayizo-Bauern kann auf eigenem Land wirtschaften. Solange es sich nicht um Pflanzungen handelt, die die Begehrlichkeit mächtiger Akteure im Staatsapparat wecken, ist die Sicherheit gegeben. Durch diese Sicherheit sind auch andere Transaktionen möglich. Wegen der langen Brachezeiten kommt fast jeder Bauer einmal in die Lage, Boden leihen zu müssen. Wer – zum Beispiel für Zeremonien – viel Bargeld braucht, wird Land verpfänden.

In einen Text über Arbeit, der im Kontext der Diskussion über die Entwicklung der (westlichen) Arbeitsgesellschaft steht, Ausführungen zur Ehe in einer afrikanischen Gesellschaft einzufügen, mag exotisch – als Idiosynkrasie eines Afrikanisten – erscheinen; doch scheint mir, daß auch in Europa die Beziehung zwischen dem Arbeitsmarkt und der Ehe als Arbeitsbereich mehr Beachtung verdienen könnte. Die Veränderungen der ehelichen Arbeit dürften auf den Bezug zum formellen Arbeitsmarkt zurückwirken.

Die Ehe ist ein nicht minder wichtiges – eigentumsähnliches – Langfristrecht. Sie erscheint als ein wechselseitiger Arbeitsvertrag. Die Heiraten werden von ökonomischen Entscheidungen dominiert, die nicht mehr das Paar, sondern auch die Verwandten väterlicherseits, die patrilineare *lineage* oder Verwandtschaftslinie, betreffen. Die Männer und ihre Verwandtschaftslinie haben als eine Art Pfand einen Brautpreis an die Verwandtschaftslinie der Frau und vor allem an diese selbst zu zahlen. Das Geld kann als Startkapital für einen Handel dienen. Selbst die Schönheitskriterien weisen auf Wirtschaftliches. Wer breite Schultern hat, gilt als schön. Auf meine Nachfrage, ob das auch für Frauen gelte, erhielt ich zur Antwort, daß breite Schultern ja auch zeigten, daß die Frau gut Kinder auf dem Rücken tragen könne.

Mann und Frau bilden keine Gütergemeinschaft. Sie schulden einander klar festgelegte Dienstleistungen und Abgaben. Für die Grundnahrungsmittel muß der Mann sorgen, für das Kochen und die Soßenzutaten die Frau. Ob sie das Wasser von der Quelle zu holen hat, oder er eine Zisterne zu bauen hat, wird vor der Eheschließung ausgehandelt. Sie kann seine Arbeitskraft für das Schwenden eines Gartenbeetes beanspruchen, bei der Ernte muß sie ihm helfen. Vieles was in Europa oder Nordamerika zur Wirtschaft der Ehebeziehung dazugehört, ist hier Sache des Marktes. Wenn sie zum Beispiel gekochte Nahrung auf dem Marktplatz verkauft, muß er als Kunde dort dafür zahlen. Gäbe sie ihm etwas kostenlos, würde dies wie eine öffentliche Aufforderung zum Beischlaf wirken. Wenn die Frau Händlerin ist, muß sie seine Feldfrüchte kaufen, genießt allerdings ein Vorkaufsrecht. Neuerdings – seit Ende der 1990er Jahre – tritt es auf, daß Frauen – wenn sie keine Chance zum Einstieg in den Handel haben – sehr gut bezahlte Lohnarbeit als Alternative zur Ehe betrachten. Diese (ökonomische) Sicht der Frauenarbeit dürfte zu einer demographischen Umwälzung führen.

Eine zunehmende Zahl von jungen Leuten der Ayizo strömt in die städtische Wirtschaft. Die Hauptstadt Bénins, Cotonou, erlebt derzeit einen ungewöhnlichen Boom. Ökonomen schätzen das jährliche Wachstum auf 10–20 %, können diese Zahlen aber nicht veröffentlichen, da sonst das nützliche Image der Armut gefährdet wäre. Dieses Armutsbild ist nämlich Legitimation für besonders günstige Entwicklungshilfe. Für die in die Stadt strömenden Arbeitskräfte bedeutet dies, daß kein politisches Interesse besteht, ihre Arbeitsverträge zu offizialisieren. Sie arbeiten im sogenannten informellen Sektor, genauer: im informell gehaltenen Sektor, der Wirtschaft.[11] Diese Arbeit ist relativ selten selbständige handwerkliche Produktion oder Handel, sondern meistens abhängige Erwerbsarbeit mit Zeitlohn und – häufiger – Stücklohn oder knebelnden Provisionsverträgen. Sie ist insofern Erwerbsarbeit zu nennen, als sie kontraktuelle und monetäre Formen hat. Der sozialrechtliche Schutz, den wir mit Erwerbsarbeit verbinden, fehlt allerdings fast durchgängig.

Der fehlende formelle Schutz wird durch ein ganzes Bündel von Maßnahmen kompensiert. Eine davon ist die Bildung von Netzwerken. Man sucht Arbeit bei Leuten, die Bekannten, Verwandten, Verwandten von Bekannten oder Bekannten von Verwandten verpflichtet sind. Man begrenzt von beiden Seiten die Risiken durch weitgehend autonom zu erledigende Aufgaben. Das, was zum Beipiel aus europäischer Sicht wie eine große Autoreparaturwerkstatt aussieht,[12] entpuppt sich, aus der Nähe betrachtet, als ein Netz von Unternehmern und Subunternehmern. Die einen schrauben, die anderen schweißen, andere wieder stanzen aus Altmaterial Blechteile und Dichtungen, wieder ein anderer lackiert und beschäftigt Polierer. Und alle werden je nach Arbeitsfortschritt und Materialbedarf bezahlt. So kann aus Schrotteilen etwas entstehen, was wie ein Neuwagen aussieht. Alle Arbeitenden sind untereinander durch mündliche Arbeitsaufträge und Werkverträge verbunden. Wer den ursprüngli-

---

[11] Von den mir bekannten in die Städte migrierten Ayizo arbeiten unter 10 % in formellen Arbeitsverhältnissen. Da unter meinen Bekannten die Menschen mit höheren Bildungsabschlüssen überrepräsentiert sind, kann ich die Zahl der im formellen Sektor Tätigen auf unter 5 % schätzen.

[12] Zum Vergleich anregende Einblicke aus Ghana verdanke ich einem Lehrforschungsbericht von Rahim Hull (1999).

chen Auftrag einbringen konnte, wer am ehesten Geld für Materialkosten vorschießen kann (bisweilen der Kunde) oder wer den Strom produzieren oder „besorgen" kann, ließe sich am ehesten als Unternehmer im europäischen Sinn ansprechen.

Besonders wichtig ist die Doppelung der Marktverträge durch andere soziale Beziehungen. Das wichtigste Mittel hierzu sind die „Zeremonien". Seit den 50er Jahren des zwanzigsten Jahrhunderts steigt nach allen Berichten der Aufwand für diese sogenannten traditionellen Zeremonien – Heiraten, Taufen, religiöse Initiationen und insbesondere Beerdigungen.[13] Durch reiche Bewirtung der Gäste und durch Gaben an die Veranstalter werden reziproke Verpflichtungen geschaffen. Selbst Bauern haben beim Tod eines Elternteils meist mehrere Hundert Personen zu bewirten. Wer es in der Stadt zu etwas bringen oder seinen Status bewahren will, muß ein oder mehrere Tausend Gäste anstreben. Ausschlagen kann man eine Einladung kaum. Ungeladene Gäste heben das Prestige des Gastgebers. Abweisen könnte er sie nie. In der einheimischen Sozialkritik werden diese Zeremonien als Verschwendung kritisiert. Wer es aber wagt, sich ihnen zu entziehen, spürt bei der nächsten Krise eines Vertrages die Konsequenzen: die erwartete Unterstützung bleibt aus. Wo das soziale Sicherungssystem leidet, erfordert die Beziehungsarbeit Investitionen.

Das ganze Bündel von Arrangements und Strategien, das soziale Sicherheit gewähren soll, wirkt bei den Ayizo recht effektiv. Von diesem Beispiel darf man aber nicht auf alle informellen Arbeitsverhältnisse in ärmeren Ländern schließen. Für Indien zum Beispiel kann dies Ravi Ahuja (2000) mit guten Argumenten bestreiten. Was die Situation der Ayizo-Lohnarbeiter auszeichnet, ist die relativ einfache Rückkehr auf eigene Felder oder die von Verwandten. Trotz der Wirksamkeit beklagen einige die Bedeutung der – zu Unrecht „traditionell" genannten – Netzwerke. Der hohe Aufwand an Zeit und Geld für die damit etablierten Strukturen macht ihnen Sorge.

Im Politischen wie im Wirtschaftlichen hat in Bénin der Klientelismus großes Gewicht. Nur dort, wo man glaubt, sich auf die Rechtsstaatlichkeit von Beamten und auf Gerichte verlassen zu können, ist seine Bedeutung geringer. Die Ayizo beklagen ihr geringes Gewicht in Wirtschaft und Politik und führen dies auf den dominanten Klientelismus zurück, in dem sie überwiegend Fußvolk sind, da es fast keiner von ihnen zu einer „Türhüter"-Position für monopolisierbare Ressourcen gebracht hat.

Die Regelungsdichte der Einbettung

Ein verbreitetes Klischee suggeriert, Arbeit in vorindustriellen Gesellschaften sei von der modernen Arbeit durch eine „tiefe Kluft" getrennt. In Industriegesellschaften sei sie auf den Nationalstaat bezogen rechtlich kodifiziert, während sie in jenen fernen Gesellschaften „in einem breiten lebensweltlichen Zusammenhang eingebettet" sei

---

[13] Wer von einer Zeremonie (*nu súnu* oder mit dem französischen Fremdwort: *selemonif*) ohne weitere Spezifikation spricht, meint fast immer eine Beerdigung.

(Conrad et al. 2000). Man kann gegen dieses Kontrastklischee einwenden, daß die Autoren der Selbststilisierung in den Texten der nationalstaatlichen Juristen und Politiker aufgesessen sind. Die Bedeutung der moralökonomischen Ausgestaltung der Arbeitsverhältnisse auf der Ebene der Teams und die Bedeutung der Arbeit außerhalb des Marktes, zum Beispiel innerhalb der Familie, entgehen ihnen (vgl. zum ersteren Elwert 2000). Dadurch erscheint Arbeit in Industriegesellschaften rigider und rechtsförmiger organisiert und in fernen Gesellschaften exotischer, als sie es jeweils ist. An dieser Stelle möchte ich jedoch nur die andere Seite des Klischees in Frage stellen, die Vorstellung von der „breiten lebensweltlichen Einbettung“, in welcher Arbeit „von der Familie oder religiösen Aktivitäten noch nicht rigide unterschieden“ sei (Conrad et al. 2000).

Bei den Ayizo zumindest sind die verschiedenen Arbeiten und die Rechte, die jemand an den Produkten dieser Arbeit haben kann, scharf geschieden und als deutlich getrennte Formen gesichert. Viel Arbeit wird für Verwandte, Freunde und Schwäger geleistet. Hier handelt es sich jedoch nicht um eine diffuse Solidarität, sondern um für spezifische Personen erbrachte und in der Menge genau bemessene Leistungen wie das Schwenden eines bestimmten Feldes oder das Füllen eines Speichers mit dem Grundnahrungsmittel Mais (Elwert 1980). Nicht jeder Mensch, zu dem ein Band der Sympathie besteht, kann Leistungen erwarten, sondern nur derjenige, mit welchem man eine institutionalisierte Beziehung – Freundschaft gehört auch dazu – hat. Je nach der Beziehung zwischen Leistendem und Empfänger sind unterschiedliche Sozialorganisationen (z. B. die Verwandtschaftslinie väterlicherseits oder eine Gesellschaft zur gegenseitigen Hilfe mit ihren gewählten Führern) Instanzen zur Durchsetzung versprochener oder rechtens anzufordernder Leistungen.

Die Vielfalt und hohe Regelungsdichte der Verpflichtungen sehen wir anschaulich an einem heute nur noch wenig bedeutenden Wirtschaftszweig: der Jagd. In den Wäldern, auf den Feldern und dem Brachland, welche zu den Verwandtschaftslinien des Dorfes gehören, durfte man jagen. Die individuelle Jagd vor allem der jungen Männer ging überwiegend auf große Nagetiere. Bis in die 1980er Jahre mußte der Jäger davon Haut, Kopf und einen Hinterlauf an seinen Vater oder, wenn dieser tot war, an seinen ältesten Bruder abgeben. Dieser verteilte die Stücke an die nahen Verwandten, behielt aber die Haut mit der Fettschicht. Das Rückgrat mit dem Fleisch daran wurde der Mutter, oder wenn diese tot war, der ältesten Schwester gegeben. Dem Jäger blieb also nur ein Rest von etwa der Hälfte.

Antilopen und andere größere Tiere wurden bis in die 1970er Jahre kollektiv von jüngeren Männern in Treibjagden zur Strecke gebracht. Spurensucher und Treiber erhielten die vier untersten Rippen des Wildbrets, der Jäger erhielt den Kopf, einen Hinterlauf, das Rückenfleisch und die Haut. Die anderen Läufe gingen an die Mitjäger. Den Hals erhielt der Jäger oder Spurensucher, der das Tier lokalisierte. Der Rest des Rumpfes ging an die anderen Leute im Dorfviertel und je nachdem, ob man in einem Wald der Ahnen oder in einem Wald der Wassergottheit jagte, auch an den Dorfchef oder an den Priester dieser Gottheit.

Wenn jemand nicht den Regeln entsprechend abgab, konnte er wegen Diebstahls vor die Ältesten der Verwandtschaftslinien zitiert werden. Meinen Informanten war allerdings kein solcher Fall bekannt. Zumindest hatte sich niemand erwischen lassen. Die Schande der öffentlichen Beratung über die Schuld alleine hätte ausgereicht, ihn aus dem Dorf zu treiben.

Einbettung durch Prestige

Zu einer gesellschaftlich eingebetteten Arbeit gehört auch die Zuweisung von Prestige. Reputation wird zugewiesen. Prestige kann erworben werden, wo dies gesellschaftlich institutionalisiert ist. In der Sklavenjäger und -haltergesellschaft der Fon, die vor der Kolonialzeit im Reich Danhome[14] die Ayizo beherrschten, hatte Feldarbeit ein geringes Ansehen. Anders bei den Ayizo, die die Wertordnung der Fon schon in historischer Zeit explizit abgelehnt hatten. In ihrem bäuerlichen Kontext ist Arbeit eine der zentralen Quellen von Prestige. Dies gilt bei den Ayizo sowohl für Arbeit auf dem eigenen Feld oder zum Bau des eigenen Hauses, wie für Arbeit zugunsten anderer. Auch wer als Lohnarbeiter wirkt oder einen Freundschaftsdienst leistet (in der institutionalisierten Form der Reziprozität) kann Prestige erwerben, wenn seine Arbeit schnell erledigt wird und Qualität hat. Bis in die 70er Jahre des zwanzigsten Jahrhunderts[15] war – zumindest für junge Männer – nach ihrer Aussage, die Möglichkeit Prestige zu erwerben, eine wichtigere Motivation zu Hochleistungen auf dem Feld als der monetäre Gewinn. Bei Frauen galt noch bis zum Anfang der 90er, daß das Gebären und Aufziehen von Kindern – eine Ehre schaffende Arbeit – im Falle eines Zeitkonflikts Vorrang vor dem Handel haben mußte.

Prestige erringt auch, wer beim Tanzen – einem auf den ersten Blick der Arbeit fernen Feld – durch Kraft und Geschwindigkeit der Bewegungen andere aussticht. Zum Tanz gehören auch Phasen eines Wettbewerbs. Die Musik wird lauter und schneller. Zwei Tänzer werden ermuntert, in die Mitte des Kreises zu springen und einander durch die Kraft und die Geschwindigkeit ihrer Bewegungen auszustechen. Besonders viel Beifall kann erhalten, wer durch die Geschwindigkeit seiner Bewegungen dem Trommelrhythmus synkopisch voraneilt und so seinerseits die Musiker anspornt. Wenn einer oder eine (auch Frauen treten an, sogar gegen Männer) aus dem Kreis zurückgeht, kann jemand anders den Platz einnehmen. Dieser Wettbewerb ist der Arbeit sehr nah, da die Motorik des Tanzens der der Feldarbeit fast

---

[14] In Lautschrift: Danxomɛ [Danchomä].

[15] Meine Feldforschungen in der Unterpräfektur von Allada, wo Ayizo wohnen, begannen 1968. Daher beziehen sich meine Aussagen über Wandel nicht nur auf spätere Bewertungen meiner Gesprächspartner.

entspricht.[16] Beim Tanz kann sich nur profilieren, wer durch regelmäßige Feldarbeit im Training ist. Aus diesem Grund hatten die Oberschüler des Dorfes Ayou mehrfach gegen zu athletische Tänze Stellung bezogen, da diese die Jungbauern besser aussehen ließen (Elwert 1984).

Bei der Prestigezuweisung wird Arbeitsleistung je in Bezug zur alterstypischen Fähigkeit bewertet. Der oben geschilderte über 100jährige Mann, der jeden Tag in der Saison zur Feldarbeit ging, hatte Grund zum Stolz. Seine Söhne und Enkel hatten das beetgroße Feld ganz in der Nähe des Hauses für ihn angelegt. Während er – wie es sich gehört – seine Arbeit nicht lobte, zeigten sie unverhohlen ihren Stolz auf den Alten und sein Arbeiten. Prestige kann auch ein Alter noch erwerben durch erfahrungsgesättigtes und zugleich gelassen abwägendes Urteilen, Bewerten und Entscheiden. Auch dies ist Arbeit. Wenn ein Alter hinfällig ist, kann er nicht arbeiten; er gilt als matt oder krank. Dieser Zustand bietet zwar keine Chance zum Erwerb von Prestige, ist aber auch nicht schändlich.

Personen europäischer Lebensart, welche von Ayizo beobachtet werden, erregen bisweilen ihr Erstaunen durch Nicht-Arbeit: Rentner und Arbeitslose, die ihre Subsidien verzehren, Hausfrauen, die sich nicht um Kinder sorgen müssen und dennoch nicht Händlerinnen werden. Ich wurde gefragt, ob in Europa solches Verhalten für die Betreffenden nicht schändlich sei. Dem ist (noch?) nicht so. Dennoch kann uns diese Perspektive zu Fragen anregen. Ist das geringe Einkommen von Arbeitslosen und Rentnern deren einziges großes Problem? Schafft nicht der Ausschluß von der Chance, durch Arbeit Prestige zu erwerben, ein ebenso großes Problem? Wir müssen weiterhin fragen: Welche der Einfachdienste, die manche nach nordamerikanischem Modell schaffen möchten, bieten Prestigechancen? Eine in den 80ern des zwanzigsten Jahrhunderts wichtige Frage war, ob der Arbeitsgesellschaft die Arbeit ausgehe (Dahrendorf 1983). Heute müssen wir auch fragen: geht der (Lohn-)Arbeitsgesellschaft das Prestige aus, das sie verteilen könnte?[17]

[16] Ein Unterschied zwischen Tanz und Feldarbeit liegt in der Symmetrie. Beim Tanzen sind beide Körperseiten immer in symmetrischer Bewegung, während die Feldarbeit gerade durch die einseitigen Beanspruchungen die Muskeln und Bänder hart werden läßt.

[17] Bei den Ayizo schafft unentlohnte Arbeit für Bedürftige oder für die ganze Gesellschaft große Ehre. Der Bezug zu der für die Gesellschaft notwendigen Kohäsion ist für sie evident. Ob diese Bedingung auch für die von André Gorz (1980) und Ulrich Beck (1998) geforderten „neuen“ Arbeitsformen in Europa gelten könnte, scheint mir nicht sicher.

4 Arbeitsfreude, Arbeitsleid und Entfremdung

Arbeitsfreude und Arbeitsleid wurden als Thema der Arbeitssoziologie und -ethnologie verdunkelt durch die Dominanz marxistischer Ansätze.[18] Mit „Entfremdung" scheinen diese einen überlegenen soziologischen Schlüssel anzubieten. Dieser Schlüssel ist unbezweifelbar ein hilfreicher Suchbegriff, wie Christopher Hann (2000) zeigt. Problematisch wird es jedoch, wenn als a priori gesetzt wird, daß in jedem Fall Lohnarbeit als entfremdete Arbeit nur einen Gebrauchswert für die Kapitalisten habe. Es gibt jedoch auch einen potentiellen Gebrauchswert der Arbeit für die Arbeitenden: die Arbeitsfreude! Und es gibt ein Arbeitsleid, das Lebenschancen und Lebenserwartung determinieren kann. Dies Arbeitsleid hinter die Frage der Entfremdung zurückzustufen, unter anderem um die Arbeitsbedingungen in sowjetischen Gesellschaften ausklammern zu können, war einer der Schritte, die den orthodoxen Marxismus ins Sektiererische führten. Das Engagement für bessere Arbeitsbedingungen wurde als „trade-unionistisch" abgewertet.

Manches Arbeitsleid bewältigen die Ayizo durch Routinisierung. Mit gekrümmtem Rücken unter heißer Sonne auf dem Feld arbeiten zu müssen, wird zwar beklagt, aber auch ertragen. Wenn die Arbeit aber Schmerzen verursacht – so die Frauenarbeit, große Behälter mit Wasser von der Quelle nach Hause zu tragen – läßt das Pläneschmieden nie nach, wie man sich dieser Last entledigen könnte. Die Einführung der Blechdächer und Regenwasserzisternen führte bei heiratsfähigen jungen Frauen zur Wahl jener Ehemänner, die das bieten konnten.

Die Risiken bäuerlicher Arbeit sind erheblich (und werden leider in der Arbeitsethnologie übergangen). Die wichtigste und schwierigste Arbeit ist das Schwenden – von Laien auch Brandrodung genannt. Die in den Monaten nach der Ernte oder den Jahren einer Brache hochgeschossene Vegetation wird erst abgeschlagen und dann verbrannt. Nutzpflanzen, wie zum Beispiel die Schößlinge von wildwachsenden Ölpalmen, dürfen dabei nicht beschädigt werden. Das schwere Haumesser, die Machete, ist das wichtigste Arbeitsgerät. Beim Schwenden gleitet die Machete leicht ab, verletzt Fuß oder Schienbein und führt durch die mitgerissenen Pflanzenteile und Humus zu schwer heilenden Entzündungen. Die Küchenarbeit am offenen Feuer bietet nicht minder Gefahren: offenes Feuer führt zu Verbrennungen und Rauch belastet die Atemwege. Man kann sich in der Küche durch toxische Pilze oder durch die Blausäure, welche das Grundnahrungsmittel Maniok ausdünstet, vergiften.

Arbeitsfreude ist auch etwas, was man sich (bei manchem Typ von Arbeit) organisieren kann. Statt bei der Feldarbeit allein sein Feld zu schwenden oder zu jäten, kann man dies auch im Kollektiv tun. Man formt eine Arbeitsgesellung (*ajɔ̀lu*), deren Mitglieder gemeinsam reihum auf ihren Feldern jeweils gleich viele Tage arbeiten. Die Arbeit kann auch zum sportlichen Wettbewerb werden. Rhythmischer Gesang

---

[18] Als große Ausnahmen ist hier auf Lars Clausen (1988) und auf Kurt Beck & Gerd Spittler (1996) hinzuweisen!

treibt sie voran. Durch einen zur Trommel umfunktionierten Gegenstand (im Notfall den gespannten Brustkorb) wird sie begleitet. Bisweilen feuern an diesem Tag nur für diesen Zweck arbeitende Trommler und Sänger die Gruppenarbeit an. Sie gehen im Arbeitsrhythmus mit, eilen dem Rhythmus der Hiebe voraus oder ermuntern einzelne, in ihrem Arbeitsrhythmus der Musik voranzueilen. Solche Arbeit erschöpft und macht Freude zugleich, sagte man mir.

Die *Ajólu*-Gruppen arbeiten nicht nur auf den Feldern ihrer Mitglieder. Sie verdingen sich auch kollektiv als Lohnarbeiter. Dies ist die höchstbezahlte Lohnarbeit im ländlichen Bereich. Der Lohn, der Termin der Arbeit und die Beköstigung werden mit dem Arbeitgeber ausgehandelt. Der Arbeitsrhythmus hingegen wird von der Ajólu selbst bestimmt. Die Nachfrage nach schnell und sauber arbeitenden Ajólu-Gruppen ist groß. Es kommt immer wieder vor, daß ein Feldbesitzer auf ihren Einsatz verzichten muß, weil der geforderte Lohn zu hoch ist. Die Ajólu-Lohnarbeiter sind im allgemeinen nicht auf dieses Einkommen angewiesen. Sie können sich schon vom eigenen Feld ernähren. Nur schwerlich lassen sich unsere Stereotypen von entfremdeter Arbeit mit diesem Typ von Lohnarbeit verbinden.

Arbeitsfreude bezieht sich nicht nur auf das zu schaffende Produkt, sondern hat auch etwas mit der Betätigung des eigenen Körpers und Geistes zu tun. Für erfolgreiche Jäger ist das Finden und Treffen (*mɔ̀*) eine richtige Lust, welche sie suchen. Besonders herausstechend scheint mir – nicht nur hier – die Motivation durch Zuweisung von Reputation zu sein. Arbeitsfreude wird auch durch Arbeitsstolz geformt.

5 Der Begriff der Arbeit

Die Frage liegt nahe, ob „Arbeit“ ein Begriff jeder menschlichen Gesellschaft, eine semantische Universalie, sei. Auf den ersten Blick muß man diese Frage mit Nein beantworten, denn es gehört zu den Arbeitsmethoden der Sozialanthropologen, jeweils erst einmal die Universalität eines gesellschaftlichen Phänomens zu bestreiten. Auf den zweiten Blick jedoch gibt es überraschende Konstanten quer über die verschiedenen Gesellschaften hinweg. Dort, wo ich nachvollziehbare Angaben fand, zeigte sich zum Beispiel immer eine Differenzierung von Arbeit und Spiel. Zu dieser Differenzierung gehört auch die zwischen Ritual und Theater, wie Jack Goody (1998) gezeigt hat. In der Literaturtheorie westlicher Gesellschaften mag es Sinn machen, Ritual und Theater unter dem Ausdruck ‘Performanz’ zusammenzufassen, generalisieren läßt sich diese Begrifflichkeit aber nicht. In nichtindustriellen Gesellschaften Afrikas wird Ritual als Arbeit für die Götter oder Ahnen betrachtet und Theater als Spiel.

Auch der Nexus zwischen – körperlicher wie geistiger – Tätigkeit und Subsistenz scheint universal zu einer begrifflichen Hervorhebung zu führen. Ein bestimmter Typ von Arbeit, der diesen Nexus vergegenständlicht, dient als Paradigma von „Arbeit“.

Das Urbarmachen der Felder, das Pflügen, das Hüten der Herden oder die Ausfahrt zum Fischen können in dieser Weise in je unterschiedlichen Gesellschaften als Paradigma dienen.

Bei den Ayizo ist die Entsprechung zu unserem „Arbeit", der Begriff *azɔɔ*, etwas anders geschnitten, als wir es erwarten könnten. Alles Handeln für sich selbst oder andere, das auch für andere geleistet werden kann (also nicht selbstbezogene körperliche Handlungen wie Körperreinigung), und das aus gesellschaftsimmanenter Sicht als unverzichtbar erscheint, ist Arbeit im Sinne von *azɔɔ*. Es ist etwas, was man sich selbst oder anderen zuteilt, von sich oder anderen fordert, etwas, was ersichtlich geleistet wird. Ob jemand auf dem Maisfeld arbeitet und es vor der Aussaat von dem in der Brachezeit gewachsenen Gesträuch befreit, Essen für die Familie kocht, in Trance für die Götter tanzt oder Konflikte schlichtet, sie oder er arbeitet.[19] Das bedeutet, daß nicht nur Erwerbstätigkeit als Arbeit angesehen wird.

Das Warten einer Markthändlerin auf Kunden, Lohnarbeit auf dem Feld eines anderen Bauern genauso wie Eigenarbeit zum Bau einer Lehmhütte für die eigene Familie oder der Bau eines Speichers als Gabe für Freunde oder Verwandte zählen als Arbeit. Wer hingegen „spielt" (*ɗ'ayìhún*) – und dazu zählt auch, wer mündliche Literatur erfindet oder nacherzählt –, der arbeitet nicht. Paradigma von Arbeit sind physisch anstrengende Referenzen: für Männer das Abhauen und anschließende Verbrennen von Bäumen, Gestrüpp, Kräutern und Gräsern auf den urbar zu machenden Feldern (das Schwenden) bzw. bei Frauen das Tragen der Kinder auf dem Rücken während der Hausarbeit, ihre Feldarbeit und der Handel. Diese Paradigmen schließen aber die intellektuelle Anstrengung nicht aus dem Arbeitsbegriff aus, sondern werten sie vielmehr auf. Denn Geschick und ein Blick für Risiken sind für jeden unübersehbare Bedingungen des Arbeitserfolgs.

Zusammenfassung

Arbeit, Wissen und soziale Bindungen erscheinen bei der Schilderung der afrikanischen Gesellschaft deutlicher verknüpft, als es uns aus der Selbstbeobachtung europäischer Gesellschaften vertraut ist. An dieser afrikanischen Gesellschaft sehen wir, wie die ökonomische Entwicklung hin zu arbeitsteiliger abhängiger Arbeit Arbeitswissen entwertet. Zunehmend mehr Energien werden in die Beziehungsarbeit gesteckt, um Bindungen aufrechtzuerhalten, die wirtschaftliche Beziehungen und insbesondere Arbeitsverträge stabilisieren. Einen radikalen Kontrast zum Modell des Lebensberufs, das viele Industriegesellschaften charakterisiert, stellt das in der

---

[19] Als von Arbeit dominierte „Arbeitstage" dürften sich im Schnitt etwas über 210 Tage pro Jahr bezeichnen lassen (Elwert 1983).

geschilderten afrikanischen Gesellschaft dominierende Modell der lebenszyklusbezogenen Arbeit dar – ein Modell, das auch mit dem Wechsel zur Selbständigkeit eine hohe Effizienz in der Nutzung physischer und intellektueller Kapazitäten zeigt. Der Kontrast zwischen der dortigen Organisation von Arbeit und dem hiesigen Modell der reichen Industriegesellschaften wirft auch für Europa Fragen auf. Ob ein einziger Beruf ein Leben ausmachen muß, ob die Alternative zu Lohnarbeit Arbeitslosigkeit heißen muß oder Selbständigkeit sein könnte, ist aus der Perspektive der Sozialanthropologie zu fragen.
Was die Ayizo über Arbeit in europäischen Gesellschaften hören, verwundert sie, erscheint ihnen bisweilen nachahmenswert, bisweilen bizarr, bringt sie zum Lachen. Die Botschaft, die sie uns dann auf Fragen mitteilen, läßt sich vielleicht so zusammenfassen: auch die härteste körperliche Arbeit fordert vor allem den Intellekt. Arbeit kann Freude bringen, sie muß allerdings auf das Lebensalter abgestimmt sein und: sie fordert Sicherheiten. Gemessen an unseren Einsichten über Arbeit in Industriegesellschaften ist das so exotisch nicht.

Literatur

Ahuja, Ravi: Geschichte der Arbeit jenseits des kulturalistischen Paradigmas. In: Kocka, Jürgen & Claus Offe (Hg.), Geschichte und Zukunft der Arbeit, Frankfurt a. M.: Campus, 2000, S. 121–134.

Baltes, Paul: Das Doppelgesicht des Alterns. In: Max-Planck-Gesellschaft (Hg.), Jahrbuch 1989, München: Max-Planck-Gesellschaft, 1989, S.41–60.

Beck, Kurt & Gerd Spittler (Hg.): Arbeit in Afrika, Hamburg: Lit., 1996.

Beck, Ulrich: Schöne neue Arbeitswelt, Frankfurt a. M.: Campus, 1998.

Clausen, Lars: Produktive Arbeit, destruktive Arbeit. Soziologische Grundlagen, Berlin: de Gruyter, 1988.

Conrad, Sebastian, Macamo, Elisio & Benedicte Zimmermann: Die Kodifizierung der Arbeit: Individuum, Gesellschaft, Nation. In: Kocka & Offe, Geschichte und Zukunft der Arbeit, S. 449–475.

Dahrendorf, Ralf: Wenn der Arbeitsgesellschaft die Arbeit ausgeht. In: Mathes, Joachim (Hg.), Krise der Arbeitsgesellschaft? Verhandlungen des 21. Deutschen Soziologentages, Frankfurt a. M.: Campus, 1983, S. 25–37.

Elwert, Georg: Die Elemente der traditionellen Solidarität. In: Kölner Zeitschrift für Soziologie und Sozialpsychologie 4 (1980), S. 681–704.

Ders.: Bauern und Staat in Westafrika – Die Verflechtung sozioökonomischer Sektoren am Beispiel Bénin, Frankfurt a. M.: Campus,1983.

Ders.: Conflicts Inside and Outside the Household: A Westafrican Case Study. In: Smith, Joan, Wallerstein, Immanuel & Hans-Dieter Evers (Hg.), Households and the World Economy, Beverly Hills und London: Sage, 1984, S. 272–296.

Ders., Kohli, Martin & Harald Müller (Hg.): Im Lauf der Zeit – Ethnographische Studien zur gesellschaftlichen Konstruktion von Lebensaltern, Saarbrücken: Breitenbach, Reihe Spektrum Nr. 25, 1990.

Ders.: Altersordnung, Autorität und Aushandlung bei den Ayizo. In: Elwert, Kohli & Müller, Im Lauf der Zeit, S. 83–106.

Ders. & Lazare Séhouéto: Local knowledge and the improvement of food production. In: Knecht, Uwe & Manfred Schulz (Hg.), Food security and nutrition, Münster, New York: Lit + St. Martin's, 1999.

Ders.: Selbstveränderung als Programm und Tradition als Ressource. In: Henschtel, Beate, Müller, Michael & Hermann Sotong (Hg.), Verborgene Potentiale – was Unternehmen wirklich wert sind, München: Hanser, 2000, S. 67–94.

Ders. & Michael Giesecke: Technologische Entwicklung, Schriftkultur und Schriftsprache als technologisches System. In: Lutz, Burkart, Technik und Sozialer Wandel, Frankfurt a. M. 1987, S. 418–438.

Ganßmann, Heiner: Labor Market Flexibility, Social Protection and Unemployment. In: European Societies 3 (2000), S. 243–269.

Goody, Jack: Theater, Riten und Repräsentationen des Anderen. In: Sociologus 48 (1998) 2, S. 136–150.

Gorz, André: Abschied vom Proletariat, Frankfurt a. M.: Europäische Verlagsanstalt, 1980.

Hann, Christopher: Echte Bauern, Stachanoviten und die Lilien auf dem Felde: Arbeit und Zeit aus sozialanthropologischer Perspektive. In: Kocka & Offe, Geschichte und Zukunft der Arbeit, S. 23–53.

Hull, Rahim: Lehrforschungsbericht „Autoreparatur auf afrikanisch". Unpubliziert: FU Berlin, 1999.

Kocka, Jürgen & Claus Offe (Hg.): Geschichte und Zukunft der Arbeit, Frankfurt a. M.: Campus, 2000.

Kohli, Martin: Ruhestand und Moralökonomie. Eine historische Skizze. In: Heinemann, Klaus (Hg.), Soziologie wirtschaftlichen Handelns. Sonderheft 28 der Kölner Zeitschrift für Soziologie und Sozialpsychologie, 1987, S. 393–416.

Lutz, Burkart: Der kurze Traum immerwährender Prosperität: eine Neuinterpretation der industriell-kapitalistischen Entwicklung im Europa des 20. Jahrhunderts, Frankfurt a. M.: Campus, 1989.

Marx, Karl: Ökonomisch-philosophische Manuskripte [1844], Leipzig: Reclam, 1968.

Müller, Ernst W.: Sozialethnologie. In: Fischer, Hans (Hg.), Ethnologie – Eine Einführung, Berlin: Reimer, 1983, S. 145–179.

Polanyi, Karl: The Great Transformation. Politische und ökonomische Ursprünge von Gesellschaften und Wirtschaftssystemen [1944], Frankfurt a. M.: Suhrkamp, 1978.

Spittler, Gerd: Ethnologische Arbeitsforschung in Afrika. In: Beck & Spittler, Arbeit in Afrika, S. 25–48.

Ders.: Ziegenhüten. In: Beck & Spittler, Arbeit in Afrika, S. 179–192.

Ders.: Kultur der Arbeit. In: Schulz, Manfred (Hg.), Entwicklung – Die Perspektive der Entwicklungssoziologie, Opladen: Westdeutscher Verlag, 1997, S. 313–307.

Vygotski, Lev: Denken und Sprechen, Berlin: Akademie, 1964.

Wallman, Sandra (Hg.): The social Anthropology of Work, London: Academic Press, 1979.

Westermann, Diedrich: Die Glidyi-Ewe in Togo. Züge aus ihrem Gesellschaftsleben, Berlin: de Gruyter, 1935.

Hinweise zu den Autoren

Bierwisch, Manfred, Prof. Dr., geb. 1930; Professor Emeritus; Hauptfachrichtung/Hauptarbeitsgebiete: Linguistik/Semantik, Syntax, Sprachtheorie; dienstlich: Humboldt-Universität zu Berlin, Projektgruppe Strukturelle Grammatik Jägerstraße 10/11, 10117 Berlin, Tel.: 0 30/8 21 91 75, Fax: 0 30/20 93 53 53, e-mail: mb@german.hu-berlin.de

Elwert, Georg, Univ.-Prof. Dr. phil., 1947; Universitätsprofessor; Hauptfachrichtung/Hauptarbeitsgebiete: Sozialanthropologie (Ethnologie) und Soziologie/Wirtschaftsanthropologie, Konflikt-Theorie; dienstlich: Freie Universität Berlin, Institut für Ethnologie, Drosselweg 1, 14195 Berlin, Tel.: 0 30/83 85 67 25, Fax: 0 30/83 85 67 28, e-mail: elwert@zedat.fu-berlin.de

Haarmann, Ulrich, Prof. Dr., geb. 1942, gest. 1999; Hauptfachrichtung: Islamwissenschaft

Kocka, Jürgen, Prof. Dr., geb. 1941; Präsident des Wissenschaftszentrums Berlin für Sozialforschung (WZB); Hauptfachrichtung/Hauptarbeitsgebiete: Geschichtswissenschaft/Sozialgeschichte 18.–20. Jahrhundert; dienstlich: Wissenschaftszentrum Berlin für Sozialforschung gGmbH, Reichpietschufer 50, 10785 Berlin, Tel.: 0 30/24 49 45 03, Fax: 0 30/25 49 15 14, e-mail: kocka@wz-berlin.de

Meier, Christian, Prof. Dr., geb. 1929; Professor für Alte Geschichte; Hauptfachrichtung/Hauptarbeitsgebiete: Alte Geschichte/Griechische Geschichte, Römische Geschichte, Theorie der Geschichte; dienstlich: Ludwig-Maximilians-Universität München, Institut für Alte Geschichte, Geschwister-Scholl-Platz 1, 80539 München, Tel.: 0 81 78/71 64

Wagner, Rudolf G., Prof. Dr., geb. 1941; Universitätsprofessor für Sinologie; Hauptfachrichtung/Hauptarbeitsgebiete: Sinologie/Chinesische Philosophie des Mittelalters, Intellektuelle und politische Transformation in China 1850–1950, Moderne chinesische Literatur und Politik; dienstlich: Ruprecht-Karls-Universität Heidelberg, Sinologisches Seminar, Akademiestraße 4–8, 69117 Heidelberg, Tel.: 0 62 21/54 76 40, Fax: 0 62 21/54 76 39, e-mail: wagner@gw.sino.uni-heidelberg.de

Zernack, Klaus, Prof. Dr. phil. Drs. h. c., geb. 1931; Professor Emeritus; Hauptfachrichtung/Hauptarbeitsgebiete: Osteuropäische Geschichte/Geschichte Ostmitteleuropas und Nordosteuropas im Mittelalter und in der frühen Neuzeit, Geschichte der deutsch-polnischen Beziehungen; dienstlich: Freie Universität Berlin, Fachbereich Geschichts- und Kulturwissenschaften, Friedrich-Meinecke-Institut, Koserstraße 20, 14195 Berlin, Tel.: 0 30/83 85 58 71, Fax: 0 30/83 85 35 45, e-mail: klazern@zedat.fu-berlin.de